LA JEUNESSE DU ROI HENRI

LA REINE DES BARRICADES

PAR

PONSON DU TERRAIL

DEUXIÈME ÉDITION

PARIS
E. DENTU, ÉDITEUR
LIBRAIRE DE LA SOCIÉTÉ DES GENS DE LETTRES
PALAIS-ROYAL, 17 ET 19, GALERIE D'ORLÉANS

LA JEUNESSE DU ROI HENRI

LA REINE
DES BARRICADES

POISSY. — TYP. ARBIEU, LEJAY ET CIE.

LA JEUNESSE DU ROI HENRI

LA REINE
DES
BARRICADES

PAR

PONSON DU TERRAIL

DEUXIÈME ÉDITION

PARIS
E. DENTU, ÉDITEUR
LIBRAIRE DE LA SOCIÉTÉ DES GENS DE LETTRES
PALAIS-ROYAL, 17 ET 19. GALERIE D'ORLÉANS

1869

Tous droits réservés

LA REINE DES BARRICADES

PROLOGUE

LES ÉTATS DE BLOIS

I

Le souper du roi tirait à sa fin.

Dix heures sonnaient à la grande horloge du château de Blois, et l'on était alors au 4 décembre de l'an de grâce 1576.

Le roi avait soupé en compagnie de ses mignons : le sire de Quélus et celui de Maugiron, M. d'Épernon et le chevalier de Schomberg.

Le repas avait été joyeux : on avait bu de bon vin, médit des femmes et loué le courage des hommes.

— Messieurs, dit le roi, je m'ennuie fort ; qui donc parmi vous pourrait me distraire ?

Avant que nul eût répondu, la porte s'ouvrit, et un homme entra.

— A coup sûr, Sire, ce n'est pas monsieur, s'écria Maugiron en désignant le nouveau venu.

— Monsieur de Maugiron, répondit celui-ci, je sers les rois et verse au besoin mon sang pour eux, mais je n'ai jamais songé à leur tenir lieu de bouffon.

Les mignons se mirent à rire, mais le roi leur imposa silence :

— Bonjour, Crillon, dit-il simplement.

Et il tendit sa main royale à l'homme qui venait d'entrer.

Le chevalier de Crillon jeta sur les mignons le regard calme et plein de mépris du boule-dogue entrant dans un chenil de roquets, puis il dit au roi :

— Votre Majesté m'a fait l'honneur de me mander auprès d'elle?

— C'est vrai, Crillon, mon ami, répondit le roi, car vous êtes mon bon ami, n'est-ce pas?

Le bon chevalier ne trouva point l'appellation du roi trop familière, car il répliqua naïvement :

— Sire, j'ai toujours été l'ami du roi de France, et voici cinq rois que je sers, le roi François Ier, de chevaleresque mémoire, le roi Henri II, le roi François II, défunt le roi Charles IX, et enfin le roi que Dieu conserve! Sa Majesté Henri, troisième du nom.

— Eh bien! Crillon, mon ami, dit Henri III, je vous ai mandé, en effet, mais c'était il y a deux heures, quand j'étais roi de France, c'est-à-dire à jeun. Je voulais vous donner des ordres relativement à la prochaine assemblée des États qui va se tenir, dans deux jours, en la bonne ville et dans le château de Blois où nous sommes...

Mais, ventre de biche! depuis lors j'ai soupé, mon bon Crillon, et, un satané vin de Jurançon aidant, je ne me souviens plus de ce que je voulais vous dire.

Crillon ne sourcilla pas et n'ouvrit point la bouche, bien que le roi Henri III eût un moment gardé le silence.

Ce que voyant, Henri III continua :

— Je m'ennuie, mon bon Crillon, je m'ennuie à mourir.

Crillon demeura taciturne.

— Tenez, poursuivit le roi, voyez-moi tous ces gentilshommes. Ils sont jeunes, ils sont beaux : je les comble de faveurs, je remplis leur bourse et partage avec eux ma couronne. Eh bien ! il n'en est pas qui soit capable de me distraire !

— Ah ! pardon ! Sire, s'écria Maugiron. Et lorsque M. de Crillon est entré, j'allais justement entreprendre d'égayer Votre Majesté.

— Comment cela ? demanda le roi avidement.

Dans son coin, Crillon haussait les épaules.

— Oh ! c'est toute une histoire, Sire, une histoire véritable.

— Voyons l'histoire, et si elle m'amuse, dit le roi, je te ferai chevalier de Saint-Michel.

— Peuh ! murmura d'Épernon, tout le monde est chevalier de Saint-Michel aujourd'hui. Du Saint-Esprit, à la bonne heure !

Crillon, demeuré dans l'ombre, fit un pas vers la table, et le rayonnement des bougies éclaira sa noble et et martiale figure.

— Monsieur d'Épernon, dit-il, on ne donne l'ordre du Saint-Esprit qu'aux gens qui ont respiré l'odeur de la poudre et ne sentent pas le musc comme vous.

— Ce bon Crillon, dit le roi avec un sourire cruel, il vous a des coups de boutoir comme un sanglier de huit ans. Tais-toi, d'Épernon, mon chéri, je te ferai chevalier du Saint-Esprit après la première bataille.

— Nous avons le temps d'attendre, en ce cas, répondit Crillon.

Et comme on ne lui offrait point de siége, le bon chevalier prit un escabeau et s'assit.

— L'histoire ! voyons l'histoire ! demanda le roi avec une joie d'enfant.

— Voici, reprit Maugiron. Il y a à Blois une rue qui monte...

— Elles montent toutes, observa Quélus.

— Soit ! dit le conteur. Dans cette rue est une maison.

— Il y a des maisons dans toutes les rues, dit à son tour le chevalier de Schomberg, qui était plaisant comme un jour de carême.

— Après ? fit le roi.

— Dans cette maison, continua Maugiron, est une jeune fille belle comme le jour.

— Ta comparaison est mauvaise, dit le roi, car le jour d'aujourd'hui est triste, nébuleux, et met le noir dans l'âme.

— C'est d'un jour de printemps que je parle, Sire.

— Bien. Après ?

— La jeune fille est gardée par un vieux bonhomme, un serviteur selon les uns, son père, disent les autres. Elle ne sort que le dimanche, pour aller à la messe ou au prêche, car je ne sais si elle est catholique ou bien de la religion. Encore est-elle voilée.

— Hé ! hé ! messieurs, dit le roi, qui fit claper sa langue, l'histoire de Maugiron devient appétissante. Que vous en semble ?

Maugiron reprit :

— Le roi ne vous racontait-il pas, hier, que lorsqu'il gouvernait les Polonais, un peuple ennuyeux entre tous... ?

— C'est vrai, interrompit le roi.

— Sa Majesté, continua Maugiron, avait coutume de courir les rues de Varsovie, la nuit, avec ses favoris?

— Ah! dit encore le roi, je me suis bien amusé fort souvent.

— Donc, reprit le conteur, le roi de Pologne, aujourd'hui roi de France, s'en allait par les rues, riant, chantant et faisant grand tapage.

— Nous avons rossé le guet plus d'une fois, observa Henri III.

— C'est ce que j'allais dire, poursuivit Maugiron. Eh bien! si Votre Majesté pense qu'elle s'ennuie...

— Oh! dit le roi avec lassitude.

— Si Votre Majesté se supposait à Varsovie...

— Bon!

— Et qu'elle vînt avec nous dans les rues de Blois! Ah! c'est une ville tranquille, celle-là! On y sonne le couvre-feu à neuf heures... et les patrouilles de l'échevinage vont se coucher à dix.

— Quelle heure est-il? demanda le roi.

— Près de minuit, Sire.

— Alors les patrouilles de l'échevinage sont couchées?

— C'est probable, et nous pourrons sans danger enlever la petite.

— Hé! dit le roi, mais ça me plaît, cela!

— Par saint Pierre, mon patron! s'écria Maugiron, je crois que Votre Majesté commence à s'amuser.

— Il le faut bien, murmura le roi avec un soupir. Mais à propos, est-elle jolie, la petite?

— Ravissante, dit Maugiron.

— Et le bonhomme, qu'en ferons-nous?

— Ah! dame, Sire, on n'a jamais fait une omelette sans casser des œufs.

— Ceci est de plus en plus vrai, dit le roi.

Et, se tournant vers Crillon :

— Que vous en semble, chevalier?

— Sire, répondit Crillon, je ne suis pas cuisinier et ne saurais donner un sage avis en semblable matière.

Le roi se mordit les lèvres.

— Continue, mignon, dit-il à Maugiron.

— Mais, répliqua celui-ci, j'avais l'honneur de proposer à Votre Majesté une promenade dans les rues de Blois. La nuit est sombre, il y a du brouillard... Nous irons sous les croisées de la jeune fille...

— Et puis?

— On enfoncera la porte... et on verra...

— Ceci me convient, dit le roi, et j'espère que ça me distraira.

Sur ces mots, il se leva, et les mignons l'imitèrent.

Crillon, toujours assis sur son escabeau, n'entr'ouvrait point les lèvres et regardait à ses pieds.

Henri III prit une verge d'ébène et frappa sur un timbre.

Au bruit, un page entra.

— Mon chéri, dit le roi, va me quérir mon manteau, une épée et un masque de velours.

Le page sortit en s'inclinant.

— Quant à vous, mes beaux fils, continua Henri III, vous mettrez un masque, si cela vous plaît; mais, pour moi, la chose est indispensable, attendu que les gens de la religion jetteraient les hauts cris si le roi Henri, troisième du nom, courait les rues et la bonne aventure.

— Sire, dit Quélus, les gens de la religion sont des imbéciles.

— C'est mon avis, répliqua le roi. Mais il faut bien faire quelque chose pour les sots.

Et se tournant de nouveau vers Crillon, le roi ajouta :

— Vous allez venir avec nous, chevalier ?

— Moi, Sire ?

— Oui, vous, Crillon, mon ami.

Crillon se leva, repoussa son escabeau, et laissa tomber un regard étincelant sur les mignons.

— Sire, dit-il, Votre Majesté plaisante agréablement, et c'est justice; les Valois ont beaucoup d'esprit.

Le roi fronça le sourcil.

— Plaît-il ? dit-il avec hauteur.

Crillon ne broncha point et continua :

— Car, à coup sûr, Votre Majesté plaisante !

— Expliquez-vous, chevalier, dit le roi dont la voix s'altéra.

— Ce sera facile, Sire. J'avais quinze ans lorsque je devins page du roi François Ier. Un soir, le roi me dit : « Voilà, mon mignon, un message pour ma divine amie, madame Diane de Poitiers. » Je regardai le roi de travers, il comprit : « Cet enfant, dit-il, n'est pas un messager d'amour. » Et il appela un autre page.

— Après ? dit Henri III d'un voix sifflante.

— Trente ans après, continua Crillon, le roi Charles IX me commanda une vilaine besogne, la besogne d'un gentilhomme converti en bourreau.

Et je pris mon épée nue, et la posant sur mon genou, je la brisai comme verre !...

Alors, Sire, le frère de Votre Majesté, défunt le roi Charles, se souvint que je m'appelais Crillon; et il me fit des excuses.

— Ah! vraiment? dit Henri III, les lèvres crispées.

Crillon continua :

— Je ne demande pas des excuses à Votre Majesté, car elle ne me connaît pas très-bien encore, mais je la supplie de me permettre d'aller me coucher.

Henri III ne souffla mot.

Seulement, comme le page revenait avec le manteau, le masque et l'épée, il tourna le dos à Crillon et dit à ses mignons :

— Venez vous, messieurs?

Le roi sortit le premier, puis Quélus et Schomberg, puis d'Épernon et Maugiron.

Crillon, immobile, les regardait.

Enfin, quand la porte se fut refermée, le chevalier murmura :

— Dans deux siècles, on médira du feu roi Charles IX, on le traitera de prince sauvage et sanguinaire!...

Mais que fera-t-on de celui-ci?

O Charles neuvième du nom! ô mon roi! dans vos plus déplorables excès, dans vos plus grands emportements, vous avez respecté la monarchie... Que votre ombre me pardonne d'avoir survécu à Votre Majesté!

Un moment il demeura le front penché, l'œil morne, et comme gémissant sous le poids d'une honte immense.

Puis il se redressa, et le grand Crillon reparut.

— Non, non! dit-il en s'élançant vers la porte, il faut que je sauve l'honneur du roi! L'honneur du roi de France et l'honneur de Crillon, c'est tout un!

Et il courut sur les pas du roi.....

II

Elle montait, en effet, la rue dont Maugiron avait parlé au roi.

Étroite, tortueuse, pavée avec du caillou de rivière, bordée de maisons noires et difformes, dernier vestiges du moyen âge, en un mot, elle montait de la Loire au château et ressemblait bien plus à une ruelle qu'à une rue.

Cependant, vers le milieu, à gauche, les petites constructions d'apparence malsaine, les maisons à portes bâtardes, faisaient place à un mur au milieu duquel s'ouvrait un huis majestueux, à deux battants de chêne ferré.

Ce mur protégeait un jardin, un vieux jardin aux arbres centenaires, du milieu desquels surgissait un pavillon en briques rouges, moitié château, moitié habitation de bourgeois honnête.

A l'heure avancée de la nuit où nous y pénétrons, une lumière brillait derrière les rideaux d'une croisée; au premier étage dans une salle assez vaste, aux murs couverts de boiseries en noyer sculpté, une jeune fille était assise devant un rouet, et filait.

Elle pouvait avoir seize ans, elle était blanche et blonde, et ses grands yeux bleus, d'une douceur infinie, avaient ce rayonnement mélancolique, cette tristesse indéfinissable et vague que les conteurs de l'Orient se plaisent à attribuer aux yeux de la gazelle.

Penchée sur le métier à filer, elle travaillait assidûment, mais non sans tressaillir parfois au moindre

1.

bruit, et comme si elle eût éprouvé le pressentiment de quelque événement néfaste et mystérieux.

Tandis qu'elle travaillait ainsi, une porte s'ouvrit sans bruit, un pas assourdi glissa sur le parquet, et une ombre, plutôt qu'un corps, vint se pencher sur elle, derrière son escabeau.

La jeune fille se retourna, et un sourire lui vint aux lèvres.

Puis elle tendit son front :

— Bonsoir, grand-père, dit-elle.

Celui à qui elle parlait ainsi, cette ombre plutôt qu'un corps, était un grand vieillard sec et maigre, presque diaphane, et qu'on eût pris volontiers pour la création fantastique de quelque poëte en délire.

Il avait une grande barbe blanche qui lui descendait sur la poitrine; sa tête chauve était luisante comme de l'ivoire jauni.

Quand il posa sa main décharnée sur le métier de la jeune fille, elle rendit un bruit d'ossements heurtés.

Il appuya ses lèvres, minces et desséchées comme du vieux parchemin, sur le cou de cygne de la jeune fille, et lui dit :

— Bonsoir, ma petite Berthe, pourquoi travailler encore? Il est tard, et tu dois avoir besoin de repos…

— Mais, grand-père, répondit la jeune fille, n'est-ce pas aujourd'hui le 4 décembre?

— C'est vrai.

— L'avant-veille de l'assemblée des États?

A ce mot, l'œil morne et presque éteint du vieillard sembla se ranimer et eut un éclair.

— Oui, dit-il, c'est dans deux jours que le roi Henri troisième, — Dieu le maudisse ! — va réunir sa noblesse et s'allier à la maison de Lorraine, pour l'extermination des malheureux qui vont au prêche.

Celle qu'il avait appelée Berthe eut un sourire divin.

— Mon bon père, dit-elle, vous savez que Dieu est bon, que Dieu est juste, et qu'il protége ceux qui le servent fidèlement.

Le vieillard soupira et se tut. Berthe continua :

— Dieu ne permettra pas que nous soyons inquiétés, ni vous ni moi. D'ailleurs qui donc voudrait attaquer un pauvre vieux gentilhomme au bras débile, et une femme sans défense ?

Cette fois encore, l'œil du vieillard eut un éclair.

— C'est vrai, dit-il, je suis bien vieux. J'ai près de cent années, et depuis bien longtemps mon bras n'a plus la force de tenir une épée. Mais, si on venait t'attaquer... ah ! le vieux sire de Mallevin... se souviendrait qu'il combattit, jadis, à la gauche du preux sans reproche, de Bayard, le chevalier sans peur.

Berthe enlaça de ses deux bras le cou du vieillard.

— Cher grand-père ! dit-elle. Mais n'ayez crainte, allez ! Cette maison est perdue dans une rue déserte. Nul ne songe à nous... Et puis, n'êtes-vous pas aimé... respecté ?...

— Oui, des Blaisois... Mais... les étrangers... oh ! les Lorrains !... ces soudards payés par les Guise !... ces égorgeurs de nos frères...

La jeune fille eut un mouvement d'effroi qui n'échappa point à son aïeul.

— Tu as peur ? dit-il.

— Non, père.

— Sois franche.., tu as eu peur ?

— Eh bien ! dit-elle, s'il faut parler vrai, je vous

dirai que tout ce monde, qui depuis deux jours a envahi notre bonne et tranquille ville de Blois, ces cavaliers bruyants, ces seigneurs qu'accompagnent des pages tapageurs... tout cela m'épouvante un peu.

— Mais pourquoi veilles-tu si longtemps aujourd'hui ? demanda le vieux sire de Mallevin, qui voulait faire diversion aux terreurs de la jeune fille.

— Ne vous souvient-il déjà plus du message qui vous est parvenu il y a trois jours ? dit Berthe

— Si fait bien; un message de nos frères du Midi, des Béarnais; un message qui m'annonçait qu'un gentilhomme gascon, qui jouissait de l'estime et de la confiance du roi de Navarre, descendrait en la ville de Blois, dans notre maison, vers la soirée du 4 ou du 5 décembre.

— Eh bien ! père, dit la jeune fille, c'est pour cela que je veille.

Mais le veillard secoua la tête :

— Il est bien tard maintenant, dit-il. Le gentilhomme n'arrivera que demain.

Comme il prononçait ces mots, Berthe se leva précipitamment.

— Qu'as-tu ? demanda le vieux sire de Mallevin.

— Vous n'avez pas entendu ?

— Quoi ?

— Du bruit.

Et Berthe alla ouvrir la croisée et se pencha en dehors, livrant sa tête blonde et ses cheveux épars aux caresses humides du brouillard qui montait de la Loire.

En effet, un bruit s'était fait au dehors. Ce bruit, c'étaient trois coups régulièrement espacés, frappés à la porte.

En même temps une voix traversa l'espace, troublant le silence de la nuit.

Cette voix disait :

— Il fait beau, et le soleil est chaud de l'autre côté de la Garonne.

— C'est lui ! s'écria le vieillard. C'est le signal indiqué dans le message. Va lui ouvrir, Berthe, et qu'il soit le bienvenu, celui qui vient de la part de nos frères.

La jeune fille jeta une mante à capuchon sur ses épaules, prit la lampe qui brûlait auprès de son rouet, et à sa ceinture un trousseau de clefs, parmi lesquelles se trouvait sans doute celle de la porte d'entrée.

Puis elle descendit, suivie du vieillard, qui marchait à pas plus lents.

Elle traversa le jardin. Mais, avant de glisser la clef dans la serrure, elle ouvrit prudemment un petit judas grillé et demanda d'une voix tremblante :

— Qui est là ?

— Gascogne et Béarn ! répondit du dehors une voix fraîche et sonore.

Berthe mit la clef dans la serrure, fit courir les verroux dans leurs gâches et la porte s'ouvrit.

Alors un homme se glissa dans le jardin, puis s'arrêta comme ébloui de la beauté de Berthe, sur le visage de qui la lampe qu'elle tenait à la main venait de projeter ses rayons.

Moins d'une heure après, le nouveau venu, réconforté par quelques aliments et un verre de vieux vin, était conduit par la jeune fille dans la chambre qui lui avait été préparée.

Elle ne l'avait jamais vu, et cependant déjà elle avait confiance en lui, car elle avait cessé de trembler.

C'était la première fois, depuis bien des années,

que Berthe de Mallevin, l'orpheline, voyait un homme jeune et fort abrité par le toit de son aïeul. Car il était jeune, le nouveau venu, et son regard ardent annonçait un mâle courage, et sous son pourpoint de gros drap des montagnes on devinait un noble cœur.

Et lorsqu'elle se trouva dans la chambre où elle avait conduit l'étranger, après avoir allumé une grosse bougie de cire jaune, placée sur un dressoir, elle ne put s'empêcher de lui dire, en le voyant déboucler son épée et la placer au chevet du lit :

— Ah ! mon gentilhomme, voici bien longtemps qu'une épée n'est entrée ici.

Le Gascon la regarda en souriant :

— Eh bien ! celle-là, dit-il, n'a d'autre mission que de vous défendre.

Elle leva sur lui ses grands yeux tristes :

— Je n'ai plus peur maintenant, dit-elle.

— Vous avez donc peur quelquefois, ma mie ?

— Quelquefois, en effet, soupira-t-elle... au moins depuis deux jours.

— Et pourquoi cela, mon enfant ?

Elle parut hésiter ; mais le visage si noble et si franc du voyageur acheva de la subjuguer.

— C'est que, dit-elle, depuis deux jours la ville est pleine d'étrangers, de seigneurs effrontés qui font grand tapage.

— Ah ! ah !

— On dit, continua Berthe, que le roi Henri troisième traîne à sa suite des gentilshommes débauchés pour qui rien n'est sacré...

Le Gascon fronça imperceptiblement le sourcil.

— Tenez, continua Berthe, qui avait de plus en plus confiance dans son hôte, j'ai eu bien peur hiersoir.

— Vraiment ! et que vous est-il advenu, mon enfant

— Vous ne le direz point à mon grand-père, au moins ?

— Sur l'honneur, je vous le jure !

— Eh bien ! figurez-vous, monsieur, qu'hier, à l'entrée de la nuit, j'ai vu deux gentilshommes enveloppés de manteaux, et le visage couvert de masques, rôder dans la rue, regarder à travers la porte et examiner attentivement la maison.

— Ah ! ah ! dit le voyageur.

Berthe poursuivit :

— Ils se parlaient bas. Cependant j'ai entendu quelques mots de leur conversation. L'un d'eux disait : « Sais-tu qu'elle est vraiment jolie, cette petite ? » C'était de moi qu'ils parlaient...

Et Berthe, à ces mots, rougit et baissa les yeux.

— Et que répondait l'autre ? demanda le voyageur en souriant.

— L'autre, dit Berthe, ah ! c'est affreux ; il disait : « Eh bien ! enlevons-la. »

— Le misérable !

— Je me suis sauvée jusqu'ici et m'y suis enfermée. Toute la nuit j'ai tremblé comme une feuille et prêté l'oreille au moindre bruit. Enfin le jour est venu : alors je me suis agenouillée et j'ai remercié Dieu, lui demandant de nous envoyer un protecteur, à mon aïeul et à moi.

Comme elle parlait ainsi, Berthe s'était approchée de la croisée et avait appuyé sa tête contre la vitre.

Tout à coup elle poussa un cri et se rejeta vivement en arrière.

— Qu'avez-vous ? demanda le Gascon.

— Voyez !... voyez !... dit-elle.

Ses dents claquaient et sa voix tremblait.

Le Gascon s'approcha de la croisée et regarda à son tour.

— Oh! oh! dit-il, je crois que j'ai bien fait d'arriver.

Un homme avait escaladé le mur du jardin et s'était établi dessus à califourchon.

— Ce sont eux!... murmura Berthe éperdue.

— Ne craignez rien, dit le Gascon.

Puis il souffla la lampe, et l'obscurité se fit autour d'eux.

Mais Berthe entendit le bruit sec du rouet des deux pistolets que le gentilhomme avait pris à sa ceinture, en même temps qu'il rajustait le ceinturon de son épée.

— Maintenant, dit-il, restez ici et laissez-moi descendre au jardin. Mordioux! il faudra voir si des ravisseurs de filles, fussent-ils dix mille, feront peur au fils de ma mère.

Berthe ne tremblait plus.

III

Cependant, le roi et ses mignons couraient les rues.

La nuit était brumeuse, nous l'avons dit, et les bourgeois, intimidés par la présence de la cour à Blois, avaient depuis longtemps couvert leurs feux et éteint leurs lumières.

Henri était sorti du château par une petite porte. Ni les gardes, ni les gentilshommes ordinairement attachés à sa personne, ne l'avaient vu passer.

Quand ils furent hors du château, les mignons se prirent à causer tumultueusement.

— Tu es donc amoureux de cette petite, toi, Maugiron? demanda le roi.

— Oui et non, Sire.

— Comment cela, mon mignon!

— Mais, dame! oui, si Votre Majesté ne la trouve point à son goût.

— Heu! heu! dit le roi, il y a longtemps qu'aucune femme ne m'a flatté l'appétit. Et toi, Quélus?

— Moi, Sire, je me borne à l'amitié, c'est moins trompeur que l'amour.

Le roi reprit en ricanant :

— Ainsi, Maugiron, mon chéri, la petite ne te plait qu'autant que son minois me semblera vulgaire?

— Hélas! Sire, mais j'ai bien peur que Votre Majesté ne la trouve adorable.

— Nous verrons, dit le roi; mais chut! voici que j'entends marcher derrière nous. Dispense-toi donc de m'appeler Majesté.

— Soit, dit Maugiron qui marchait en avant d'un pas rapide. Du reste, nous approchons...

— Ah! fit Henri III. C'est dans cette ruelle?

— Oui. Tenez, voyez ce grand mur, la maison est derrière...

Quélus disait à d'Épernon :

— Maugiron est plein d'esprit. Il va enlever la jeune fille pour le roi, et, comme le roi la dédaignera, il la revendiquera pour son compte personnel.

— Mais c'est qu'elle me plaît aussi, dit le chevalier de Schomberg.

— Eh bien! prends-la, dit Quélus.

— Et si elle me plaisait aussi? fit d'Épernon.

Pour le coup, Quélus se mit à rire.

— Mes chers seigneurs, dit-il, ce que je vois de plus clair en tout cela, c'est qu'elle plait à tout le monde, excepté au roi et à votre serviteur...

— Tu ne l'as pas encore vue.

— Peuh! les femmes ne me font pas faire de folies; je suis philosophe, moi.

— Soit... mais le roi? observa d'Épernon.

— Le roi a mes opinions, répliqua Quélus. Il trouve que la plus belle fille du monde ne vaut pas un drageoir rempli de confitures.

— Amen! murmura Schomberg : mais je te jure, Quélus, que si le roi fait fi de la belle, Maugiron ne l'aura pas sans dégaîner.

— Ah! mes enfants, dit Quélus, comme le proverbe qui dit qu'une poule amène bataille de coqs est vrai! Nous sommes tous amis, et voilà que pour cette donzelle vous voulez en découdre!...

— Morbleu! murmura d'Épernon, je suis de la partie, moi aussi.

— Je le veux bien, reprit Quélus avec insouciance; seulement, convenez d'une chose, c'est que le roi ni moi qui n'avons point le martel de l'amour en tête, nous n'avons vraiment rien à faire ici.

Quélus fut interrompu dans son cours de morale par la voix aigre du roi.

Henri III était arrivé au pied du mur, devant l'huis à deux vantaux de chêne ferré, et il disait à Maugiron:

— Mais tu es fou, mon mignon, de croire qu'on pénètre aisément en ce logis. Voilà une maîtresse porte qui se fera joliment maltraiter avant de perdre un clou de sa ferrure ou de ses gonds.

— Que Votre Majesté, répliqua Maugiron, ne se tourmente pas pour si peu.

— Que comptes-tu faire, mon chéri ?

— Aller chercher une échelle, Sire.

— Où donc cela ?

— Là, Sire, dans la maison d'un bourgeois dont je cultive la connaissance depuis hier. C'est un sacristain de la paroisse voisine ; un bon catholique qui hait les gens de la religion et soupçonne la jeune fille et le vieillard d'être initiés au culte nouveau.

— Pouah ! dit Henri, une fille huguenote, cela ne me séduit pas beaucoup.

— Je souhaite sa beauté à toutes les catholiques, reprit Maugiron, même à madame la duchesse de Montpensier, la sœur du duc de Guise et l'amie de Votre Majesté.

— Passons, dit le roi. Tu vas donc demander une échelle ?

— Au sacristain, dont j'ai fait la connaissance, et qui m'a donné de précieux détails.

— Oh ! oh ! voyons !

— Il paraît que cette porte si solidement ferrée, si bien fermée au dehors, n'est maintenue en dedans que par une lourde barre de fer.

— Très-bien, très-bien, je crois comprendre, dit le roi.

— Or donc, continua Maugiron, je vais appliquer l'échelle contre le mur, je grimperai jusqu'au couronnement, et je prendrai garde de me couper aux tessons de bouteilles qui le couvrent. Puis je sauterai dans le jardin.

— Et, soulevant la barre de fer, tu nous ouvriras la porte.

— Votre Majesté l'a dit.

Sur ces mots, le sire de Maugiron alla frapper à l'huis d'une maison basse, aux murs noircis, à l'aspect humide et délabré : la vraie maison d'un homme d'église habitué à l'atmosphère moisie des sacristies de province.

Le couvre-feu était sonné depuis longtemps; pas un pauvre rayon de clarté ne brillait à l'intérieur de la maison, et cependant la porte s'ouvrit tout de suite.

En même temps, une voix qui tremblait légèrement dit :

— Monseigneur, voilà l'échelle!

— Hé! mon gaillard, fit le roi en frappant sur l'épaule de Maugiron, je vois que tu avais tout prévu.

— Je ne cacherai pas plus longtemps à Votre Majesté, dit Maugiron, que si elle dédaignait la beauté de cette petite...

— C'est probable! dit le roi, qui recommençait à s'ennuyer.

— Je serais le plus heureux des hommes, ajouta Maugiron. Et il prit l'échelle que le sacristain lui tendait.

Quant à celui-ci, tandis que Maugiron courait au mur, il referma prudemment sa porte en marmottant nous ne savons plus quel verset de quel psaume.

L'échelle appliquée contre le mur, Maugiron prit son épée aux dents et monta.

Puis, arrivé au couronnement, il chercha avec ses mains un endroit dépourvu de tessons de bouteilles, et, l'ayant trouvé, il se mit à califourchon sur le mur.

Henri et ses trois autres mignons s'étaient groupés au bas de l'échelle.

Maugiron regarda dans le jardin, où tout était immobile et calme, puis se penchant du côté de la rue :

— Plus de lumière, dit-il, personne dans le jardin... pas même un chien... la colombe dort au colombier.

— Eh bien ! dit le roi, saute dans le jardin et ouvre nous... Il fait un froid de loup, messeigneurs.

Maugiron disparut, et le roi entendit le bruit de sa chute sur le sol gelé et retentissant du jardin.

Le saut était rude, Maugiron en fut étourdi, et il demeura quelques secondes immobile.

— Ah ! ma foi ! tant pis ! murmura-t-il, je vais leur ouvrir... et le roi est trop juste, puisque je l'amuse, pour ne point décider que la petite m'appartient.

Et Maugiron fit deux pas et examina attentivement la porte et le système de fermeture qui lui avait été appliqué à l'intérieur.

Le sacristain n'avait pas menti. Cependant il avait oublié un détail, c'est que la barre de fer était maintenue dans une gâche par un cadenas.

— Oh ! oh ! dit Maugiron, il va falloir faire le serrurier.

Il prit sa dague à sa ceinture, la tira du fourreau et en introduisit la pointe dans le cadenas, afin de le forcer.

— Dépêche-toi donc, il fait froid ! cria le roi à travers la porte.

Mais Maugiron n'eut pas le temps de répondre.

Il venait de recevoir un coup terrible sur la tête.

Ce horion, qui semblait tombé du ciel, était un coup de pommeau d'épée, sous lequel le toquet à plume du mignon s'était écrasé comme du vieux linge. Maugiron se retourna tout étourdi, — si étourdi même, qu'il n'eut pas la force de crier.

Un homme était devant lui.

Cet homme lui portait au visage la pointe d'une épée nue.

Ce que voyant, Maugiron recula d'un pas, s'adossa à la porte et mit flamberge au vent.

— Drôle! dit l'homme à l'épée nue, aussi vrai que je suis gentilhomme et que tu n'es qu'un vil coureur d'aventures nocturnes, je vais te clouer contre cette porte!

— A moi! cria Maugiron.

Et puis il croisa le fer.

Derrière la porte, Henri III et ses mignons entendirent le cliquetis des épées.

— Messieurs, dit Henri, la petite est gardée. Que comptez-vous faire?

— J'ai envie de m'aller coucher, dit Quélus, qui comprenait peu qu'on exposât sa vie dans des aventures amoureuses.

D'Épernon, en homme prudent, garda le silence.

Mais Schomberg, qui était un brave Alsacien, s'écria:

— Allons à son secours!

— Soit! dit le roi, qui eut un affreux bâillement. Aussi bien, c'est un moyen de se réchauffer. Car il fait froid, messieurs, bien froid!

Schomberg était déjà sur l'échelle.

En ce moment, le défenseur de Berthe Mallevin et le sire de Maugiron s'escrimaient avec acharnement.

Deux fois l'épée de l'inconnu avait effleuré la poitrine du mignon, et son sang avait coulé.

— Ah! tu es un beau seigneur de la cour de France, mordioux! s'écriait le Gascon. Eh bien! nous allons voir...

Maugiron était un élève de Henri III, qui passait pour le premier tireur de France.

Il fit une feinte habile, se ramassa sur lui-même, glissa sous l'épée du Gascon et fila pour lui planter sa dague au flanc, car il n'avait point cessé de la tenir de la main gauche.

Mais le Gascon, prompt comme l'éclair, leva le bras, puis le laissa retomber, et un deuxième coup de pommeau fut si bien appliqué sur la tête de Maugiron, que le mignon laissa échapper sa dague et son épée et roula évanoui sur le sol

Mais, en même temps aussi, Schomberg parut en haut du mur.

— Oh! oh! dit le Gascon, ils étaient deux!

Schomberg sauta.

Un nouvel ennemi apparut encore sur le mur :

— Ah! par saint Jacques de Compostelle! s'écria le Gascon, je crois qu'il en pleut, de ces gaillards-là... Eh bien! nous allons jouer le rôle du soleil, ventre-saint-gris! et faire cesser la pluie.

Parlant ainsi, le protecteur de Berthe, la pauvre orpheline, s'adossa, à son tour, à la porte ; puis il se mit en garde avec la magistrale assurance de feu maître *Guasta Carne*, le célèbre armurier de Milan !

IV

Le chevalier de Schomberg était brave, nous venons de le dire, mais brave de cette bravoure un peu aveugle, un peu brutale, un peu idiote, — qu'on nous passe le mot, — qui caractérise les buveurs de bière.

Sérieux comme un baudet à l'abreuvoir, il ne comprenait rien aux galanteries chevaleresques de l'esprit gascon, et ne savait pas se battre à la française.

Il se précipita donc sur l'adversaire de Maugiron avec la fureur entêtée du sanglier qui revient sur les chiens, et il engagea le fer jusqu'à la garde.

— Vous ne savez pas la première phrase de la noble science, lui dit le Gascon d'un ton railleur, et je pourrais vous tuer comme un poulet.

Sur ces mots, il fit un battement, lia le fer tierce sur tierce, donna un vigoureux coup de poignet, et l'épée échappa aux mains de Schomberg abasourdi.

— Passons à un autre, dit le Gascon.

Et tandis que Schomberg, honteux, ramassait son épée, le Gascon se retourna vers le nouveau venu qui avait sauté, comme Maugiron et Schomberg, du haut du mur dans le jardin.

Celui-là était masqué.

— Ah! ah! ricana le Gascon, monsieur désire garder l'incognito?

Et il lui porta la pointe au visage.

Mais le roi, car c'était lui, s'était mis savamment en garde, et le Gascon, sur-le-champ, comprit qu'il avait affaire à un maître.

— A la bonne heure! dit-il, ce sera plus amusant!...

Schomberg, ayant ramassé son épée, accourut au secours du roi.

Le roi lui cria :

— Reste, mon mignon; il ferait beau voir, ventre de biche! que j'eusse besoin d'un aide pour tuer un croquant !

— Voilà un juron, pensa le Gascon, que j'ai entendu dans mon enfance, peut-être au Louvre quand j'étudiais les belles-lettres au collége de Navarre.

Schomberg obéit et se tint à distance.

— Voyons, monsieur, dit le roi, dépêchons-nous, car j'ai grand froid et vous veux tuer tout de suite, afin de m'aller chauffer.

Le Gascon se mit à rire et engagea le fer en tierce, ce qui n'est pas une garde habituelle.

— Votre Seigneurie, dit-il, a mauvaise grâce à se plaindre, car, en vérité, je suis aussi malheureux qu'elle.

Et, disant cela, il para une assez jolie botte de quarte.

— Comment cela ? dit le roi étonné de la parade.

Le Gascon, toujours sur la défensive et se ménageant, répondit de sa voix railleuse :

— Dans mon pays, on ne craint ni le froid aux pieds, ni le froid au bout des doigts, c'est-à-dire l'onglée.

— Et que craint-on, en ce cas? demanda le roi, qui s'apercevait que son adversaire était digne de lui.

— Dans mon pays, continua le Gascon, on boit de bon vin, ce qui fait qu'on a communément le nez rouge.

— Ah! ah! dit Henri III, on en boit donc beaucoup?

— Énormément, car il ne coûte pas cher, ce qui fait que le bout de notre nez est très-accessible au froid et qu'il gèle souvent, comme la vigne dans les mauvaises années

— Vous êtes plein d'esprit, dit le roi, qui se fendit à fond en pure perte. Mais cela ne m'apprend point en quoi je suis plus heureux que vous.

— C'est facile à comprendre cependant, car Votre Seigneurie, ayant un masque a, par conséquent, le nez à l'abri de la bise d'hiver.

Sur ces mots, le Gascon se fendit à son tour, et toucha légèrement le roi à l'épaule.

Le froid du fer arracha un cri à Henri III.

A ce cri, Schomberg courut à la porte, de laquelle,

en ferraillant, les deux adversaires s'étaient éloignés peu à peu, et, de sa main vigoureuse comme une épaule de taureau, il se prit à secouer la barre de fer, criant

— A nous! à nous!

Quélus et d'Épernon n'avaient pas quitté la ruelle.

Quélus, il l'avait dit, se souciait peu d'avoir une querelle à propos de femmes.

Quant à d'Épernon, il ne pensait pas encore à devenir maréchal de France et n'éprouvait pour les jeux de l'épée qu'une médiocre sympathie.

Mais les mains de fer de Schomberg avaient eu raison en un clin d'œil, de la barre et du cadenas, et la porte s'ouvrit.

Force fut donc à Quélus et à d'Épernon d'accourir au secours du roi, en passant sur le corps inanimé de Maugiron.

— Bon ! murmura le Gascon, je croyais que la pluie avait cessé.

Et rapide comme la pensée, souple comme un chat, il fit un bond de dix pas en arrière, tandis que le roi, qui s'était fendu de nouveau, faisait un faux pas et tombait sur un genou.

Le Gascon profita de ce moment de répit, il prit un pistolet à sa ceinture et cria :

— Holà ! messeigneurs ! je veux bien vous tuer l'un après l'autre, mais je vous jure par tous les saints du paradis que, si vous vous mettez quatre contre moi, je vais casser deux têtes du premier coup. Après, nous verrons.

Cette menace, qui fut accompagnée du bruit sec du rouet, arrêta les mignons dans leur élan.

En même temps le roi, qui s'était relevé, se tourna vers eux ;

— Messieurs, dit-il de sa voix brève et impérieuse, je vous défends de faire un pas. Vous savez qui je suis, et monsieur m'appartient!...

— Ceci est parler en gentilhomme, dit le Gascon.

Et il remit son pistolet à sa ceinture.

De nouveau, le roi marcha sur lui l'épée haute :

— Vous m'avez blessé, dit-il.

— C'est mon habitude, ricana le Gascon.

— Mais je vous tuerai, moi!

— Voilà qui m'étonnerait, cher seigneur, répliqua le Gascon toujours railleur.

— Ventre de biche! nous verrons bien...

— Mordioux! c'est chose aisée...

Et ces deux exclamations échangées, le roi et son adversaire inconnu croisèrent de nouveau le fer.

Le combat recommença terrible, acharné, et cependant sans résultat, car tous deux tiraient merveilleusement, et la botte la plus imprévue, le coup le plus savant, étaient aussitôt parés.

— Par la Vierge! monsieur, s'écria le roi essoufflé, vous tirez bien!

— Votre Seigneurie est trop bonne...

— Vous plairait-il vous reposer un moment?

— Avec plaisir, monsieur, dit courtoisement le Gascon.

Et il piqua son épée en terre.

Le roi en fit autant.

Mais, en ce moment, des pas précipités retentirent dans la rue, et un nouveau personnage apparut sur le théâtre du combat.

C'était Crillon!

Les mignons tressaillirent d'aise, car ils craignaient

d'avoir à venger le roi tout à l'heure et comptaient pour cette besogne sur la rude épée du chevalier.

Crillon était entré en courant, mais lorsqu'il vit le roi et son adversaire, l'épée bas, il s'approcha plus lentement.

— Ah ! ah ! vous voilà, chevalier, dit le roi, qui reconnut Crillon à ses allures de sanglier, car la nuit était assez épaisse pour qu'il ne pût voir son visage.

— Oui, me voilà, dit Crillon essouflé, et je vois que j'arrive à temps pous secourir Votre Seigneurie.

Crillon, plus que tout autre, eût redouté de trahir l'incognito du roi.

Henri III reprit :

— Voilà un petit gentillâtre des bords de la Garonne qui tire à merveille.

— On fait ce qu'on peut, dit le Gascon.

Au son de cette voix, Crillon étouffa un cri.

— Oh ! oh ! dit le roi, qu'avez-vous, chevalier ?

— Rien... oh ! rien. Pardon, balbutia le chevalier.

Et il s'approcha plus encore et chercha à percer les ténèbres de son regard.

— Bonjour, monsieur de Crillon, dit le Gascon.

— Harnibieu ! c'est lui ! exclama le chevalier.

— Vous connaissez monsieur ? demanda le roi.

— Oui, certes.

— Parbleu ! dit le Gascon.

Crillon se pencha à l'oreille du roi.

— Sire, dit-il, si trente années de loyaux services sont quelque chose à vos yeux, vous renverrez ces laquais habillés en gentilshommes, ces mignons puant le musc...

— Tout beau ! chevalier, fit le roi avec aigreur, ce sont mes amis.

— Moins que moi, Sire, et c'est au nom de la monarchie que je vous le demande.

— Ce diable de Crillon! murmura le roi, il vous fait toujours faire ce qu'il veut.

Et, se tournant vers les mignons :

— Allez-vous-en, mes chéris... je vous rejoindrai tout à l'heure.

L'accent du roi était impérieux.

— J'aime autant cela, murmura Quélus.

— Et moi aussi, dit d'Épernon.

Il n'y eut que Schomberg qui montra Maugiron inanimé.

— Et lui? dit-il, qu'allons-nous en faire!

Crillon poussa Maugiron du pied.

— Cette charogne? dit-il, on l'enterrera dans un coin.

— Vous vous trompez, monsieur de Crillon, dit le Gascon, je suis sûr de ne l'avoir point tué.

— Alors, emportez-le.

Schomberg chargea Maugiron sur son épaule et suivit Quélus et d'Épernon.

Alors Crillon prit la main du roi, et se penchant de nouveau à son oreille :

— Sire, dit-il, remettez l'épée au fourreau.

— Moi! par exemple! dit le roi.

— Il le faut, Sire.

Et l'accent de Crillon domina la voix chancelante du monarque.

— Mais pourquoi donc? insista cependant Henri III.

— Au nom de vos aïeux, au nom de votre couronne, je vous le demande à genoux.

Et le chevalier était descendu jusqu'à la prière.

Henri III, à son tour, cherchait à voir le visage du Gascon.

— Mais quel est donc cet homme ? s'écria-t-il.

Crillon répondit tout haut :

— Votre Seigneurie a deux amis, moi et lui.

— Ventre-saint-gris ! mon cher Crillon, s'écria à son tour le Gascon, que dites-vous donc là ? Je ne connais pas ce gentilhomme.

Crillon ôta son chapeau :

— Ce gentilhomme, dit-il, se nomme le roi de France !

Et, à ces mots, le Gascon, à son tour, laissa échapper un cri.

Puis il jeta son épée loin de lui !

V

La franchise presque brutale de Crillon ne plaisait que médiocrement au roi.

Henri III voulait bien courir les rues avec ses mignons et, un masque sur le visage, enlever les filles, rudoyer les bourgeois, se conduire, en un mot, comme un page ou un lansquenet, mais à la condition de garder l'incognito.

Aussi, lorsque Crillon l'eut qualifié de roi de France, s'écria-t-il furieux :

— Vous êtes fou, Crillon !

— Non, Sire.

— Mais quel est donc ce gentilhomme ?

Le Gascon s'avança et mit un genou en terre :

— Puisque Votre Majesté, dit-il, a eu la générosité

de croiser le fer avec moi, elle poussera cette générosité jusqu'au bout.

— Que voulez-vous dire, monsieur?

Le Gascon poursuivit :

— Je viens de loin. J'arrive à Blois tout exprès pour obtenir une audience de Sa Majesté le roi, car j'ai une mission à remplir auprès de lui.

— Et cette mission, qui vous l'a donnée?

La voix du Gascon devint émue et grave :

— Feu le roi Charles IX à son lit de mort.

Henri tressaillit.

— Mon frère, dit-il ; vous avez connu mon frère !

— J'ai baisé sa main royale, Sire.

— Eh bien! monsieur, dit le roi, qui que vous soyez, je vous autorise à remplir votre mission.

— Sire, reprit le Gascon, nous sommes en plein air, et Votre Majesté prétendait tout à l'heure qu'elle avait froid.

— C'est vrai. Eh bien! venez au château.

— Pas aujourd'hui, Sire.

— Et pourquoi donc cela, monsieur?

— Parce que, dit le Gascon avec calme, il y a ici deux êtres sans défense, un vieillard et une jeune fille sur laquelle les mignons de Votre Majesté ont de coupables projets, et que j'ai pris ces deux êtres sous ma protection.

Ces mots irritèrent l'orgueil du roi.

— Hé! qui donc êtes-vous, monsieur, dit-il, vous qui protégez?...

— Je jure de dire mon nom à Votre Majesté lorsqu'elle m'aura accordé l'audience que je sollicite.

— Et si je voulais le savoir tout de suite? s'écria le roi, dont la voix s'altérait.

Mais Crillon, un moment silencieux, s'interposa.

— Ah ! dit-il, puisque Votre Majesté veut bien m'appeler son ami, elle ne refusera pas à ce gentilhomme, dont je réponds âme pour âme et corps pour corps, de lui accorder ce qu'il demande.

— Et si je refusais, moi, le roi !

— Alors, dit froidement Crillon, je conseillerais à ce gentilhomme de se taire et d'attendre que Votre Majesté lui fît appliquer la torture.

— Crillon, Crillon, dit le roi, vous parlez bien librement à votre roi...

— Sire, dit naïvement le bon chevalier, si tous les sujets de Votre Majesté s'exprimaient comme moi, vous seriez le plus grand roi du monde, car vous avez le cœur bien placé, en dépit des courtisans qui rampent à vos pieds.

Cette fois Crillon avait touché juste.

— Eh bien ! dit-il, je permets à ce gentilhomme de taire son nom, et je l'attends demain au château, en ma chambre royale, à l'heure de mon lever.

Le Gascon fléchit de nouveau le genou :

— Votre Majesté, dit-il, est bien le petit-fils du roi chevalier ; merci !

— A demain, dit le roi. Venez, Crillon. Brrr ! qu'il fait froid !

Et Henri III remit son épée au fourreau, rajusta son manteau, salua de la main celui qui avait été son adversaire et s'éloigna.

— Pardon, Sire, dit Crillon, laissez-moi dire un mot à ce gentilhomme.

Et il s'approcha du Gascon.

Celui-ci lui prit la main :

— Silence ! dit-il.

— Pourquoi êtes-vous ici? demanda Crillon tout ému.

— Je veux assister aux États.

— Vous?

— Moi, dit froidement le Gascon.

— Mais c'est vous exposer au poignard de tous les assassins payés par les Guise.

Le Gascon eut un petit rire de bonne humeur qui mit à nu ses dents d'ivoire.

— Ah! Crillon, mon ami, dit-il, le tutoyant tout à coup, je crois que tu vieillis. Comment! tu veux que ma poitrine, que n'a pu entamer l'épée d'un roi de France, serve de fourreau au poignard des princes lorrains? Allons donc !

— Mais au moins n'êtes-vous pas seul?

— J'ai la *flamande* avec moi.

— Qu'est-ce que la flamande?

— La colichemarde que tu vois là et que mon grand-père portait dans les Flandres, au temps où le roi François faisait la guerre à Charles-Quint.

— Il n'est si bonne épée qui ne se brise!

— Bon! murmura le Gascon, ceci devient plaisant, voici que Crillon a peur... Bonsoir, Crillon, à demain. Le roi ton maître a raison... Il fait froid ! bonne nuit, je vais me coucher.

Un quart d'heure après, le gentilhomme gascon qui avait eu l'honneur de croiser le fer avec un roi de France, et que Crillon traitait avec une considération mystérieuse, avait solidement fermé et barricadé la porte et se dirigeait vers la petite maison où il avait laissé le vieillard endormi, et la jeune fille à demi-morte de frayeur.

Le vieillard dormait toujours.

Quant à Berthe, le Gascon la trouva agenouillée dans sa chambre, et priant avec ferveur.

Lorsqu'elle le vit entrer, elle poussa un cri de joie et s'élança vers lui les bras ouverts.

— Ah ! vous m'avez sauvée ! dit-elle.

Et comme il la regardait en souriant, elle lui dit avec enthousiasme :

— Ils étaient quatre contre vous, mais je n'ai pas eu peur, allez ! je sentais qu'à vous seul vous êtes plus vaillant qu'une armée.

Le Gascon lui prit la main et la baisa respectueusement.

— Chère demoiselle, dit-il, je me disais bien que Dieu ne m'abandonnerait pas, puisqu'il m'avait confié votre défense.

Alors ils s'assirent l'un près de l'autre, lui, le jeune homme au regard d'aigle, au sourire railleur, au cœur de lion, — elle, la frêle colombe effarouchée ; et tous deux se prirent à causer comme on cause à vingt ans, rougissant et émus l'un et l'autre.

Et les heures s'écoulèrent, et les premières lueurs de l'aube succédèrent à la nuit.

Le brouillard s'était dissipé, l'horizon était d'un bleu pâle, çà et là irisé de tons orangés.

Une belle journée d'hiver se préparait, et les moineaux piaulaient joyeusement dans les arbres du jardin et sur les toits du voisinage.

Berthe et son défenseur avaient oublié de se coucher. Elle lui avait dit sa simple et douloureuse histoire, l'histoire d'une orpheline confiée à un pauvre vieillard débile et centenaire.

Ensemble ils avaient déploré les malheurs du temps, les persécutions dont on accablait ceux de la religion et le Gascon avait alors parlé de son pays, où l'on pouvait aller au prêche en plein jour.

Il avait dépeint à Berthe étonnée cette chaude terre de Gascogne où le raisin mûrit si vite aux rayons d'un soleil ardent.

Il avait parlé de cette majestueuse chaîne de montagnes, les Pyrénées, dont les cimes escarpées dentellent le ciel bleu.

Puis il avait raconté la vie simple et franche des Béarnais, leurs coutumes patriarcales, leur dévotion à Dieu, leur dévouement à leur roi.

Il s'était plu à lui narrer, un peu ému, et une larme dans les yeux, les souvenirs populaires de la bonne reine Jeanne, qui le dimanche, à l'exemple de saint Louis, rendait la justice sous un chêne, à la porte du château de Nérac; de madame Jeanne d'Albret, traîtreusement empoisonnée par René le Florentin, et puis il avait dit encore :

— Chère demoiselle Berthe, ma mie, ne restez pas à Blois, où le roi de France vient souvent, escorté de ses mignons éhontés.

Si vous le voulez, je vous emmènerai tous les deux en Navarre, votre aïeul et vous.

Le sire de Mallevin y finira tranquillement ses jours, et vous, nous vous trouverons un mari, un brave et bon gentilhomme au cœur vaillant, au bras fort.

A ces derniers mots, Berthe avait rougi plus fort, et le Gascon lui prit un baiser. Mais, en ce moment aussi on frappa rudement à la porte du jardin.

— O mon Dieu ! murmura Berthe, ce sont *eux* qui reviennent.

— Non, dit le Gascon. Ne craignez rien, ces gens-là

sont oiseaux de nuit et ils ont horreur de la clarté de jour.

Il reboucla son ceinturon et descendit ouvrir.

L'homme qui frappait était M. de Crillon. Le bon chevalier avait le heaume en tête et la cuirasse au dos.

Derrière lui marchaient, également armés, deux gentilshommes qui portaient le pourpoint des gardes du roi.

— Ah! chevalier, dit le Gascon étonné, je ne m'attendais pas à vous voir si matin.

— Je viens vous relever.

— Hein! fit le Gascon.

— Oui, reprit le chevalier, je viens m'établir ici avec ces deux messieurs qui sont mes compatriotes et mes parents, et à nous trois nous ferons bonne garde. Les mignons ne s'y frotteront plus.

— Merci, chevalier!

— Es-ce que vous refuseriez ? demanda Crillon.

— Non, j'accepte.

— A la bonne heure!

— D'autant plus, reprit le Gascon, que j'ai besoin de courir un peu par les rues de la ville de Blois. A propos, quand arrive le duc de Guise?

— On l'attend dans la matinée.

— Et madame de Montpensier?

Crillon cligna de l'œil.

— Je crois bien qu'elle est arrivée cette nuit sans tambour ni trompette.

— Ah! ah!

Et le Gascon présenta le chevalier à Berthe, qui venait de descendre au jardin.

— Ma chère demoiselle, dit-il, je vous laisse sous la

sauvegarde de M. de Crillon. C'est la première épée de l'univers.

Crillon salua et murmura naïvement :

— Après, la vôtre, c'est bien possible.

Le Gascon prit son manteau et enfonça son feutre sur ses yeux.

— Où allez-vous? demanda Crillon.

— Courir la ville et prendre l'air, répondit-il avec son fin sourire.

Puis il fit jouer son épée dans le fourreau afin de s'assurer qu'elle en pourrait sortir aisément à la première occasion.

VI

Le Gascon sortit le nez dans son manteau. Mais il ne remonta pas la ruelle, et, au lieu de se diriger vers le château qui domine la ville, il descendit au contraire vers les bas quartiers, au bord de la Loire.

C'étaient là que vivaient pêle-mêle les bourgeois, les gens de métiers, les manouvriers et les pêcheurs, laissant la haute ville aux nobles et aux gentilshommes.

Le Gascon s'aventura dans un dédale de petites rues tortueuses, étroites, où l'air et la lumière pénétraient à grand'peine.

Cependant il marchait sans hésitation, en homme qui connaissait sa ville de Blois comme un valet de l'échevinage, et il ne s'arrêta qu'à l'entrée de la ruelle qui aboutissait directement à la Loire.

Là seulement, il fit halte et parut s'orienter.

— C'est bien la rue des Tonneliers, dit-il, maintenant cherchons la maison. Un seul étage, avec un pignon, des volets grillés. Ah! mordieux, la voilà!

Cette exclamation venait d'être déterminée par la vue d'une branche de houx qui pendait au-dessus d'une porte.

Le Gascon se dirigea vers cette porte et frappa.

La porte était close, les volets fermés. Rien ne bougeait à l'intérieur; on eût dit une maison inhabitée.

Le Gascon frappa trois fois, et l'on ne vint point lui ouvrir.

Mais, au bruit, la fenêtre d'un maison voisine s'entrebâilla et servit de cadre à la tête d'une vieille femme :

— Qui demandez-vous donc, mon gentilhomme?

Le Gascon salua la vieille.

— Ma bonne, dit-il, je suis étranger en la ville de Blois, et je cherche une hôtellerie.

— Vous vous trompez, mon gentilhomme, répondit la vieille. Cette maison est celle d'un vieux procureur en la cour de justice, maître Hardouinot, lequel est sourd et n'a jamais songé à tenir auberge.

— Alors, que veut dire cela ? fit le Gascon.

Et il montra la branche de houx, symbole non équivoque et qui par tout pays indique une hôtellerie.

— Ah! Seigneur Dieu! fit la vieille, vous avez raison, mon gentilhomme; mais que je perde ma part de paradis et devienne huguenote si j'y comprends quelque chose. Maître Hardouinot tenir auberge; c'est impossible!

— Vous voyez bien que non.

— Pour sûr, dit la vieille, il y a là-dessous quelque artifice du diable, à moins que, pendant la semaine qui vient de s'écouler, maître Hardouinot ne soit mort et qu'un autre n'ait acheté sa maison, car voilà une semaine, mon bon seigneur que je suis absente de Blois. Je suis de retour depuis cette nuit seulement.

— Ce que vous dites là est fort possible, ma bonne femme, répliqua le Gascon d'un air naïf.

Et il frappa une quatrième fois, non plus avec la main, mais avec le pommeau de sa dague.

Il se fit alors du bruit à l'intérieur.

— Allons! murmura le Gascon, la maison n'est point déserte.

En effet, peu à peu le guichet de la porte s'ouvrit, et une voix jeune demanda :

— Qui frappe ainsi et que veut-on?

— Gascon et Béarn, répondit le visiteur matinal.

La porte s'ouvrit aussitôt, et derrière elle apparut un jeune homme de vingt-deux ans environ, qui s'empara de la main du Gascon et la porta respectueusement à ses lèvres.

— Bonjour, Raoul! dit celui-ci.

— Bonjour, monseigneur.

On le voit, le jeune homme renchérissait sur Crillon. Il osait appeler l'inconnu monseigneur.

Celui-ci se glissa dans la maison, et celui qu'il avait appelé Raoul se hâta de refermer la porte.

Le vestibule où ils se trouvaient était vaste, humide, sombre, et exhalait une odeur de moisi.

— Causons un peu, mon ami Raoul, dit le Gascon, qui prit un escabeau et s'assit à califourchon dessus. Et d'abord ne m'appelle pas monseigneur.

— Comment dois-je vous nommer? demanda Raoul, qui se tint debout devant le Gascon.

— Appelle-moi le sire de Jurançon, c'est un nom

qui porte bonheur. Je te permets même de dire de Jurançon tout court.

Raoul s'inclina.

Or, ce Raoul n'était autre que l'ex-page du roi Charles IX, le beau Raoul, dont l'espiègle Nancy rêvait jadis nuit et jour et qui, depuis ce temps, avait eu bien des aventures.

— Ce cher Raoul, dit le Gascon, y a-t-il longtemps que je ne l'ai vu !

— Deux ans passés. Mais j'ai mis ces deux ans à profit, comme vous voyez... et j'ai fait mon chemin.

— Dans le cœur de la duchesse ? demanda le Gascon en souriant.

— Heu ! heu ! fit Raoul d'un ton modeste, on ne sait pas... cela pourrait bien être.

— C'est-à-dire que tu as trahi Nancy?

— Mais non, monseigneur, j'aime toujours Nancy.

— Alors ?

— Mais je vous sers en me faisant aimer de la duchesse.

— Ah! c'est différent. Maintenant, parlons sérieusement. Quand êtes-vous arrivés ?

— Hier au soir. Le vieil Hardouinot était prévenu; il avait fait suspendre une branche de houx à la croisée, et la duchesse a pu l'apercevoir en arrivant.

— Elle a donc cru que c'était une hôtellerie?

— Elle n'en a pas douté une minute.

— Et Hardouinot.. comment l'a-t-elle trouvé ?

— Elle est loin de se douter qu'il est un des chefs les plus actifs des huguenots.

— Très-bien ! de combien d'hommes se compose sa suite?

— Nous ne sommes que deux, répondit Raoul. La

duchesse est arrivée ici sans étalage. Elle veut passer une grande journée à Blois sans qu'on y soupçonne sa présence. Ce soir elle conférera avec le duc de Guise, qui doit arriver dans la matinée.

— Ainsi vous n'êtes que deux avec elle?

— Oui, moi et le petit page que le comte Éric de Crèvecœur et ses amis eurent la barbarie de mettre à la torture.

— Aussi doit-il les aimer?

— Il les hait autant que moi.

— Et où est la duchesse?

— Là-haut. Elle dort.

Le Gascon se prit à sourire :

— Si j'étais sûr qu'elle ne s'éveillât point, dit-il, je lui ferais visite, afin de la contempler durant son sommeil.

— Elle a le sommeil léger, monseigneur.

— Mais, ce n'est pas précisément pour cela que je viens, dit celui qui s'était donné le nom de sire de Jurançon : je veux voir Hardouinot.

Comme il parlait ainsi, une porte s'ouvrit dans le fond du vestibule, et un vieillard se montra.

C'était un petit homme sec, décharné, courbé en deux et dont toute la vie semblait s'être réfugiée dans le regard.

Chez lui, en effet, l'œil brillait de toute l'énergie de la jeunesse.

Il leva les yeux sur le Gascon et l'examina attentivement.

Le Gascon se leva de son escabeau, marcha à la rencontre du vieillard, et, comme il savait que celui-ci était sourd, il jugea inutile de lui parler.

Mais il tira sa bourse qu'il avait, selon l'usage, à sa

ceinture, et, de cette bourse, la moitié d'un *écu à la vache* qu'il mit sous les yeux du vieillard.

Maître Hardouinot, car c'était lui, s'inclina tout aussitôt profondément et dit :

— Si monseigneur veut me suivre, il verra quelles sont nos ressources.

— Allons ! répondit le Gascon.

Puis il fit un signe à Raoul, qui demeura dans le vestibule.

Maître Hardouinot, l'ancien procureur en la cour de justice, était vêtu d'un sorte de houppelande flottante qui ne parvenait pas à dissimuler sa maigreur extrême.

Il écarta les plis de ce vêtement, et prit à sa ceinture un trousseau de clefs ; puis il fit passer le Gascon dans la pièce d'où il venait de sortir.

C'était un petit oratoire où l'on voyait un christ sur le mur, et, entassés pêle-mêle, des livres et des parchemins.

Quand le sire de Jurançon fut entré, le vieillard referma la porte, laissant Raoul sous le vestibule.

Puis il poussa les verrous à l'intérieur, et, s'armant d'un briquet, il en fit jaillir quelques étincelles au moyen desquelles il alluma une mèche soufrée.

Ensuite il ouvrit une seconde porte et dit au Gascon :

— Venez !

Cette nouvelle porte donnait sur un escalier noir, l'escalier des caves, sans doute.

Hardouinot s'y engagea le premier, éclairant sa marche et celle du Gascon avec la mèche soufrée.

Ils descendirent ainsi soixante marches environ, puis ils se trouvèrent dans un corridor souterrain.

Au bout de ce corridor était une troisième porte, une

porte en fer armée de quatre serrures et de trois verrous.

Les mains débiles du vieillard firent néanmoins tourner les clefs, glisser les verrous, et pivoter la porte sur ses gonds.

Alors, les rayons de la mèche soufrée ayant pénétré de l'autre côté de cette porte, le Gascon s'arrêta ébloui.

h Il était au seuil d'un vaste caveau dont le sol était jonché de pièces d'or et d'argent.

— On n'a jamais compté, dit Hardouinot; mais, à vingt ou trente mille francs près, je sais ce qu'il y a.

Et il entra dans le caveau.

Le Gascon le suivit et ils refermèrent sur eux cette troisième porte, comme les précédentes.

VII

Dix heures sonnaient à la grande horloge du château de Blois.

L'antichambre royale regorgeait de courtisans.

On attendait le lever du roi.

Car le roi dormait encore, ou du moins ses pages de service n'avaient point osé pénétrer dans sa chambre.

Quélus et Schomberg causaient à voix basse dans l'embrasure d'une croisée.

Schomberg disait :

— Ce butor de Maugiron, avec son histoire de petite fille, a amené l'orage. Le roi s'est couché de méchante umeur, et il nous a tourné le dos à tous.

Quélus répondit d'un air nonchalant :

— Le roi a bien fait : il faut être enragés comme vous l'êtes, d'Épernon, Maugiron et toi, pour déranger d'honnêtes gentilshommes qui viennent de souper, et les conduire, à travers le brouillard, à la recherche d'une aventure désagréable.

— Sais-tu que cet enragé Gascon nous aurait tous tués, l'un après l'autre ?

— Y compris le roi, dit Quélus ; aussi, je m'explique sa mauvaise humeur, car le roi n'aime pas rencontrer des gens de sa force en escrime.

— As-tu vu Maugiron ce matin ?

— Il a passé une mauvaise nuit. La tête est enflée comme une citrouille, et il a la fièvre.

— Et ce diable de chevalier de Crillon, reprit Schomberg, que nous étions parvenus à faire prendre en aversion au roi, et qui est rentré en grâce d'un seul coup.

Comme les mignons parlaient ainsi, il se fit du bruit dans la salle d'attente, et une certaine agitation se manifesta parmi les courtisans. On avait entendu le son clair et argentin du timbre sur lequel Henri III avait coutume de frapper avec un baguette d'ébène et qui était placé près de son lit, sur un dressoir.

Le roi s'éveillait enfin.

Deux pages qui, assis sur une banquette, semblaient attendre ce signal, se levèrent avec empressement et pénétrèrent dans la chambre royale.

Quélus, qui, outre sa situation de favori, remplissait les fonctions de premier valet de chambre, les suivit.

Henri III s'était mis sur son séant, et il avait ouvert un livre d'Heures.

Chaque matin, le roi en s'éveillant, récitait une oraison, lisait ensuite quelques versets d'un psaume, et disait un *meâ culpâ* en se frappant la poitrine.

Durant cette triple besogne dévotieuse, les pages et les gentilshommes de serviee demeuraient debout, silencieux et recueillis; après quoi, Quélus, sur un signe de Sa Majesté, venait le premier lui donner l'accolade.

Puis Schomberg et les autres lui succédaient.

Alors le roi oubliait ses pratiques religieuses et se mettait à causer de choses plus profanes pendant qu'on apprêtait ses vêtements.

Ce jour-là, d'Épernon n'avait osé se montrer, Maugiron était dans son lit, et Schomberg, prudent comme un Allemand qu'il était, demeurait dans la salle d'attente.

La scène nocturne qui avait précédé le coucher du roi ne présageait pas un réveil aimable.

Quélus seul, par la nature même de ses fonctions, n'avait pu se dispenser d'entrer.

Tout au rebours de ses craintes, Quélus fut bien reçu.

— Bonjour, mon mignon, lui dit le roi en posant son livre d'Heures; comment as-tu dormi cette nuit?

— Mal, Sire.

— C'est comme moi, Quélus, mon mignon; je n'ai même pas dormi du tout, mais j'ai réfléchi.

— Ah! dit Quélus, qui se demandait si le roi était de bonne ou de mauvaise humeur, tant son visage était impassible.

— Oui, continua Henri III, j'ai beaucoup réfléchi, mon mignon, et je crois avoir trouvé le secret de toutes les calamités qui affligent l'humanité, de toutes les catastrophes qui bouleversent les empires.

3.

— Diable! fit Quélus, Votre Majesté a trouvé cela?

— Oui. La cause première de tous les malheurs de l'homme, c'est la femme.

— Ah! s'écria Quélus, le roi parle d'or.

— N'est-ce pas, mon mignon? cet être faible, rusé, dissimulé, effronté, rempli d'impudeur, la femme, en un mot, est la cause de toutes nos misères.

— C'est vrai, Sire.

— Ainsi, regarde, dit le roi, et frémis.

— D'avance, Sire?

— Oui, d'avance : frémis en songeant à ce qui aurait pu arriver cette nuit... Ce damné Gascon a failli me tuer... il m'a touché à l'épaule... Sans cette médaille que je porte toujours au cou, et dont la vertu m'a protégé...

Quélus ne pouvait laisser échapper une occasion si belle d'être flatteur.

— Peuh! dit-il, Votre Majesté suppose-t-elle donc que la Providence n'y regarde pas à deux fois avant de laisser tuer un roi de France?

Cette saillie fit sourire Henri III.

— N'importe! dit-il, je l'ai échappé belle. Mais danger de mort n'est rien encore.

— Votre Majesté en a donc couru un autre?

— Tu me le demandes?

— Dame!

Le roi fit un signe aux deux pages, qui se tinrent à distance.

Alors il attira Quélus à lui, et, se penchant à son oreille :

— Mais malheureux! si j'avais été reconnu, qu'une patrouille de l'échevinage nous eût surpris, les gens de la religion auraient fait un tapage d'enfer.

— C'est juste, Sire.

— Et tout cela, mon Dieu! pour une femme... une simple femme, dont je ne me souciais guère, ni toi non plus.

— Parbleu! dit Quélus d'un air indigné.

— J'ai envie de proscrire les femmes, poursuivit le roi, en commençant par la reine, que j'exilerai dans quelque château. Quand il n'y aura plus de femmes à la cour, tu verras comme on s'amusera.

— C'est une bien belle idée, dans tous les cas, Sire.

— En attendant, habille-moi.

Et le roi sortit une jambe du lit, tandis que Quélus prenait sa chemise des mains d'un page.

— D'abord, reprit le roi, je vais faire un exemple.

— Ah! dit Quélus.

— J'exile Maugiron.

— Vraiment!

— Oui, et tu le lui annonceras de ma part.

Quélus s'inclina.

— J'exile Schomberg...

— Aussi? fit Quélus.

— Oui, Maugiron et Schomberg sont des hommes corrompus par la galanterie et indignes de mon amitié.

— Et d'Épernon? demanda Quélus, qui commençait à être inquiet pour lui-même.

— Hum! fit le roi.

Et il se prit à réfléchir.

— Ne t'a-t-il point semblé, dit-il enfin, que d'Épernon ne nous suivait qu'à regret, hier?

— C'est comme moi, Sire.

— Alors gardons d'Épernon.

Mais, tout en parlant ainsi, le roi se frappa le front :

— Ah! j'y songe! dit-il.

— A quoi songe Votre Majesté?

— Au Gascon.

— J'espère que Votre Majesté va le faire pendre haut et court.

— Non pas... il me plaît... c'est un fin tireur, mon mignon. Et puis ce diable de Crillon l'a pris sous sa protection.

— Voilà qui est différent, ricana Quélus. Eh bien! ce Gascon?...

— Il doit venir.

— Où?

— Ici.

— Ici! murmura Quélus scandalisé.

— Je lui ai donné rendez-vous à mon lever.

— Mais, Sire, un chevalier d'aventures...

— Ta! ta! ta! fit le roi. Il a fort bon air. Chut! j'entends du bruit.

Il y avait au pied du lit royal une petite porte recouverte d'une draperie et qui ouvrait sur les corridors intérieurs du château.

C'était à cette porte que l'on grattait.

— Ouvre, dit le roi à Quélus.

Quélus obéit et se trouva face à face avec un gros homme à cheveux gris, à trogne rouge, que le roi apostropha de ces mots :

— Eh mais! c'est maître Fangas, l'écuyer du chevalier de Crillon!

— Lui-même, Sire, répondit Fangas, qui salua avec aisance.

— Et que me veut le chevalier si matin? demanda le roi.

— Personnellement, rien, Sire; mais on m'a chargé

de conduire auprès de Votre Majesté certain gentilhomme gascon...

— Ah! fort bien, je sais...

Et le roi sauta à bas de son lit, passa ses chausses et endossa un pourpoint.

— Eh bien! où est-il, ce Gascon? dit-il.

— Là, Sire, dans le corridor.

— Qu'il entre!

— Pardon, Sire, dit Fangas, mais il m'a prié de rappeler à Votre Majesté que le roi lui avait promis un entretien secret.

— C'est juste.

Le roi fit un signe à Quélus.

— Va-t'en, mon mignon. Dis, en sortant, que je ne recevrai pas ce matin.

Quélus se dirigea vers la porte en faisant une grimace de mauvaise humeur.

— Et, ajouta le roi, annonce à Maugiron et à Schomberg qu'ils me feront plaisir de quitter la cour au plus vite.

— Qu'est-ce donc que ce Gascon? pensa Quélus.

Et il sortit inquiet.

Alors Fangas souleva la draperie de la petite porte, et le gentilhomme gascon entra.

VIII

Henri III était avide de voir en plein jour son adversaire de la nuit.

Le Gascon salua et se tint debout, son toquet à la main.

C'était un galant seigneur, bien troussé, portant

haut la tête et rappelant de tous points, par sa tournure et son visage doux et fier, ces beaux gentilshommes du règne précédent, qui semblaient à jamais bannis de cette cour efféminée que l'ancien roi de Pologne traînait à sa suite.

Il plut à Henri III.

— Monsieur, lui dit-il, si ce que vous avez à me dire est de quelque longueur, prenez un siége. Aussi bien suis-je en belle humeur ce matin, et je vous écouterai avec grand plaisir.

Le Gascon resta debout.

— Votre Majesté me comble d'honneur, dit-il; mais je serai bref, d'autant mieux que Votre Majesté aura bientôt de la besogne.

— Que voulez-vous dire, monsieur?

Le Gascon poursuivit :

— S'il prenait fantaisie à Votre Majesté d'ouvrir un moment la croisée de sa chambre, ou plutôt de m'ordonner de le faire...

— Pourquoi cela? fit Henri étonné.

— Votre Majesté verrait que les rues sont encombrées de monde, elle entendrait des fanfares, des cris d'allégresse et le bruit des arquebusades qu'on tire en signe de joie.

— Et pour qui donc tout ce bruit, monsieur?

— Pour son Altesse le duc Henri de Guise qui vient siéger aux côtés de Votre Majesté dans les États qui vont s'ouvrir.

L'accent du Gascon était railleur. Le roi fronça le sourcil.

— Monsieur, dit-il brusquement, le duc de Guise, mon cousin, est fait pour attendre mon bon plaisir.

— C'est vrai, Sire. Et le duc le sait, car il connaît à

merveille le proverbe : *Tout vient à point à qui sait attendre.*

— Oh ! oh ! dit le roi, vous prononcez là d'étranges paroles, monsieur.

— Je les répète textuellement, Sire.

— Et qui les a prononcées le premier ?

— Feu le roi Charles IX, qui, à son lit de mort, me chargea de les répéter à Votre Majesté.

Le roi eut un geste d'impatience ; mais au lieu de répondre, il suivit le conseil du Gascon.

Il alla ouvrir la fenêtre.

Puis il s'y accouda et regarda au dehors.

Le Gascon avait dit vrai. Les rues de la ville, groupées au bas du château comme un troupeau de moutons à l'entour du berger, étaient envahis par une foule bariolée, tumultueuse, étrange.

Bourgeois aux habits sombres, seigneurs aux pourpoints de velours soutachés d'or, soldats dont les cuirasses brillaient au soleil, moines gris, noirs et bleus, encapuchonnés de leur cagoule, se pressaient, se bousculaient et descendaient pêle-mêle comme un immense fleuve vers cet autre fleuve qu'on nomme la Loire.

Le Gascon s'était placé derrière le roi.

— Tenez, Sire, dit-il. voyez là-haut, en amont de la Loire, c'est la barque du duc.

Et, en effet, Henri III vit un grand bateau pavoisé aux couleurs de Lorraine, qui descendait majestueusement vers Blois, escorté d'une nuée de petites barques.

— La suite du duc est nombreuse, souffla le Gascon. C'est une escorte royale, en vérité !

Le roi fronçait de plus en plus le sourcil.

— Et là-bas, sur la route qui longe le fleuve, poursuivit le Gascon, Votre Majesté voit-elle ces cavaliers et ces fantassins? Le soleil brille sur les cuirasses et arrache des étincelles aux arquebuses. C'est toujours la suite du duc.

Le roi frappa du pied.

— Ah çà ! s'écria-t-il, est-ce que mon cousin se moque de moi? C'est une véritable armée qui l'accompagne.

— Du moins, cela y ressemble fort, Sire.

Henri III ferma brusquement la croisée.

Le Gascon poursuivit :

— Après cela, le duc a raison, Sire, de prouver à Votre Majesté qu'il peut mettre sur pied beaucoup de gens d'armes. C'est une belle armée lorraine, et si elle fait un jour ou l'autre sa jonction avec l'armée du roi d'Espagne...

— Tudieu! monsieur, exclama le roi, que me contez-vous là?

— Mais, dame! Sire! répliqua le Gascon d'un ton goguenard, le roi d'Espagne est, après tout, bon catholique.

— Que m'importe?

— Aussi bon catholique et plus fervent peut-être que les princes lorrains. Les états que va tenir Votre Majesté n'ont-ils pas pour but de fortifier l'Église catholique?

— Oui, certes, monsieur.

— Et d'exterminer les huguenots?

— Jusqu'au dernier, dit le roi.

— Eh bien! continua le Gascon, voilà qui fera joliment les affaires du roi d'Espagne et celles du duc de Guise.

— Ah çà, monsieur, fit le roi, qui laissa peser sur

son interlocuteur un clair regard, qui êtes-vous donc pour me parler ainsi?

— Que Votre Majesté me permette d'aller jusqu'au bout.

Et, à son tour, le Gascon regarda le roi, et sous ce regard Henri III tressaillit et se sentit dominé.

— Vous disiez donc, reprit-il, que l'extermination des huguenots ferait l'affaire du roi d'Espagne?

— Oui, Sire.

— Comment cela?

— C'est fort simple. Il y a là-bas, au midi, une haute chaîne de montagnes dont les cimes se perdent dans le bleu du ciel. Au pied de ces montagnes, dans le creux des vallées, vit fier et pauvre un petit peuple, une poignée d'hommes qui, nouveaux gardiens des Thermopyles, empêcheront toujours l'Espagne de franchir les monts.

Mais ce peuple, Sire, ces montagnards vêtus de bure, ces enfants des vallées infertiles et des plaines caillouteuses, sont huguenots... Et Votre Majesté ne disait-elle pas tout à l'heure qu'elle rêvait à leur extermination?

— Mais, monsieur, interrompit Henri III qui ne voulait point répondre directement, ne me disiez-vous pas aussi que le duc de Guise trouverait son compte?...

— A l'anéantissement du petit royaume de Navarre? Oui, Sire.

— Et comment?

— D'une façon bien simple. Le roi d'Espagne a trop chaud à Madrid. C'est un prince allemand, un fils de Charles-Quint, et il n'aime pas le soleil. A Bordeaux, par exemple, ou bien à Toulouse, il serait plus à l'aise!

— Tout beau ! fit Henri III avec hauteur, Toulouse et Bordeaux sont au roi de France.

Le Gascon ne se déconcerta point, et continua :

— Le duc de Guise, au contraire, est frileux comme une Madrilène. Il fait froid à Nancy, la Meurthe gèle tous les hivers. Le vin de la Moselle est aigrelet... Sans rêver le ciel de la Gascogne, le duc de Guise aimerait assez un peu de soleil, celui qui éclaire les vitraux du Louvre, par exemple.

Le roi fit un bond sur son siége.

— Vous êtes fou, monsieur, dit-il.

— Je le souhaite, Sire. Cependant je supplierai Votre Majesté de me permettre d'achever.

— Allez ! dit le roi, qui subissait une sorte de fascination.

— Ce que le roi d'Espagne tout seul ne saurait faire, continua le Gascon, ce que le duc de Guise isolé n'oserait tenter, tous les deux réunis l'essayeraient peut-être.

— Oh ! je les en défie !

Le Gascon se tut.

Alors Henri III le regarda de nouveau, et de nouveau il s'écria :

— Mais qui donc êtes-vous, monsieur ?

— Sire, répondit le Gascon, Votre Majesté m'a vu aujourd'hui pour la première fois, car à l'époque où j'étais à Paris elle régnait à Varsovie.

— Votre nom, monsieur, votre nom ?

— Attendez, Sire. Mais, si Votre Majesté rassemblait ses souvenirs d'enfance, elle se rappellerait peut-être un portrait qui orne la grande chambre, la chambre du roi, comme on dit, dans le château de Saint-Germain en Laye.

— Mais le portrait dont vous parlez... est celui... du duc Antoine de Bourbon.

— Justement.

— Roi de Navarre.

— Oui, Sire.

— Eh bien ! qu'y a-t-il de commun entre vous et ce portrait?

— Regardez-moi, Sire.

Henri fixa sur le Gascon un regard avide.

— Ah ! dit-il enfin, serait-ce possible ?

— Monsieur mon cousin, dit le Gascon qui changea tout à coup d'attitude, s'il est vrai que les gentilshommes se valent, simples chevaliers ou ducs, il en doit être de même des rois.

Henri III recula d'un pas.

— Je me nomme Henri de Bourbon, reprit le Gascon, et je suis roi de Navarre. A part la différence des royaumes, car le vôtre est grand et le mien tout petit, je crois que nous pouvons nous tendre la main.

Sur ce mot, Henri de Bourbon remit son chapeau sur sa tête et prit le siége que le roi de France lui avait offert tout d'abord.

Henri III, rêveur, le regardait toujours.

— Ainsi donc, dit-il, vous êtes Henri de Bourbon?

— Oui, Sire.

— Mon cousin et frère?

— Oui, Sire.

— Le mari de ma pauvre Margot?

— Ah ! dit Henri de Bourbon, Votre Majesté a tort de me parler d'elle.

— Et pourquoi cela? fit Henri III avec étonnement.

— C'est que nous allons être entraînés à parler tout de suite de questions difficiles, épineuses.

— Quelles questions, mon cousin ?

— Des questions d'intérêt, Sire.

Le front du roi de France se plissa.

— Ah ! oui, dit-il, vous allez me rappeler que la dot de ma sœur n'a point été payée ?

— Nous en causerons après les états, Sire...

— Pourquoi pas tout de suite ?

Un fin sourire vint aux lèvres du roi de Navarre.

— C'est que je voudrais, dit-il, n'entretenir aujourd'hui Votre Majesté que de ses propres intérêts.

Et Henri de Bourbon, à son tour, alla ouvrir la fenêtre.

— Ventre-saint-gris ! exclama-t-il, notre cousin de Guise a une belle armée, et, s'il lui plaisait donner l'assaut à Blois, et faire Votre Majesté prisonnière, je ne répondrais de rien...

Instinctivement Henri III porta la main à la garde de son épée.

IX

Pour comprendre la suite de l'entretien de Henri III avec son cousin le roi de Navarre, il est nécessaire de retourner dans le caveau rempli d'or où maître Hardouinot avait conduit son visiteur matinal.

L'or et l'argent, comme nous l'avons dit, pavaient littéralement le sol.

Doublons d'Espagne, écus à la vache, nobles à la rose, pièces à l'effigie de tous les rois.

Aux quatre coins du caveau se trouvaient quatre grandes barriques pleines, non de vin, mais de lingots.

Jamais les Blaisois n'auraient imaginé que maître Hardouinot, le procureur à la houppelande râpée, fût le propriétaire ou le détenteur de semblables trésors.

Quand il eut bien refermé la porte sur lui et Henri de Navarre, car nous pouvons désormais l'appeler ainsi, le vieillard posa sa chandelle sur l'une des barriques, Henri s'assit sur une autre, et le procureur demeura debout, son bonnet de soie noire à la main.

— Eh bien ! mon pauvre Hardouinot, dit le roi de Navarre, causons un peu maintenant. Vous devinez qui je suis?

— Oh! certes. dit Hardouinot. Vous devez être un des amis du roi Henri, M. de Noë... peut-être, dont on m'a beaucoup parlé.

— Non, dit Henri.

— M. de Gontaut?

— Non plus.

— Alors, M. de Lévis?

Henri se prit à sourire et posa familièrement sa main sur l'épaule du vieillard.

— Mon pauvre Hardouinot, dit-il, vous avez donc bien mauvaise vue, ou votre mémoire est devenu bien infidèle. Comment! vous, l'ami de mon père, vous ne devinez pas son fils en moi ?

Le procureur se frotta les yeux, puis il se fit une révélation dans son esprit, et il revit Antoine de Bourbon rajeuni de trente ans.

— Ah! Sire, balbutia-t-il, pardonnez-moi.

Et il plia le genou et posa ses lèvres désséchées sur la main du jeune roi.

Puis le contemplant avec une sorte d'extase :

— Oui, dit-il, vous êtes bien le portrait vivant du roi votre père.

— Causons, mon bon Hardouinot, dit Henri. A quelle somme évalues-tu le trésor qui est ici?

— A huit cent mille livres tournois, Sire. C'est le trésor du protestatisme, accumulé depuis vingt années.

— Et cela nous permettra de soutenir la guerre, car elle sera rude.

— Ah! murmura l'ancien procureur, je suis trop vieux pour en voir la fin.

— Qui sait?

Et Henri fut rêveur un moment.

— Maintenant, dit-il, ce n'est pas tout d'avoir cet argent, il faut pouvoir l'emporter.

— Ah! emportez-le vite, Sire; car, depuis que Blois est encombré de nos ennemis, je tremble qu'on ne découvre ce trésor.

Et puis, ajouta Hardouinot, je ne sais vraiment quel a été le but de Votre Majesté en faisant de ma maison une auberge.

Henri se mit à rire.

— Et une auberge, poursuivit le procureur, où la duchesse de Montpensier, notre plus cruelle ennemie, est descendue.

— Mon bon ami, dit le roi de Navarre, j'ai ouï conter dans mon enfance l'histoire d'un gentilhomme que le roi Louis XI condamna à être pendu. Tristan, le justicier, avait ordre de le brancher haut et court. Le gentilhomme prit la fuite et vint à Paris, car c'était à Plessis-les-Tours qu'il avait été condamné. Une fois à Paris, il se mit en quête d'un logis et vint habiter une maison où il vécut tranquille jusqu'à la mort du roi.

— Quel était donc cette maison, Sire?

— C'était une maison qui appartenait à messire

Tristan, le justicier. Ce dernier avait fait rechercher le condamné par tous pays et dans toute la France, mais il n'avait jamais songé à faire venir ses archers dans sa propre maison.

— Mais alors le gentilhomme ne sortait pas ?

Au contraire. Seulement il avait laissé pousser sa barbe, et Tristan le saluait tous les jours, et le trouvait un excellent locataire, tranquille et exact à payer son loyer.

— Hé bien ! Sire.

— Hé bien ! mon bon Hardouinot, suis à présent mon raisonnement.

— J'écoute Votre Majesté.

— Les catholiques se doutent que nous avons des épargnes ; je sais même de bonne source que le duc de Guise a quelque soupçon que nos épargnes sont cachées à Blois.

Hardouinot eut le frisson.

— Or donc, les Lorrains vont fureter partout, excepté dans ta maison, puisque madame de Montpensier y est descendue.

— C'est juste, Sire.

— Comprends-tu maintenant pourquoi, avec mon ami Raoul, j'ai imaginé de convertir ta maison en auberge ?

— Oui, Sire.

— Jamais on ne ne viendra chercher notre argent ici, et nous aurons le temps de le faire partir.

— Pour quel pays ?

— Pour la Navarre.

Hardouinot regarda de nouveau le monceau d'or.

— Il y en a beaucoup, dit-il.

— Oui, certes.

— Et comment transporter cela?

— J'ai pris mes mesures.

— Ah!

— La nuit prochaine, tu te procureras des futailles comme celles-là.

— Bon!

— Et avec l'aide des deux pages de la duchesse, lesquels m'appartiennent corps et âme, tu mettras cet or en tonneaux.

— Tout cela est facile, mais comment le sortir d'ici?

— J'ai mon plan.

— Et lui faire traverser toute la France?

— Ne t'inquiète pas, on trouvera.

Henri se leva de dessus la futaille qui lui servait de siége et fit signe au procureur de reprendre sa lampe.

Celui-ci ouvrit la porte, la referma avec soin quand le roi de Navarre fut sorti, et tous deux remontèrent dans l'oratoire du procureur.

Là, Hardouinot s'assit à son tour.

— Sire, dit-il, je vais vous faire un aveu.

— Ah!

— J'ai commis un vol.

— Toi?

— Oui, Sire.

Henri, ébahi, regarda le procureur.

Celui-ci posa un doigt sur ses lèvres.

— Savez-vous, dit-il, que la duchesse est ici près?

— Alors, parlons bas.

Le vieillard eut un sourire.

— C'est inutile, dit-il.

— Pourquoi?

— Je l'ai grisée hier soir avec un narcotique très-subtil. Elle dort d'un profond sommeil.

— Dormira-t-elle longtemps ?

— Encore une heure ou deux. Ce qui permettra à Votre Majesté...

— De sortir d'ici ?

— Non, de prendre connaissance des objets volés.

— Que veux-tu dire ?

Hardouinot cligna de l'œil.

— Quand la duchesse a été couchée, je suis entré dans sa chambre.

— Elle ne s'était donc pas enfermée ?

— J'ai pénétré par une porte dissimulée dans la boiserie et dont elle ne soupçonnait pas l'existence.

— Ah ! fort bien.

— J'avais mon idée, poursuivit Hardouinot, je voulais voir certaine lettre qu'un homme d'armes aux couleurs du duc avait apportée la veille.

— Eh bien ! cette lettre ?

— La voilà, Sire.

En parlant ainsi, Hardouinot ouvrir le tiroir d'un bahut, et y prit un parchemin qu'il remit à Henri de Navarre.

Celui-ci prit le parchemin, l'ouvrit et le lut attentivement.

— Ah ! ventre saint-gris ! s'écria-t-il, elle a une bonne tête politique, notre jolie cousine, mais on veillera sur elle.

Et, remettant son manteau sur ses épaules, il rendit le parchemin :

— Tu vas, dit-il à Hardouinot, replacer cette lettre où tu l'as prise.

— Oui, Sire.

— Puis, ce soir, quand elle soupera, tu feras prendre à la duchesse une nouvelle dose de ton narcotique.

— J'y compte bien.

— Vers dix heures je frapperai, tu me feras ouvrir.

— C'est convenu.

— Et nous verrons à mettre notre trésor en sûreté.

— Où va Votre Majesté ?

— Au château.

Hardouinot eut un geste d'effroi.

— Mais vous serez reconnu ?

— C'est possible.

— Votre Majesté ne craint donc pas le poignard des assassins ?

Henri tressaillit, et comme si un coin du voile de l'avenir se fût soulevé, il fronça le sourcil.

— Si, dit-il, mais pas aujourd'hui ; mon heure n'est point venue... et d'ici là...

Il s'arrêta tout frémissant du pressentiment de sa destinée.

— D'ici là, dit-il, j'ai le temps d'être un grand roi !

X

Revenons maintenant au château de Blois et rentrons dans la chambre royale où nous avons laissé Henri de Navarre en tête-à-tête avec Henri, son beau-frère et son cousin.

Il y eut un moment de silence entre les deux rois, après les dernières paroles du Béarnais.

Mais enfin Henri III s'écria :

— Ainsi, mon cousin, vous croyez que la fantaisie burlesque de donner l'assaut à Blois pourrait venir à notre cousin le duc de Guise.

— Je n'ai pas dit cela, Sire.

— Mais... cependant...

— J'ai dit que, si cette fantaisie lui prenait par hasard...

— Elle ne lui prendra pas !

— Soit. Mais supposons le contraire.

— Eh bien ?

— La chose lui serait facile avec une escorte qui ressemble à une armée.

— Tout beau ! dit le roi, on se défendrait.

— Peuh ! la suite de Votre Majesté est si peu nombreuse.

— J'ai mes gardes.

— Ils sont quarante-cinq. Mettez que chacun d'eux, car ce sont des Gascons, vaille cinq épées ordinaires, cela ne fait jamais que deux cent vingt-cinq hommes.

— J'ai deux régiments de reîtres.

— Pouah ! des Allemands qui boivent de la bière, et à qui il faut un quart d'heure pour dégaîner, le temps qu'un Gascon met à tuer dix hommes.

— J'ai mes Suisses.

— A eux tous ils ne valent pas leur colonel, ce bon chevalier de Crillon, à qui Votre Majesté prodigue pas mal d'ennuis pour plaire à ses mignons.

— Eh bien ! j'ai Crillon, dit le roi.

— C'est le seul atout que Votre Majesté ait dans son jeu, murmura Henri avec son sourire goguenard, à moins qu'elle me veuille prendre aussi.

— Vous ! fit le roi.

— Pardieu ! croyez-vous que je sois une mauvaise carte ?

Henri III regarda le roi de Navarre ; il contempla quelques secondes cette belle et franche physionomie, mélange heureux de bonhomie et de finesse, de douceur et d'audace, de réserve et de franchise.

— Écoutez donc, monsieur mon cousin, reprit le Béarnais, Votre Majesté ne m'a-t-elle pas dit tout à l'heure qu'elle n'avait autre chose à faire qu'à m'écouter ?

— Oui, certes.

— Eh bien ! écoutez-moi, car ce n'est point pour moi que je parle.

— Pour qui ?

— Pour vous, Sire.

Alors Henri se leva.

— Tenez ! dit-il, monsieur mon cousin, si vous connaissiez la Navarre, ce royaume tout petit, cet apanage de roitelet, comme disait feu mon grand-père, vous comprendriez que ce n'est pas pour moi que je suis venu à Blois.

Nos champs ne sont pas très-fertiles là-bas, et chaque grain de blé qui se change en épi déplace un caillou ; mais aux flancs de nos montagnes il y a de verts pâturages ; nos filles sont jolies, notre vin réjouit le cœur, et vous savez que les gens qui vivent près de Dieu dédaignent les richesses. Notre pauvreté ne nous est point à charge, et nous nous soucions fort peu du royaume de de France.

Seulement, voyez-vous, à la crête de nos montagnes, sur les pics de nos glaciers, à l'entrée de chaque vallon, au bord de tous nos torrents, nous avons élevé des châteaux forts, bâti des redoutes, crénelé des tours.

Quand le clairon des batailles sonnera dans la plaine, je prendrai à mon flanc la corne de taureau et je soufflerai dedans. A ce son, de chaque rocher, de chaque sinon, de la plus mince broussaille surgira un soldat tout armé et prêt à mourir pour son pays.

— En vérité! dit Henri III, railleur.

— Votre Majesté, poursuivit le roi de Navarre, ne parlait-elle pas tout à l'heure de l'extermination des huguenots? Eh bien! s'il lui plaisait de tenter l'aventure, je lui conseillerais fort de faire alliance avec le roi d'Espagne, avec le duc de Guise et quelques autres princes, car le roitelet de Navarre et ses gentilshommes à pourpoints de gros drap ne se rendraient pas sans coup férir.

— Vous avez un fier langage, monsieur mon cousin, dit le roi.

— Sire, répondit Henri, comme le sang de mes veines est le même que celui qui coule dans celles de Votre Majesté, la chose n'est pas étonnante.

— En effet.

— Votre Majesté me permet-elle de continuer?

— Oui, certes.

— Je disais donc que c'était pour vous... que... j'étais venu...

— Ah! ah! expliquez-vous, mon cousin.

— Votre Majesté va présider les états... n'est-ce pas?

— Dans deux jours.

— Le but de l'assemblée est une ligne offensive et défensive contre la religion réformée?

— Sans nul doute.

— Du moins, c'est là ce que croit Votre Majesté.

— En douteriez-vous, monsieur mon cousin?

— Je ne doute pas, je suis sûr du contraire, dit froidement Henri.

— Vous êtes sûr du contraire?...

— Sire, reprit le roi de Navarre, les états seront

présidés par le roi Henri III, mais ils seront conquis par le véritable roi de France.

Henri III fit un pas en arrière.

— Par Henri de Guise, qui se voit déjà roi au lieu et place de Votre Majesté.

Le roi frappa du pied.

— Vous êtes fou, monsieur !

— Mais, non, dit Henri. J'affirmerai même à Votre Majesté que la duchesse de Montpensier a fait une bien belle acquisition.

— Que voulez-vous dire ?

— Elle a acheté une paire de ciseaux mignons, qui ont une jolie destination, foi de gentilhomme !

— Et quelle est-elle ?

— La duchesse les réserve pour couper les cheveux de Votre Majesté le jour où la sainte Ligue, qui va se former, aura déclaré déchu du trône Henri de Valois, et proclamé roi, à sa place, Henri de Lorraine.

Le roi jeta un cri.

Et puis il regarda encore Henri qui avait la tête rejetée en arrière et l'œil calme et fier d'un homme qui parle avec une conviction profonde.

— Ah ! fit-il, ils oseraient donc ?

Le monarque eut peur, et ses longs cheveux se hérissèrent comme s'ils eussent été effleurés déjà par les terribles ciseaux de la duchesse de Montpensier.

Alors Henri de Navarre lui prit la main :

— Sire, dit-il, je suis venu seul ici, moi, huguenot, vous chercher au milieu de votre cour catholique, et je me suis fié à la loyauté d'un fils de saint Louis, notre ancêtre commun.

— Vous avez eu raison, mon cousin, répondit Henri III.

— Je suis venu à vous pour vous avertir du danger qui vous menace, Sire. Au lieu de frapper vos sujets parce qu'ils ont embrassé la foi nouvelle, gardez-vous des ennemis de la France! Arrière les Lorrains! arrière les Espagnols!

Et comme Henri III, frémissant, écoutait ce jeune prince à la voix vibrante, au regard d'aigle, le Béarnais acheva :

— Maintenant, Sire, adieu... ou bien, au revoir! Votre Majesté sait en quel logis je suis descendu. Si elle désire me revoir, elle me mandera auprès d'elle.

— Comment! exclama Henri III, vous partez, mon cousin?

— Non, Sire, je veux seulement laisser à Votre Majesté le temps de réfléchir.

— Mais vous reviendrez?

— Oui.

— Quand?

— Demain.

Et Henri de Navarre baisa la main du roi ému et se dirigea vers la porte secrète que l'écuyer Fangas lui avait ouverte.

Il souleva la draperie et la laissa retomber derrière lui.

Alors le roi de France se trouva seul.

Il s'assit dans son grand fauteuil et se prit à rêver.

— Aurait-il donc dit vrai? murmura-t-il enfin.

Un pas discret se fit entendre sur le parquet.

Le roi leva la tête et vit Quélus.

— Ah! c'est toi, dit-il.

— Oui, Sire.

— Où étais-tu?

— Derrière cette porte.

— Et tu as entendu ?

— Tout, car les intérêts de Votre Majesté sont les miens.

— Alors... tu sais ?...

— Je sais, dit Quélus d'un ton léger, que Votre Majesté vient de se faire berner par cet hérétique de roi sans royaume, par ce Gascon effronté qu'on appelle le roi de Navarre, et que si quelqu'un convoite la couronne de France, c'est lui !

— Lui ! exclama le roi qui, pour la seconde fois, porta la main à son épée.

— Hé ! mon Dieu ! oui, Sire. Et si Votre Majesté faisait sagement...

— Eh bien ?

— Elle le ferait arrêter ce soir même et l'enverrait entendre la messe dans le donjon de Vincennes.

Henri III tressaillit.

— Prends garde ! dit-il.

— C'est un huguenot, poursuivit Quélus. Votre Majesté veut-elle donc compromettre son salut éternel ?

A ces mots, Henri III eut le frisson ; il prit vivement une médaille de la Vierge qui pendait à son cou et la colla à ses lèvres.

— C'est une partie perdue, sire roi de Navarre, pensa Quélus, et M. le duc de Guise me doit un beau cierge pour cette équipée !

Henri III frissonnait toujours, et murmurait :

— Il a raison, je puis être damné !

XI

— Mon bien-aimé Raoul, disait la duchesse de Montpensier, sais-tu bien ce qu'est l'amour ?

— Madame, répondit l'ancien page de Charles IX, l'amour est une chose dont chacun parle à sa manière.

— Voilà une définition bien vague.

— Je tâcherai de prouver mon dire à Votre Altesse.

Or, ces deux questions et ces deux réponses furent faites précisément le jour où le roi Henri de Navarre fut reçu en audience particulière par Sa Majesté le roi de France, Henri troisième du nom.

Ceci se passait dans une chambre de la maison de maître Hardouinot, ex-procureur en la cour de justice.

Cette maison que la fantaisie du roi de Navarre avait convertie en auberge, et dans laquelle la duchesse de Montpensier, sœur du duc de Guise, était descendue sans défiance.

La duchesse avait cru se loger dans une honnête hôtellerie peu fréquentée, sinon par du petit monde, comme des gentillâtres campagnards et des soldats de fortune, et dans laquelle elle ne serait point reconnue.

C'était le soir ; cinq heures venaient de sonner à la paroisse voisine, et la nuit, une sombre nuit de décembre descendait sur la ville de Blois, précédée par un épais brouillard qui s'était formé sur la Loire.

La duchesse occupait la plus belle chambre de la maison.

Une vaste salle à boiseries, avec un grand lit à colonnes torses, et dans l'âtre immense un feu qui flambait joyeusement, dévorant la moitié d'un arbre

A demi renversée dans un grand fauteuil, la tête en arrière, l'œil mélancolique, ses beaux cheveux blonds dénoués, Anne de Lorraine, duchesse de Montpensier, regardait tendrement Raoul qui se tenait debout devant elle.

Comment Raoul, le page du roi de Charles IX, l'ancien adorateur de la brune et piquante Nancy, était-il devenu le chevalier servant de la sœur du duc de Guise?

C'est là toute une longue histoire que nous allons vous dire en peu de mots.

Le lendemain de la sanglante nuit de la Saint-Barthélemy, la duchesse de Montpensier, parcourant les rues de Paris encombrées de cadavres, et jouissant du triomphe obtenu par les catholiques, aperçut un jeune gentilhomme qui pleurait, accoudé sur le parapet du pont Saint-Michel.

C'était Raoul.

— Qu'avez-vous, mon mignon? lui dit-elle.

— Madame, répondit Raoul, qui, sans doute, avait sa leçon faite, j'ai perdu ma fiancée dans le massacre, et vous voyez en moi un homme inconsolable.

Parler d'amour à une femme, c'est courir grand risque de ne pas être écouté ; mais lui dire qu'on en aime une autre, c'est fixer sur-le-champ son attention.

Raoul se disait inconsolable; la duchesse, qui cherchait à oublier le beau Lahire, l'infidèle Gascon, songea sur-le-champ à le consoler.

Le récit des aventures de Raoul à la cour de Lorraine, où il suivit Son Altesse, appartient à la suite de cette histoire.

Or donc, Raoul se tenait debout devant la duchesse,

et la duchesse lui demandait une définition moins vague de l'amour.

— Madame, répondit le page de Charles IX, si Votre Altesse exige que je complète ma pensée...

— Certainement, je le veux, dit la duchesse.

— Il lui faudra m'écouter patiemment.

— Eh bien! Raoul, mon mignon, parlez, je vous écoute.

Ce disant, madame de Montpensier prit la main du beau page et le fit asseoir auprès d'elle sur un escabeau voisin.

— L'amour, reprit Raoul, est chose de fantaisie avant tout. C'est un mal qui se manifeste par symptômes divers, se traduit de manières différentes et ne se traite jamais de la même façon.

— Ah! vraiment, fit la duchesse.

— J'ai connu un gentilhomme, poursuivit Raoul, à la cour du feu roi, qui estimait que la femme qu'on aime le plus est celle qui vous rudoie et vous fait souffrir mille morts...

La duchesse regarda Raoul, et son regard eût pu se traduire par un mot :

— Ingrat!

Raoul poursuivit :

— Telle femme qu'on aime ne vous aime pas... Telle femme qui vous aime vous devient insupportable.

— En vérité, Raoul, mon mignon!

— L'amour, madame, continua Raoul, ne saurait vivre sur un grand chemin bien uni et à l'abri des trahisons; il lui faut des obstacles, des embûches, des difficultés... sinon il ne trouve plus d'aliments, semblable au poisson qu'on plonge dans l'air et à l'oiseau qu'on trempe dans l'eau.

— Mais, Raoul, mon mignon, dit la duchesse, savez-vous que c'est là un fort vilain portrait de l'amour !

— Vilain peut-être, mais vrai à coup sûr, madame.

—Oh !

— Et, si Votre Altesse me le daignait permettre...

— Eh bien ?

— Je prouverais ce que j'avance.

Anne de Lorraine laissa tomber sur le jeune homme un regard rayonnant de magnétiques effluves.

Alors Raoul se leva de son escabeau et alla s'assurer que la porte était fermée, puis il colla un moment son visage aux carreaux de la croisée pour être certain que la rue était déserte.

Après quoi il revint, s'agenouilla devant la duchesse et osa lui prendre la main.

Anne ne retira point cette main et ne fronça point le sourcil quand le hardi jeune homme la porta à ses lèvres.

— Voyons, dit-elle souriante, parlez, mon beau chevalier, je vous écoute.

— Votre Altesse ne se fâchera point ?

— Nullement.

Un regard plus doux encore accompagna ce dernier mot.

— Madame, dit Raoul enhardi, Votre Altesse a daigné me regarder, moi humble et chétif, et m'élever jusqu'à elle. Ici nous sommes seuls, ici la princesse fait place à la femme, et vous m'aimez, n'est-ce pas ?

Parlant ainsi, il osa lui prendre un baiser.

— Après ? dit la duchesse.

— Mais demain, ou ce soir, ou tout à l'heure, poursuivit Raoul, la rue s'emplira de monde, de fringants cavaliers arriveront, le duc de Guise en tête ; on saluera la duchesse Anne, la noble fille des ducs Lorrains, la petite fille de saint Louis, et nul ne prendra garde au petit gentillâtre perdu dans l'ombre.

La duchesse interrompit Raoul d'une étrange façon.

Elle lui prit la tête et lui rendit ce baiser qu'il avait osé lui prendre.

— Eh bien! madame, reprit Raoul frémissant, vous couvrir du regard, vous adorer en silence, dans mon coin, à l'écart, moi le petit gentilhomme, quand d'autres vous honoreront au grand jour, c'est peut-être une torture, c'est peut-être l'enfer, mais à coup sûr c'est le bonheur.

— Eh bien! sois heureux, dit la duchesse.

Et elle se laissa prendre un nouveau baiser.

Raoul allait continuer sans doute sa belle théorie sur l'amour.

Mais on frappa deux petits coups discrets à la porte, et le page de Charles IX alla ouvrir.

C'étaient deux valets de maître Hardouinot qui apportaient le souper de la duchesse en roulant une petite table devant eux.

— Raoul, mon ami, dit tout bas la duchesse, pour vous prouver que l'amour, que vous comparez à une torture, et que vous appelez un enfer, peut quelquefois devenir un paradis, je vous invite à souper.

Raoul eut un cri de joie et il congédia les valets de maître Hardouinot.

Puis, s'emparant de la table qui était toute servie, il vint se placer devant la duchesse, qui demeura dans son fauteuil. Elle lui fit un signe et il reprit son escabeau.

— Continuez donc, Raoul mon mignon, reprit la duchesse : vous dites sur l'amour de fort plaisantes choses.

— Votre Altesse me comble, mais je lui demanderai une grâce.

— Laquelle?

— Celle de ne point boire de ce vin de Jurançon qu'on nous a servi.

— Et pourquoi cela?

— Je n'aime pas le Jurançon; en revanche, j'adore ce petit vin blanc de la Loire.

Raoul désignait du doigt un flacon de vin blanc placé devant lui, tandis qu'on avait mis à côté du couvert de la duchesse une majestueuse carafe d'un vin de Jurançon presque centenaire.

— Comme vous voudrez, dit la duchesse. Mais moi qui adore le Jurançon, j'en boirai.

Raoul s'inclina.

Puis il se reprit à causer gaiement, démentant du regard toutes ses paroles, maltraitant l'amour, et baisant parfois les doigts roses de la duchesse ; prétendant que l'amour vrai, pur, sincère, absolu, a besoin de mystère et d'ombre, et se laissant aller à souhaiter la condition d'un prince ou d'un roi, afin de pouvoir aimer la duchesse au grand jour et en plein soleil.

Anne de Lorraine l'écoutait, et, tout en l'écoutant, elle vidait petit à petit la carafe de vin de Jurançon.

Comme elle achevait de souper, elle se sentit la tête lourde.

— C'est étrange! dit-elle, mais j'ai sommeil.

— Ceci n'a rien d'étonnant, répondit Raoul; Votre Altesse est encore fatiguée de notre long voyage.

. . . .

Une heure après, Anne de Lorraine, duchesse de Montpensier, dormait d'un profond sommeil.

Alors Raoul descendit et trouva maître Hardouinot dans son oratoire.
— Eh bien? dit le vieillard.
— Elle dort.
— Nous pouvons en ce cas, ouvrir au roi de Navarre.

Et Raoul se dirigea vers la porte sur laquelle à l'extérieur on avait frappé discrètement trois petits coups.

XII

Le roi n'avait point vu Crillon de toute la journée.

Le bon chevalier avait été invisible pour tous les gens du château.

En revanche, le duc de Guise était arrivé et avait fait sa cour au monarque.

Les nuages que les paroles du roi de Navarre avaient amoncelés sur le front du roi, touchant le prince lorrain, s'étaient dissipés peu à peu sous l'influence de la parole mielleuse du favori Quélus.

Cependant Henri III était boudeur.

Il n'avait pas voulu recevoir tout d'abord son cousin Henri de Guise.

Ce n'avait été que le soir, à l'heure du dîner, que le duc avait été admis.

Mais il s'était montré si respectueux, si plein de bonne humeur, il avait si bien protesté de son dévouement au trône, de sa haine pour tous les ennemis du roi de France; il avait enfin si bien annoncé que la suite nombreuse qu'il avait avec lui était prête à mourir, homme par homme, pour la défense de la monarchie, que Henri III était demeuré convaincu que le roi de Navarre était un envieux.

Quélus compléta l'œuvre commencée par le duc.

Le rusé mignon avait échangé un regard avec lui.

Le duc avait pris congé du roi et s'était retiré dans les appartements qui lui avaient été préparés.

Alors, demeuré seul avec Quélus, le roi avait mis ses coudes sur la table.

— Eh bien! Quélus, mon ami, dit-il que penses-tu de mon cousin?

— Je pense, Sire, répondit Quélus, que le roi a eu grand tort de laisser partir, au lieu de le faire arrêter, ce roitelet de Navarre qui cherche à brouiller Votre Majesté avec ses meilleurs amis.

— Tout beau! murmura le roi; crois-tu donc la chose si facile?

— Mais sans doute!

— Arrêter le roi de Navarre?

— Oui.

— Et comment?

— Mais, dame! Sire, avec trois lansquenets et un capitaine des gardes.

— Et Crillon! exclama Henri III.

— Bah! Crillon!

— Sais-tu qu'il l'a pris sous sa protection?

— Peuh! dit Quélus, allongeant sa lèvre inférieure; après tout, on peut se passer de l'avis de M. de Crillon, ce me semble.

— Oui-da!

— Et puis, Crillon n'est pas là.

— C'est vrai, au fait. Mais où est-il?

Quélus prit un air mystérieux.

— Votre Majesté tient-elle à le savoir?

— Sans doute.

— Eh bien! je soupçonne le chevalier d'avoir quitté Blois.

— Où donc est-il allé?

— A Orléans.

Quélus savait mentir au besoin, et ce n'était pas l'imagination qui lui manquait pour inventer une histoire.

— Que veux-tu donc qu'il soit allé faire à Orléans? demanda le roi.

— Sire, répondit Quélus, M. de Crillon est un homme vertueux, chacun sait cela, trop vertueux même, car il voudrait faire de la cour un camp de soudards et de Votre Majesté *un béguin.*

— Après? fit Henri III curieux.

— Or donc, poursuivit Quélus, M. de Crillon est vertueux, mais la vertu ne l'empêche pas de songer aux choses substantielles de ce monde; et, comme il n'a que peu de bien en dehors de ses charges et dignités, il songe à en acquérir.

— Et comment cela?

— Par un mariage.

— Ah bah! fit le roi stupéfait.

— La chose est comme cela, Sire.

— Mais, fit le roi, quelle est donc la femme qui s'accommodera de ses cheveux gris, de son air farouche et de sa brutale parole?

— Une veuve d'Orléans sur le retour; avare comme on l'est en ce pays, et riche à cacher ses écus dans sa paillasse, ce que fait tout bon Orléanais qui se respecte un peu.

— Oh! la plaisante histoire! murmura le roi. Ainsi le chevalier est parti?

— Oui, Sire.

— Donc, si je voulais faire arrêter le roi de Navarre, il ne me gênerait pas ?

— Naturellement, puisqu'il est à Orléans.

Henri III sembla réfléchir.

— Hum ! dit-il enfin, la chose est grave, très-grave : et puis, quand je l'aurai fait arrêter... ?

— Votre Majesté l'enverra à Vincennes.

— Oui, j'entends bien, mais on s'en échappe, de Vincennes. Ne s'en est-il pas sauvé une fois déjà, du temps de feu mon frère, le roi Charles ?

— Oui, Sire.

— Alors, il est bien inutile de recommencer.

— Il est certain, murmura Quélus, que mieux vaudrait peut-être...

— Quoi donc ? fit le roi, voyant que son favori s'arrêtait court.

— Nous débarrasser de ce roitelet, sans tambour ni trompette.

— Oh ! oh ! fit le roi, qui recula d'un pas et regarda fixement Quélus.

Le mignon reprit :

— Mon Dieu ! je sais bien que Votre Majesté n'entend pas se mêler de certaines choses... Mais elle a des amis.

— Tu crois ?

— Dévoués... et qui pensent qu'il serait agréable à Votre Majesté d'être débarrassée de ce maudit Gascon qui, l'autre nuit...

— Chut ! dit le roi.

— Car, après tout, continua Quélus, qui nous dit que ce Gascon est bien le roi de Navarre ?

— Au fait ! c'est juste.

— Eh bien ! je disais donc que les amis de Votre Majesté pourraient prendre sur eux certaines choses.

— Mais de quels amis parles-tu?

— De moi d'abord, Sire.

— Et puis?

— De d'Épernon.

— Ça ne fait que deux, et ce maudit Gascon...

— Il y a encore Schomberg.

— Mais je l'ai exilé !

— Hélas! mais peut-être n'a-t-il pas encore quitté Blois; et si Votre Majesté lui daignait faire grâce...

— Y tiens-tu beaucoup?

— Dame! Sire, c'est une assez bonne épée au besoin, et il pourrait nous être utile.

— Eh bien! s'il n'est pas parti, retiens-le. Je lui pardonne.

Mais tout cela ne fait que trois.

— Oui, j'entends bien. Mais il y a toujours, là où se trouve monseigneur le duc de Guise, des gens de bonne volonté.

— Ah! ah!

— Et si j'étais sûr que Votre Majesté fermât les yeux et me laissât plein pouvoir...

— Eh bien? demanda le roi avec son sourire cauteleux et cruel.

— Eh! mon Dieu! reprit Quélus, ce Gascon-là — je persiste à l'appeler ainsi, car rien ne prouve, après tout, que ce soit le roi de Navarre — ce Gascon-là, dis-je, doit courir les rues la nuit, les rues sombres et noires que hantent les ribaudes.

— Pouah! dit le monarque avec un geste de dégoût.

— Je gagerais qu'il se promène de cabaret en cabaret, hantant les soudards, buvant de mauvais vin.

— C'est bien possible, après tout, dit Henri III. Ces

Bourbons sont si mal éduqués ! Le feu roi Antoine buvait avec ses lansquenets. Continue, mon mignon.

— Or donc, Sire, figurez-vous que le Gascon se prenne de querelle, en sortant d'un de ces mauvais lieux, avec moi ou avec Schomberg et d'Épernon, voilà déjà trois épées. Quelques Lorrains nous viennent en aide; notre homme finit par tomber.

— C'est une rude lame, mon mignon, prends-y garde !

— Bah ! au besoin, on se servira d'une arquebuse. Donc, il tombe.

— Et puis?

— Et puis, dame ! supposons que la chose s'est passée au bord de la Loire, le fleuve est profond, la nuit est noire...

— Mon mignon, dit le roi, qui conservait encore quelques scrupules, tu parles d'or, je n'en saurais disconvenir, mais crois-tu que le roi de Navarre soit si fort mon ennemi?

— Il veut régner, Sire.

Ces trois mots coupèrent court aux hésitations du roi.

— Fais alors ce que tu voudras, dit-il, je m'en lave les mains.

— La propreté a toujours été une vertu, murmura Quélus.

— *Amen!* dit une voix au seuil de la chambre royale.

Henri III leva la tête et vit d'Épernon, qui était entré sur la pointe du pied.

— Hé ! hé ! mon chéri, lui dit-il, que penses-tu de tous ces beaux discours que me tient notre ami Quélus?

— Je pense, Sire, qu'ils sont très-beaux, en effet.

— Es-tu de son avis?

— Oui, Sire.

— Alors, mes enfants, dit le roi avec une bonhomie féroce, faites ainsi qu'il vous plaira et envoyez-moi mes pages : je meurs de sommeil et je vais me coucher.

Quélus et d'Épernon se dirigèrent vers la porte.

— Et Schomberg? leur cria le roi.

— Il est dans la salle voisine, Sire.

— Eh bien! emmenez-le. Bonsoir, mes mignons

Henri III leur donna l'accolade à chacun et les congédia.

Schomberg était, en effet, dans la salle voisine. Et il se promenait de long en large avec un personnage qui était si bien enveloppé dans son manteau qu'on ne lui voyait que le haut du visage.

Quélus alla à ce dernier et lui dit :

— Monseigneur, Votre Altesse m'accorderait-elle un moment d'entretien?

— Oui, certes, dit l'homme au manteau : de quoi s'agit-il?

— Hé! hé! répondit Quélus, de choses qui intéresseraient fort Votre Altesse.

— Voyons!

— Oh! pas ici, dit Quélus; je me souviens du proverbe : « Les murs ont quelquefois des oreilles. »

— Où voulez-vous aller?

— Là-bas... dans la cour... et nous parlerons bas, monseigneur.

— Soit, je vous suis.

Quélus fit signe à Schomberg et à Épernon de marcher à distance, et il entraîna vers le grand escalier du château le personnage auquel il avait donné le titre d'Altesse.

5.

XIII

La cour du château de Blois était plongée dans l'ombre de la nuit.

Huit heures venaient de sonner.

A part les sentinelles placées à toutes les portes, il n'y avait personne dans la cour.

Quélus, le mignon du roi, emmena le personnage couvert d'un manteau, et qui n'était autre que le duc de Guise, au beau milieu de cette cour, et lui dit :

— Monseigneur, je serais ravi de vous être agréable.

— Vous m'êtes agréable toujours, cher monsieur de Quélus, répondit le prince, qui savait être affable avec les petits gentilshommes et les subalternes.

— Ce n'est pas ce que je veux dire à Votre Altesse.

— Mais encore ?

— Je lui pourrais rendre un grand service...

— Ah ! vraiment ?

— Un service dont elle me saurait gré.

— Parlez donc, monsieur de Quélus.

— Monseigneur, reprit le mignon, Votre Altesse aimerait-elle voir ses ennemis en désarroi ?

— Hein ! fit le duc, comment l'entendez-vous, monsieur de Quélus ?

— Pardon ! je me suis peut-être mal expliqué ?

— C'est possible, parlez, en ce cas.

— Que pense Votre Altesse du roi de Navarre ?

Ces mots firent dresser l'oreille au duc, absolument comme le son du clairon à un vieux destrier de bataille.

— Le roi de Navarre ! fit-il.

— Oui, monseigneur. Qu'en pense Votre Altesse?

— Je pense, dit le duc, que c'est un des hommes que je hais le plus en ce monde.

— Je l'avais deviné, monseigneur.

— Mais pourquoi me demandez-vous cela, monsieur de Quélus!

Quélus se pencha à l'oreille du duc :

— Je gage que Votre Altesse aurait quelque joie à apprendre sa fin?

Le duc tressaillit et fit un pas en arrière.

— Serait-il donc mort, par hasard?

— Oh! pas encore...

— Mais, serait-il en danger?

— Peut-être.

L'œil du duc eut un éclair qui brilla dans la nuit.

— Expliquez-vous, Quélus, mon ami, dit-il.

— C'est facile, monseigneur, si toutefois on peut s'entendre avec Votre Altesse.

— Ah! me proposeriez-vous un marché?

— Justement.

— Voyons le marché, monsieur de Quélus?...

Le mignon eut un mystérieux sourire.

— Ce marché-là, monseigneur, dit-il, je ne pourrais guère le proposer au roi de Navarre, par exemple.

— Pourquoi?

— Il loge le diable en son escarcelle, comme tous les princes de sa race.

— Très-bien! je comprends. Vous avez besoin d'argent, monsieur de Quélus.

— Je suis criblé de dettes, monseigneur, et cent mille livres tournois me seraient agréables pour dégager mes biens qui sont aux mains des juifs.

— Cent mille livres tournois!

— Dame! fit naïvement Quélus, la vie du roi de Navarre me semble pour rien à ce prix.

— Vous faites vos conditions franchement, je le vois. Mais enfin quel rapport peut-il y avoir entre les cent mille livres tournois dont vous avez besoin et la vie du roi de Navarre?

— Les cent mille livres en seront le prix.

— Vous tenez donc cette vie en vos mains?

— C'est probable.

— Et si je m'engageais à payer cette somme assez ronde?...

— Peut-être demain matin Votre Altesse apprendrait-elle qu'il est arrivé malheur à son cousin Henri de Bourbon.

— Ah çà! mais, exclama le duc, il est donc à Blois!

— Je le crois.

— Et seul, en ce cas, bien seul, incognito, caché en la maison de quelque calviniste?

— Justement, monseigneur.

— Mais alors, monsieur de Quélus, dit le duc, si je tenais beaucoup à me débarrasser de ce cher cousin...

— Je crois savoir que Votre Altesse y tient énormément.

— Moi, non, mais mais ma sœur; les femmes sont plus haineuses que nous.

— Je devine la pensée de Votre Altesse, dit Quélus, elle croit n'avoir pas besoin de moi...

— C'est que, cher monsieur de Quélus, c'est un joli denier, cent mille livres tournois!

— Et bon à économiser, n'est-ce pas?

— J'allais vous le dire.

— Eh bien! Votre Altesse aurait tort de faire cette économie.

— En vérité !

— D'abord parce que le roi de Navare, si je ne m'en mêle, moi qui sait où il est, aura quitté Blois avant le jour.

— Cette raison est bonne; cependant Blois n'est pas si grand, et en cherchant bien...

— Ensuite, acheva Quélus, parce que, si Votre Altesse se mêlait de cela, le roi Henri se fâcherait.

— Bah ! vous croyez ?

— Oui, certes.

— Mais il se fâchera contre vous !

— Non, dit Quélus. Je suis gardé à carreau.

— Ah ! ainsi vous voulez cent mille livres ?

— Que Votre Altesse m'engage sa parole.

— Je vous la donne, foi de duc !

— Mais ce n'est pas tout, dit Quélus.

— Que voulez-vous encore ?

— Une demi-douzaine de ces reîtres qui ont coutume de se faire tuer pour Votre Altesse.

Tandis que Quélus adressait cette demande au prince, un page vint à passer qui chantait un refrain allemand.

— Herman ! lui cria le duc.

Le page s'approcha.

— Va me chercher Théobald, lui dit le duc à l'oreille.

— Qu'est-ce que Théobald ? fit Quélus.

— C'est un de mes gardes ; et tenez, justement, dit le duc, il a été jadis un des ennemis du roi de Navarre ; il faisait partie de cette troupe de Lorrains qui fut si maltraitée par le comte de Gramont sur la place du Châtelet.

Tandis que Quélus et le duc causaient, d'Épernon et Schomberg s'étaient tenus à distance.

Théobald arriva.

C'était un gros Lorrain allemand, aux moustaches rouges, à l'œil féroce.

Il fit le salut militaire et se planta raide, immobile et droit devant le duc.

— Combien vous faut-il d'hommes? demanda le duc à Quélus.

— La demi-douzaine n'est pas de trop, monseigneur.

— Prends cinq hommes avec toi, dit le duc à Théobald.

— Où allons-nous? demanda le reître.

— Je n'en sais rien, monsieur te le dira.

— Faut-il lui obéir ?

— Comme à moi... Adieu! monsieur de Quélus, et bonne chance !...

Sur ces mots, le duc de Guise salua Quélus et alla se coucher.

. . . .

Un quart d'heure après, une petite troupe de neuf hommes cheminait silencieusement par les rues de Blois.

Ils portaient tous des masques, étaient bien enveloppés dans leurs manteaux, et les rares bourgeois qui n'étaient point encore rentrés chez eux, les regardant avec défiance, disaient :

— Voilà des gentilhommes qui vont courir la bonne aventure.

Quélus, qui, cette fois, marchait en tête, se dirigea vers la ruelle habitée par le vieux sire de Mallevin.

Mais ce ne fut point à la porte de l'habitation du centenaire qu'il frappa.

Ce fut, au contraire, sur le volet de la maison située vis-à-vis et qui, on s'en souvient, était habitée par un sacristain avec lequel Maugiron entretenait un petit commerce clandestin d'amitié.

Au premier coup le volet s'ouvrit, et la tête de l'homme d'église apparut derrière les barreaux.

— Où est-il? demanda Quélus.

L'homme d'église avait sans doute reçu une mission quelques heures auparavant, car il répondit sans hésiter, et en montrant la maison du sire de Mallevin :

— Il n'est pas là.

— Où est-il donc?

— Il est sorti à la brune, et il est descendu vers la basse ville.

— Seul?

— Non, avec un gentilhomme.

— Le connais-tu?

— Je ne l'ai jamais vu.

— Diable! murmura Quélus à d'Épernon, pourvu que ce ne soit pas Crillon.

Puis, tout haut :

— Les as-tu suivis?

— Oui.

— Alors tu sais où ils sont?

— Je vais vous y conduire.

Le sacristain referma le volet, puis une seconde après, il se montra dans la rue, et parut quelque peu inquiet à la vue de tous ces hommes armés.

— Sois tranquille, lui dit Quélus, quand tu auras montré l'endroit où il est, tu pourras venir te recoucher. En attendant, marche le premier et indique-nous le chemin.

Le sacristain descendit vers la basse-ville, et ne s'arrêta qu'à l'entrée de la rue habitée par le vieil Hardouinot, l'ex-procureur.

— C'est là, dit-il en montrant la maison.

Quélus s'approcha sans bruit et vit la branche de houx :

— Mais c'est une auberge! dit-il.

— C'est bien possible, répondit le guide. Je descends rarement dans ce quartier de mécréants.

— Alors ils sont là?

— Je les y ai vus entrer.

— C'est bon. Va-t'en! Voilà pour toi.

Quélus lui mit une pièce d'or dans la main, et le sacristain s'en alla.

Alors le mignon se tourna vers ses deux amis et Théobald :

— Il faut frapper d'abord, dit-il, et tâcher de pénétrer par ruse dans la maison. Si on refuse d'ouvrir, nous enfoncerons la porte.

Pourvu, acheva mentalement le mignon, que l'homme qui est avec lui ne soit pas Crillon !

Et Quélus frappa.

La maison était plongée dans les ténèbres, et Quélus cogna trois fois sans qu'aucun bruit se fît à l'intérieur.

XIV

Une heure auparavant, le roi de Navarre avait à peu près suivi le même chemin que Quélus et sa bande.

Le jeune prince descendait de la ruelle habitée par le sire de Mallevin à la maison occupée par maître Hardouinot.

Un homme l'accompagnait.

Tous deux causaient à voix basse.

— Mon cher chevalier, disait Henri, je vais vous confier le secret de mon voyage à Blois.

— Parlez, Sire.

— Je n'avais que peu d'espoir de m'entendre avec Sa Majesté, mon cousin de France, bien qu'il m'ait parfaitement accueilli.

— Cependant, Sire, vos paroles auraient dû le toucher...

— Bah! fit Henri, à l'heure qu'il est, mon pauvre Crillon, il n'y pense déjà plus. Mon cousin de Guise sera venu et lui aura prouvé que le roi de Navarre a tort.

— Ainsi, dit Crillon, ce n'est point pour ramener le roi que Votre Majesté est venue ici?

— J'avais juré à Charles IX de lui tenir ce langage. J'ai accompli ma tâche, mais sans espoir de succès.

— Je ne pense pas cependant, reprit Crillon, que Votre Majesté soit venue à Blois pour s'entendre avec le duc de Guise?

— Oh! non.

— Ni avec la duchesse de Montpensier?

— Hé! hé! ricana Henri, elle me hait de toute son âme; mais, vous le savez, chevalier, de la haine à l'amour il n'y a qu'un pas.

— C'est vrai, Sire.

— Et si je voulais bien... Mais enfin, ce n'est pas pour elle que je suis venu.

— Pour qui ou pour quoi donc, Sire?

Le roi de Navarre baissa encore la voix.

— Écoutez-moi, chevalier, dit-il.

Crillon était beaucoup plus grand que le prince, il se baissa pour mieux entendre.

— Depuis quarante années, reprit Henri, ceux de la

religion, comme on dit, dont je suis aujourd'hui le chef politique, ont amassé, denier à denier, des sommes considérables.

— Oui, dit Crillon, j'ai oui parler, en effet, d'un trésor mystérieux que les huguenots gardaient en réserve, pour le cas où la guerre éclaterait.

— Ce trésor existe, chevalier.

— Ah!

— Et il est à Blois.

— Oh! oh! murmura Crillon, je le préférerais en lieu plus sûr, Sire.

— C'est pour l'y mettre que je suis ici.

Et Henri raconta au chevalier qu'il avait besoin de lui cette nuit-là même.

— Mais, observa Crillon, quand votre or, au lieu de joncher le sol de la cave de maître Hardouinot, sera contenu dans des tonneaux, pensez-vous qu'il sera plus en sûreté?

— Non, mais...

Un sourire vint aux lèvres du prince.

— Les tonneaux voyagent, acheva-t-il.

— Comment cela, Sire?

— Il y a sur la Loire de grand bateaux qu'on appelle des chalands, et qui descendent d'Orléans à Tours et à Nantes, chargés de vin.

— Ah! fort bien.

— Un de ces chalands m'appartient. Les hommes qui le montent ne sont autres que des gentilshommes à moi, déguisés en mariniers.

— Je commence à comprendre, murmura Crillon; cependant...

— Cependant, ous vous demandez comment je

transporterai mes tonnes d'or de la maison du vieux Hardouinot à la Loire?

— Oui, Sire.

— Voici justement où j'ai besoin de vous...

— Ah!

Comme cet exclamation échappait au chevalier, ils arrivaient dans la ruelle où se trouvait la maison du procureur.

— Écoutez bien, dit Henri mettant la main sur le marteau de la porte, vous allez suivre cette rue jusqu'au bout.

— Bon! Après?

— Vous tournerez à gauche et vous vous trouverez sur la berge. Là, vous verrez une maison isolée. C'est une grande auberge qui a pour enseigne : *Au bon Grainetier*.

— Je la connais, dit Crillon.

— En dépit de l'ordonnance du couvre-feu, elle est ouverte toute la nuit, et les mariniers y font grand tapage. Vous frapperez à la porte, l'hôte viendra vous ouvrir et vous lui demanderez de son vin de Beaugency.

— Très-bien!

— S'il vous dit que son vin est arrivé, vous entrerez et vous trouverez, j'en suis sûr, des gens de connaissance, chevalier, avec lesquels vous me viendrez rejoindre ici.

— Oui, Sire.

La porte de la maison Hardouinot s'ouvrit alors, et Henri entra.

Crillon continua son chemin.

Les indications du prince étaient exactes. Au bout de la rue, Crillon trouva la rivière, et sur le bord de la rivière, en remontant à gauche, la maison dont lui avait parlé le roi de Navarre.

C'était une auberge dont le propriétaire cumulait diverses fonctions.

Il était tonnelier, marchand de fourrages, aubergiste, et logeait à pied et à cheval.

A la clarté d'une lanterne suspendue au dehors, le chevalier de Crillon put lire sur la façade blanchie à la chaux cette merveilleuse enseigne :

AU RENDEZ-VOUS DES GENS DE LOIRE

TRÉPASSÉ

Vend son, avoine et paille, loge à pied et à cheval

Les rouges lueurs du foyer d'auberge se projetaient au dehors, à travers les carreaux de papier huilé des croisées et les ais disjoints de la porte.

On causait assez bruyamment au dedans.

Malgré le nom lugubre de son propriétaire, l'auberge du sieur Trépassé paraissait être un assez joyeux rendez-vous.

Crillon heurta à la porte.

— Qui va là? demanda une voix à l'intérieur.

— Comment va votre vin de Beaugency? répondit Crillon.

La porte s'ouvrit.

Alors Crillon se trouva au seuil de la salle d'auberge, cuisine et lieu de réception tout à la fois.

Une demi-douzaine de mariniers, coiffés de chapeaux cirés, chaussés de grandes bottes, entouraient une table surchargée de pots et de bouteilles.

L'hôte, qui avait lui-même ouvert la porte, regarda le chevalier avec défiance.

Mais un des mariniers s'écria :

— Hé ! pardieu ! c'est M. de Crillon. Ferme ta porte, Trépassé, mon ami ; monsieur est des nôtres.

Trépassé ferma la porte, et Crillon s'approcha du marinier qui venait de parler ainsi.

— Hé ! mordioux ! dit-il, ou j'ai la berlue, ou c'est M. de Noë.

— Moi-même, chevalier.

Il regarda un second marinier et étouffa une nouvelle exclamation d'étonnement :

— Et voici M. Lahire.

— Justement, dit l'ancien adorateur de la duchesse de Montpensier.

— Et... ces messieurs ? fit Crillon.

Et le bon chevalier salua, en parlant ainsi, les quatre autres mariniers.

— Ce sont des amis à nous et à lui.

— Ah ! fort bien.

— Certainement, monsieur de Crillon, reprit Noë, vous venez de sa part.

Crillon fit un signe de tête.

— Le chaland est-il arrivé ?

— Oui, dit Noë. Et les tonnes ?

— On les emplit.

Noë se tourna vers l'hôtelier.

— Trépassé, mon bon ami, dit-il, il ne suffit pas d'écrire sur sa porte qu'on est marchand de fourrages, il faut encore pouvoir servir la pratique à l'occasion.

— Je suis à vos ordres, répondit le sieur Trépassé.

— Tu vas donc mettre de la paille sur un chariot, continua Noë.

— Le chariot est tout chargé.

— Ah! c'est différent. Alors, tu vas atteler trois chevaux au chariot.

— Oui, maître, et puis?

— Et puis nous irons livrer ce fourrage à un bon bourgeois de Blois, qui nous remettra, en échange, certaines barriques de vin que nous transporterons ensuite au chaland.

Trépassé sortit pour aller harnacher ses chevaux.

— Ah! mon cher chevalier, dit Noë, vous ne vous attendiez pas à nous trouver en cet équipage, n'est-ce pas?

— Non, certes, dit Crillon.

— Mais, dit Noë, si nous avons dépouillé la cape du gentilhomme, nous en avons gardé l'épée.

Et du doigt il montra à Crillon six bonnes rapières posées discrètement dans un coin.

— Allons, en ce cas, dit Lahire, et que l'étoile du roi de Navarre nous protége.

— C'est fait, ajouta Noë, puisque Crillon est avec nous!

XV

Pénétrons de nouveau maintenant dans la maison de maître Hardouinot.

C'était au moment où Anne de Lorraine, duchesse de Montpensier, venait de s'endormir de ce léthargique sommeil que lui avait déjà procuré la nuit précédente le vin de Jurançon sophistiqué par l'ancien procureur, que Raoul entendit frapper à la porte et dit à Hardouinot :

— Maintenant, nous pouvons aller ouvrir au roi de Navarre.

C'était, en effet, le prince qui frappait, après avoir quitté Crillon.

Il se glissa par la porte entre-bâillée, muet et rapide comme une ombre, et ce ne fut que lorsque cette porte fut refermée derrière lui qu'il prononça ces mots :

— Eh bien! est-ce prêt?

— Oui, Sire, dit Raoul.

— Et la duchesse?

— Elle dort.

— Comme hier?...

— Oui, dit Hardouinot, et il faudrait un fier tapage pour l'éveiller.

Ce disant, l'ancien procureur posa sa lampe sur un escabeau qui se trouvait dans l'antichambre.

— Et les tonnes? demanda Henri.

— Ah! Sire, répondit le vieillard, nous avons mis le temps à profit depuis ce matin. J'avais, dans un caveau voisin de celui où était l'argent, des barriques vides...

— Et tu les as remplies?

— Toutes. Il n'y a plus une pièce d'or ou d'argent dehors. Voyez plutôt.

Et Hardouinot conduisit le prince dans son cabinet, ouvrit la porte du souterrain et le précéda, en l'éclairant, dans cet escalier qui descendait au caveau.

Huit tonnes d'or s'y trouvaient rangées côte à côte.

— Nous avons essayé de les sortir de là, M. Raoul et moi, dit Hardouinot, mais nous n'avons pu y parvenir. Il faut pour cette besogne deux hommes robustes, au moins, je ne suis plus qu'un vieillard.

— Eh bien! dit le prince, nous allons essayer à nous trois. Aide-moi, Raoul.

Parlant ainsi, Henri de Navarre se débarrassa de son pourpoint, comme un simple lansquenet, et se mit à rouler une des tonnes devant lui, avec autant d'aisance que si elle eût été vide.

Puis, quand elle fut au bas de l'escalier, il dit à l'ancien procureur :

— Peux-tu m'avoir une longue corde épaisse et solide ?

— Oui, Sire.

Le vieil Hardouinot, que son zèle rajeunissait, monta l'escalier en courant, tandis que le roi de Navarre roulait successivement devant lui deux autres tonnes.

— Et de trois ! dit le prince en souriant.

Hardouinot revint ; il avait pris la corde du puits qui était dans la petite cour de sa maison.

Alors le roi de Navarre enroula la corde autour de l'une des barriques, il en donna un des bouts à Raoul, qui comprit aisément le mécanisme de l'opération, et, tandis que le jeune homme poussait devant lui, il grimpa jusqu'à la dernière marche de l'escalier, s'arc-bouta à la porte du cabinet de maître Hardouinot, et tira alors l'autre bout.

La barrique monta lentement d'une marche à l'autre et parvint au seuil du cabinet.

Trois autres eurent le même sort ; mais, comme le prince et Raoul allaient en faire autant de la cinquième, ils entendirent du bruit dans la rue.

Ce bruit leur arrivait au fond des caves de la maison par un étroit soupirail ouvert à fleur de terre.

Plus prompt que l'éclair, Henri de Navarre se jeta sur la lampe de l'ancien procureur et l'éteignit.

— Chut ! dit-il, écoutons.

Et il roula une des tonnes qui restaient dans le caveau,

juste au-dessous du soupirail, s'en fit un marchepied et atteignit l'ouverture avec sa tête, de telle façon qu'il put voir et entendre.

Le roi de Navarre avait les qualités du montagnard, c'est-à-dire l'ouïe d'une finesse prodigieuse et l'œil assez perçant pour voir dans les ténèbres.

— Chut! dit-il tout bas à ses deux compagnons.

Et il se prit à écouter.

Le bruit des pas de Quélus, des deux autres mignons et des gens de Théobald, arriva distinctement à son oreille.

Puis ces pas s'arrêtèrent un peu avant le soupirail.

Alors Henri vit se mouvoir et gesticuler ces neuf hommes, tandis que le dernier, c'est-à-dire le sacristain, s'en allait en courant.

En même temps une voix dit :

— C'est là !

— Bon! pensa Henri, voilà une voix que je connais; je pourrais bien l'avoir entendue au château ce matin.

Hardouinot et Raoul se tenaient immobiles au fond du caveau.

Tout à coup, Henri sauta de sa futaille à terre.

— Maître, dit-il à Hardouinot, as-tu une bonne arquebuse?

— J'en ai deux, répondit le procureur.

— Eh bien! elles vont nous servir. Sont-elles chargées?

— Oui, Sire.

— Alors venez, acheva Henri en prenant Raoul par le bras.

Hardouinot, qui n'avait entendu qu'imparfaitement les bruits de la rue, voulut battre le briquet et rallumer la lampe.

— Non, non, dit Henri, pas de lumière. Je sais le chemin.

Et il les entraîna tous les deux du bord du caveau jusqu'au cabinet du procureur et de là dans le vestibule.

Précisément alors Quélus frappait à la porte.

— Mes amis, dit le roi de Navarre, je m'étais douté de quelque chose.

— Qu'arrive-t-il donc? demanda Raoul.

— Il arrive que mon cousin Henri de Valois, après m'avoir étouffé de caresses ce matin, veut me faire assassiner ce soir.

Hardouinot tressaillit.

— Va chercher les arquebuses, dit Henri, qui avait bouclé son ceinturon et mis flamberge au vent.

Tout ceci se passait dans une obscurité profonde; mais Henri tenait la main de Raoul, qui, pareillement, avait tiré son épée du fourreau.

Hardouinot monta, toujours sans lumière, jusqu'au premier étage de la maison, et en redescendit avec les arquebuses.

En ce moment Quélus frappait pour la troisième fois.

La porte de la maison d'Hardouinot était munie d'un judas imperceptible dissimulé dans un coin.

Henri et Raoul armèrent leurs arquebuses, puis Henri appliqua son œil au judas.

Après avoir frappé inutilement, Quélus tenait conseil avec sa bande.

— Le sacristain t'aura trompé, disait d'Épernon. Si cette maison était une auberge, on ouvrirait.

— Ah! ah! pensa le roi de Navarre, encore une voix que je connais : c'est celle de M. d'Épernon.

— Il faut frapper plus fort, dit l'Allemand Schomberg.

— Bon! lui aussi, se dit Henri.

— Et si l'on continue à ne pas ouvrir?... reprit Quélus au dehors.

On enfoncera la porte...

— Hum! elle a l'air solide.

— Et bien ferrée, murmura d'Épernon.

Mais Henri, toujours immobile et l'œil appliqué au judas, vit s'avancer ce reître gigantesque appelé Théobald.

— N'ayez crainte, messire, dit-il, si solide et si bien ferrée qu'elle soit, elle ne me résistera pas. J'ai enfoncé d'un coup d'épaule, en Allemagne, la porte d'un temple luthérien.

Quélus prit sa dague et frappa avec le pommeau pour la quatrième fois, en disant :

— Holà! marauds! ouvrirez-vous enfin aux gens du roi?

— Chut! souffla Henri.

Et il prit la dague qu'il avait au flanc et la mit hors de sa gaîne.

— Ouvrirez-vous, drôles! répéta Quélus frappant plus fort.

Nul ne répondit.

— Allons! Théobad, dit Schomberg, voyons le coup d'épaule.

— Attendez, dit l'Allemand.

Et il s'arc-bouta contre la porte et se mit à la secouer.

Cependant la porte résista.

— C'est égal, murmura le reître, j'en viendrai à bout.

Et il changea de position et vint se placer contre la porte de telle façon que le milieu de ses reins se trouva vis-à-vis du judas, interceptant ainsi la vue du dehors au roi de Navarre.

— Ma foi! tant pis, dit celui-ci tout bas, les hommes ont leur destinée.

Et, comme il ne pouvait plus voir, il mit sa dague à la place de son œil.

Théobald donna une nouvelle secousse à la porte.

Mais en même temps il poussa un cri et tomba.

La dague du roi de Navarre lui était entrée entre les deux épaules.

En le voyant tomber, Quélus et ses compagnons crurent qu'il venait de se briser un vaisseau dans la poitrine, car Henri avait retiré sa dague.

Mais un des reîtres, ayant pris son chef dans ses bras pour essayer de le ranimer, le laissa retomber presque aussitôt et s'écria :

— Du sang! du sang!

— Silence! dit Quélus, qui venait d'entendre le bruit d'un lourd chariot qui tournait l'angle de la rue.

Ce bruit, Henri l'entendit aussi.

— Allons, murmura-t-il, la partie sera égale, mes bons amis les mariniers viennent à notre secours.

XVI

L'exclamation du reître qui venait de prendre Théobald dans ses bras et l'avait ensuite laissé retomber, en s'écriant qu'il était couvert de sang, étonna Quélus et ses compagnons.

— Du sang! répéta le mignon.

— Oui, voyez! dit le reître.

Et il montra ses mains ensanglantées.

Il y eut un moment de stupeur parmi tous ces hommes.

Ils se penchèrent à l'envi sur le cadavre, car Théobald était bien mort, et ils purent tous ausstiôt constater que le reître avait été frappé entre les deux épaules, et qu'une blessure profonde laissait échapper des flots de sang.

Et cependant la porte n'avait point été ouverte, et aucun bruit ne s'était fait.

— Du sang! du sang! répéta Quélus, qui crut un moment que le reître s'était heurté à quelque clou de la porte.

Ce fut à ce moment que le chariot se montra, plus noir que les ténèbres de la nuit, à l'extrémité de la rue.

— Un moment, dit d'Épernon, qui s'interposa : avant de faire le siége de la maison et de jeter bas cette porte qu'il suffit de toucher pour tomber mort, je suis d'avis qu'il faut laisser passer ce chariot.

Le chariot que d'Épernon montrait s'avançait lentement au pas de ses trois énormes chevaux du Perche attelés de front, et bientôt Quélus et les mignons purent distinguer deux groupes d'hommes qui marchaient de chaque côté.

— Ne nous faisons pas d'affaires avec les bourgeois de Blois, dit Quélus.

Et sur un signe de lui, d'Épernon, Schomberg et les reîtres, abandonnant le corps de Théobald, qui gisait à terre, s'effacèrent contre le mur et sous l'auvent d'une maison voisine.

Le chariot avançait toujours.

— Au diable les bourgeois! murmura Schomberg, je voudrais déjà être dans cette maison maudite.

— Chut! fit Quélus.

Le chariot atteignit la maison du vieil Hardouinot.

— Halte! dit une voix partie de l'un des deux groupes qui l'escortaient.

Le chariot s'arrêta.

— Oh! oh! murmura Quélus, voici qui est bizarre. Qui donc peuvent être tous ces hommes?

Et il cria à l'un d'eux :

— Passez votre chemin, les amis... le couvre-feu est sonné depuis longtemps, et ce n'est point l'heure de baguenauder dans les rues.

Mais une voix railleuse lui répondit :

— Nous sommes arrivés, mon gentilhomme, vu que nous apportons de la paille et du foin dans cette maison.

— Au large! cria Quélus.

Et il s'avança, l'épée nue, au milieu de la rue; ses deux amis et les reîtres le suivirent.

— Ah! ah! fit encore la voix, je vois que vous êtes en nombreuse compagnie, messeigneurs.

— Au large! dit à son tour Schomberg, vous viendrez demain.

Et il marcha vers le chariot et voulut prendre la bride de l'un des chevaux.

Mais au même instant une fenêtre s'ouvrit au premier étage de cette maison silencieuse et comme déserte jusque-là, de cette maison contre la porte de laquelle les hommes tombaient frappés d'une mort mystérieuse, et quand cette fenêtre se fut ouverte, Quélus entendit la voix du Gascon qui criait :

— Hé! Noë?

— Me voilà! répondit celui qui avait apostrophé Quélus.

— Vive Dieu! Noë, mon mignon, je les ai comptés,

et ils étaient neuf. J'en ai tué un, reste à huit. Combien êtes-vous, vous autres ?

— Sept, répondit Noë.

— C'est quatre de trop pour charger ces damoiseaux, répliqua Henri de Navarre. Nous sommes occupés, Hardouinot et moi. Débarrassez-moi de ces drôles.

Comme il parlait ainsi, un éclair se fit, puis une détonation et le sifflement d'une balle.

C'était d'Épernon qui s'était emparé de l'arquebuse d'un reître et avait fait feu sur Henri.

— Vous êtes un maladroit, monsieur d'Épernon, cria Henri d'un ton moqueur, et ce n'est point en tirant ainsi que vous attraperez le collier des ordres.

— C'est lui ! c'est le Gascon ! hurla Schomberg.

Mais déjà Henri avait refermé la croisée, disant :

— Va, Noë, mon ami, charge-les et conduis-les jusqu'au château l'épée dans les reins.

L'ordre était inutile : Noë, Lahire et leurs compagnons, les gentilhommes gascons, avaient l'épée à la main et marchaient à la rencontre de Quélus.

Quélus s'était placé au milieu des reîtres.

Le septième combattant annoncé par Noë était le conducteur du chariot.

Il s'était assis sur une botte de paille et tenait majestueusement les rênes d'une main et une longue épée de l'autre.

Il paraissait attendre qu'on eût besoin de renfort, et il demeura calme et tranquille tout d'abord, pendant que Noë, Lahire et les Gascons fondaient, l'épée haute, sur Quélus et les siens.

Malgré ses mœurs efféminées, Quélus était brave à l'occasion.

— Eh bien ! pensa-t-il, j'aime autant cela... c'est une bataille.

Quélus n'avait peur que d'un seul homme qui s'appelait Crillon.

Il reçut donc Noë l'épée au poing et soutint le choc.

Les reîtres firent feu, mais soit précipitation, soit terreur, ils visèrent mal, et une seule de leurs balles porta, tuant un des gentilshommes gascons.

Noë et ses compagnons n'étaient donc plus que cinq.

— C'est à vous que j'en ai, dit Noë.

Et il engagea le fer avec Quélus.

Lahire et d'Épernon en firent autant. Les reîtres, qui n'avaient pas le temps de recharger leurs arquebuses, mirent le fer hors du fourreau et furent chargés par les trois Gascons suivants.

Schomberg, n'ayant pas d'adversaire, se mit à enfoncer la porte de la maison d'Hardouinot à grands coups de crosse d'arquebuse.

Alors le conducteur du chariot, calme et impassible jusque-là, descendit et vint droit à Schomberg.

— Pardon ! monsieur, lui dit-il, mais je vous vois inoccupé et serais désolé de vous laisser dans cette position.

Et il mit flamberge au vent. Schomberg jeta un cri :
— Monsieur de Crillon !

Quélus entendit ce nom, perdit la tête et se découvrit.

L'épée de Noë fila. Quélus tomba.

Lahire et d'Épernon s'escrimaient avec acharnement, et ne s'étaient donné encore que des coups d'épée sans gravité.

Noë, libre, vint au secours des trois Gascons, qui avaient déjà tué deux reîtres.

Schomberg faisait bonne contenance; il avait fort convenablement croisé le fer avec Crillon.

Crillon était en belle humeur.

— Mon cher monsieur de Schomberg, disait-il, je ne vous cacherai pas plus longtemps que je suis fort content de vous. Vous tirez à ravir...

— Ce m'est un grand honneur de croiser le fer avec vous, répondit Schomberg d'un ton railleur.

— Et laissez-moi vous ménager un peu, reprit Crillon, afin que nous ayons le temps de causer.

Schomberg était Allemand; il était entêté, par conséquent.

— Tuez-moi, dit-il, si vous pouvez, monsieur de Crillon; mais ne me ménagez pas.

— Que diable venez-vous faire ici?

— Et vous?

— Moi, je porte secours à mes amis.

— C'est comme moi.

— Ah! vous êtes touché!

Schomberg poussa un cri de rage, et son sang coula.

Mais l'épée n'échappa point à sa main, et il continua de ferrailler.

Cependant le bruit des arquebusades avait éveillé toute la basse ville; les bourgeois s'étaient mis aux fenêtres. Des reîtres qui buvaient dans un cabaret voisin étaient accourus.

— A nous! à nous! criaient ceux qui avaient suivi Théobald et qui étaient près de succomber sous les coups de Noë et des Gascons!

Une dizaine d'Allemands arrivaient au secours de leurs compatriotes.

— Harnibieu! s'écria Crillon, voici une vraie bataille.

Et il se fendit à fond, et Schomberg tomba comme était tombé Quélus.

D'Épernon, frappé de trois coups d'épée par Lahire, allait lâcher pied à son tour, quand l'arrivée des reîtres lui rendit quelque courage.

Mais soudain deux croisées s'ouvrirent au premier étage de la maison du vieil Hardouinot.

Le roi de Navarre parut à l'une.

Raoul se montra à l'autre.

Et tous deux, armés de leurs arquebuses, firent feu sur les reîtres.

En même temps Crillon élevait cette voix sonore qui avait souvent retenti sur les champs de bataille :

— Ah! canailles! disait le grand capitaine, vous avez donc oublié que je m'appelle Crillon!

. . . .

Dix minutes après, six cadavres encombraient la rue; Schomberg et Quélus, qui respiraient encore, avaient été transportés dans une maison voisine; d'Épernon avait pris la fuite, et les reîtres survivants l'avaient suivi.

Alors Crillon dit au roi de Navarre :

— Hâtons-nous, Sire, car le roi de France est capable de nous envoyer une armée quand il apprendra le sort de ses mignons.

XVII

— Crillon, mon ami, répondit le roi de Navarre au chevalier, qui lui conseillait de se hâter, Dieu m'est témoin que je ne demande pas mieux que de quitter Blois; mais, pour cela, il faut que nous emmenions le vieux Mallevin et sa petite-fille Berthe.

— Ah! ah! dit Crillon souriant, je gage que déjà...

— Toujours, mon bon Crillon! Si mon oreille tressaille au cliquetis d'une épée, mon cœur sera toujours sensible aux amourettes. Va la chercher.

— Mes trois parents sont demeurés dans la maison, observa Crillon, et vous pouvez être sûr, Sire, qu'il ne lui est pas arrivé malheur...

— Oui... mais demain... qui sait?

— Bah! je veillerai sur elle.

— Crillon, mon cher seigneur, répéta Henri, va la chercher.

Le chevalier s'inclina.

— Et je l'amènerai ici?

— Oh! non pas...

— Où donc, Sire?

— Au chaland, là-bas, sur la Loire.

Crillon s'en alla, son épée sous son bras.

— Mes enfants, dit Henri à ses compagnons, mettez le corps de ce pauvre gentilhomme mort à mon service dans le chariot : je veux le faire inhumer dans la chapelle de mon château de Nérac.

Un des trois Gascons et Lahire s'étant chargés de cette besogne, Noë et les deux autres suivirent Henri dans la maison.

Amener les huit tonnes pleines d'or dans le vestibule, es charger ensuite une à une sur le chariot, fut l'affaire d'un quart d'heure.

Les bourgeois prudents du quartier, un moment en rumeur, s'étaient recouchés et avaient refermé portes et fenêtres, pensant avec sagesse qu'on ne se doit jamais mêler des querelles qui ont lieu entre gentilshommes.

Le roi de Navarre et ses compagnons purent donc accomplir leur besogne en toute sécurité.

Quand tout fut fini, le vieil Hardouinot dit au roi :

— Est-ce que Votre Majesté ne va pas m'emmener avec elle? Demain, on saura ce qui s'est passé, et le roi me fera pendre.

— Mais si fait, répondit Henri, je t'emmène.

— Alors, hâtons-nous, Sire.

— Oh! que nenni! fit Henri; pendant qu'on se battait dans la rue, il m'est venu une idée!

— Comment cela, Sire?

— Et je la veux mettre à exécution.

Noë et les Gascons se regardèrent avec étonnement.

— J'ai imaginé de me procurer un sauf-conduit, dit Henri, avec lequel nous passerons à travers toutes les armées catholiques du monde.

— Signé de qui? demanda Lahire.

— Vous verrez, répondit Henri.

Et il entraîna Hardouinot dans son cabinet.

— A nous deux, lui dit-il. J'ai bien vu que le vin de Jurançon que tu as servi à ma belle cousine Anne de Lorraine renfermait un narcotique assez puissant pour l'empêcher de s'éveiller au bruit; — mais penses-tu qu'elle puisse supporter quelques brusques secousses?

— Comment l'entendez-vous, Sire?

— Écoute. Je suppose qu'on la prît dans son lit...

— Bon!

— Qu'on l'entortillât dans un manteau?

— Après!

— Et qu'on l'emportât à bord du chaland?

— Oh! Sire, s'écria Hardouinot, dont les yeux brillèrent, voilà une idée!

— Eh bien ! réponds ! s'éveillera-t-elle ?

Hardouinot consulta le sablier du regard. Le sablier marquait deux heures du matin.

— Non, dit-il, elle ne s'éveillera pas. Son sommeil léthargique durera trois heures encore...

— Alors, conduis-moi à sa chambre, et dépêchons-nous.

Les Gascons, Lahire et Raoul, étaient demeurés à l'écart ; mais, Noë, pour qui Henri n'avait pas de secrets, était venu jusqu'au seuil du cabinet, et le roi avait parlé devant lui.

— Ah ! Sire, dit-il, voilà, en effet, une bien bonne idée...

— N'est-ce pas ? fit Henri. Eh bien ! mettons-la sur-le-champ à exécution.

Quelques minutes après, le roi pénétrait dans la chambre d'Anne de Lorraine, duchesse de Montpensier.

Anne, vaincue par les fumées du jurançon sophistiqué, s'était endormie toute vêtue. Elle n'avait eu que le temps de se jeter sur son lit.

Elle dormait, ses beaux cheveux blonds dénoués, ses lèvres roses entr'ouvertes, ses yeux à peine fermés...

Un page veillait dans un fauteuil auprès du lit.

C'était Amaury, Amaury, le blond adolescent que le comte Éric et ses compagnons avaient un jour si cruellement maltraité pour lui arracher son secret, c'est-à-dire le secret de l'amour de la duchesse pour Lahire.

Amaury, qui, depuis lors, haïssait la Lorraine de toutes les forces de son âme et enveloppait la duchesse dans cette haine.

— Mon mignon, lui dit Henri, est-ce que tu aimes à voyager ?

7

— Oui, dit l'enfant en souriant.

— Eh bien! tu vas voir du pays et me suivre...

Le jeune homme fit un signe d'assentiment, et le roi de Navarre se prit à contempler Anne endormie.

Lahire et les Gascons étaient demeurés en bas.

Il n'y avait dans la chambre que le vieux Hardouinot, qui était sur le seuil, et Amaury, Raoul et Noë, qui avaient un flambeau à la main.

— Sais-tu qu'elle est belle, Noë?

— Elle a la beauté du tigre, Sire.

— Oui, mais le tigre est un bel animal, Noë, mon mignon.

— Ah çà! fit Noë, est-ce que Votre Majesté, dont le cœur, si vaste qu'il soit, me paraît cependant suffisamment rempli, trouverait encore à y loger un tendre sentiment pour la duchesse?

— Hé! hé! fit Henri avec son fin sourire, on ne sait pas, Noë, mon bel ami.

Noë leva les yeux au ciel.

— O mon Dieu! fit-il.

— C'est ma cousine après tout, reprit le roi de Navarre, et je me mets en tête une foule de choses...

— Toutes plus raisonnables les unes que les autres, ricana Noë.

— La première est de convertir la duchesse à la religion réformée, continua le Béarnais, toujours railleur. Mais, pour cela, il est besoin, je crois, de la soustraire aux influences catholiques. Çà! mon bon Noë, étends ton manteau par terre.

Noë obéit.

Quand ce fut fait, le roi prit délicatement la duchesse sous le bras, lui soutint la tête, et fit signe à Raoul de la prendre par les pieds.

Puis tous deux la déposèrent sur le manteau de Noé.

Anne de Lorraine ne s'éveilla point.

En eût dit le corps d'une trépassée.

— Mes enfants, dit le roi, une princesse de Lorraine, laquelle maison est cousine à la mienne, ne saurait être traitée comme une femme de petit état. Il faut un prince pour y toucher.

Sur ces mots, il l'enveloppa dans le manteau et la chargea sur son épaule.

— En marche! dit-il.

La duchesse dormait toujours.

Hardouinot ne prit que le temps de fermer sa maison et de l'abandonner à la grâce de Dieu et au bon plaisir du hasard et de la colère du roi de France, et, cinq minutes après, Henri de Navarre, qui portait madame de Montpensier dans ses bras, prenait le chemin de la Loire.

Lahire et Raoul fermaient la marche et cheminaient, l'épée hors du fourreau.

Tout en cheminant, ils devisaient :

— Ah! quelle charmante femme, monsieur Lahire! disait Raoul. Par malheur, j'aime Nancy.

— Toujours?

— Plus que jamais, monsieur Lahire.

Lahire soupira.

— Et moi, j'aime mon cher prince de Navarre, car sans cela...

— Sans cela? fit Raoul qui se souvint que Lahire avait adoré la duchesse.

— Je l'eusse suivie au bout du monde.

— Eh bien! dit Raoul, vous l'allez suivre en Navarre!

— Bah! fit le Gascon, vous croyez que le roi l'y veut conduire?

— Sans doute, c'est un fier otage.

— Alors, j'aurai le temps de refaire ma cour, mon cher Raoul.

— Vous êtes naïf, mon cher Lahire.

— Naïf!

— Oui, certes! Si quelqu'un fait la cour à la duchesse...

— Ce sera vous!

— Oh! non. J'aime Nancy et vais la revoir...

— Eh bien! qui donc, alors?

— Ce sera le roi...

Lahire haussa les épaules.

— Le roi l'exècre et elle exècre le roi, dit-il.

— Oui, mais de la haine à l'amour il n'y a qu'un pas...

Lahire tressaillit.

— Et puis le roi aime les aventures, acheva Raoul.

— Amen! soupira Lahire, qui se souvenait que la fière duchesse était devenue pour lui la plus simple des mortelles.

Comme Lahire prononçait ce mot de résignation, Henri de Navarre, toujours chargé de son fardeau, arrivait sur la berge où le chaland était amarré.

Le chariot et les tonnes d'or avaient pris les devants.

XVIII

Les rêves sont parfois étranges, lorsqu'ils se produisent dans le sommeil léthargique. Le vin de Jurançon préparé par maître Hardouinot avait jeté la duchesse dans le pays fantastique des songes.

A peine avait-elle fermé les yeux qu'elle avait cru marcher, quitter sa chambre et descendre au rez-de-chaussée de la maison.

Elle avait vu le page Raoul, une lampe à la main, ouvrant la porte à un inconnu.

Cet inconnu était enveloppé dans un long manteau qui cachait une partie de son visage.

Cependant sa voix, — car il avait parlé, — était connue de la duchesse.

Raoul, Hardouinot et l'homme au manteau étaient descendus dans un caveau rempli d'or.

La duchesse les avait suivis.

Là, immobile et sans doute invisible pour eux, Anne de Lorraine avait vu l'or enfermé dans des tonneaux, et les tonneaux sortis successivement de la cave.

Puis encore elle avait entendu un grand bruit dans la rue, un cliquetis d'épées, la détonation de plusieurs arquebuses, les cris des blessés, les exclamations de rage des vaincus.

Alors la peur avait pris la fière duchesse, et elle était remontée toute tremblante dans sa chambre et s'était jetée sur son lit.

Mais des pas montèrent l'escalier.

Anne avait compris que c'était l'inconnu, cet inconnu en qui elle pressentait un ennemi mortel.

Alors, à partir de ce moment, le sommeil de la duchesse de Montpensier devint une léthargie pure et simple.

Elle entendit tout ce qui se disait autour d'elle sans pouvoir secouer la torpeur où ses sens étaient plongés.

Son âme s'éveilla, mais son corps demeura livré à un sommeil semblable à la mort.

Elle sentit qu'on l'enlevait de son lit, qu'on l'emportait au dehors d'un pas rapide.

L'air frais de la nuit fouetta son visage.

Elle éprouva des secousses qui lui donnèrent à penser que ses ravisseurs accéléraient leur marche.

Et, comme elle faisait de vains efforts pour secouer sa léthargie, elle finit par conclure qu'elle rêvait et qu'un affreux cauchemar étendait sur son front et faisait peser sur son cœur son aile de plomb.

A l'air froid de la nuit avait succédé une atmosphère plus tiède ; puis un mouvement bizarre, cadencé, le balancement d'une barque sur l'eau, avait remplacé les brusques secousses qu'elle avait éprouvées d'abord.

— Me voici sur l'eau ! pensa la duchesse. Oh ! le vilain rêve !...

Mais vainement encore elle chercha à s'éveiller...

Tout à coup le balancement cessa ; on eût dit que la barque s'arrêtait.

Alors l'ouïe de la duchesse, à qui la léthargie semblait donner plus de finesse encore, fut frappée de sons étranges.

En même temps ses yeux virent à travers leurs paupières closes, et le phénomène fut complet.

. . . .

Or, voici ce que vit et entendit la duchesse :

Les premières clartés tremblottantes de l'aube glissaient à l'orient, et les collines qui bordent la Loire détachaient leur silhouette brune sur le ciel gris de décembre.

Le chaland qui emportait l'or des huguenots, le roi de Navarre, ses compagnons et leur fortune, était une de ces grandes barques pontées qui, dès cette époque, descendaient la Loire depuis Orléans jusqu'à Paimbœuf et pouvaient, au besoin, tenir la mer.

Depuis longtemps Blois avait disparu dans le brouillard de l'horizon, et le chaland descendait rapidement vers Saumur.

On avait dressé une tente au milieu du chaland.

Sous cette tente on avait placé un lit de repos, et sur ce lit, Anne de Lorraine. Le vieux sire de Mallevin et la frêle et tremblante jeune fille qui l'accompagnait s'étaient assis à l'arrière, les yeux tournés vers le pays qu'ils abandonnaient.

Les Gascons et Lahire, toujours vêtus en mariniers, manœuvraient le chaland.

Henri et Noë causaient en se promenant de l'avant à l'arrière.

Amaury et Raoul étaient assis près du lit de repos de la duchesse.

Quant à M. de Crillon, comme on le pense bien, il était resté à Blois, sa charge de colonel-général des Suisses le retenant auprès du roi de France.

Le vieil Hardouinot dormait.

— Mon cher Sire, disait Noë, je ne vois pas, jusqu'à présent, quel est le sauf-conduit dont vous nous avez parlé en quittant Blois.

— C'est la duchesse, Noë, mon ami.

— Comment cela?

— Tant que nous l'aurons à bord du chaland, on nous laissera passer.

— J'entends bien, mais...

— Mais quoi? Tu as peur qu'elle ne s'éveille, n'est-ce pas?

— Justement.

— Et qu'alors elle ne nous trahisse au lieu de nous servir ?

Noë fit un signe de tête affirmatif.

— Ceci, mon mignon, dit Henri, est mon affaire. Toi, qui es un peu astronome, dis-nous l'heure qu'il est.

— Près de sept heures. Pourquoi cette question ?

— Parce que, dans une heure, la duchesse s'éveillera, si Hardouinot ne s'est pas trompé.

— Eh bien ?

— Mais, dans une heure, nous aurons dépassé Saumur.

— Ah !

— Or, tu sais bien qu'il y a à Saumur un pont de bateaux.

— Oui.

— Gardé par les gens du duc d'Alençon, mon excellent cousin François, qui me hait de toute son âme.

— Et qui vous ferait pendre, Sire, si vous tombiez incognito dans ses mains.

— Oui, mais j'ai fort heureusemeut des gens à moi à Angers et à Saumur, et ces gens me tiennent au courant.

— Où voulez-vous en venir, Sire ?

— A ceci. Le capitaine chargé de la garde du pont est un Lorrain.

— Ah ! ah !

— Il connaît parfaitement la duchesse.

— Mais alors ?...

— Chut ! tu verras...

Henri étendit la main vers l'horizon.

Le jour avait grandi, les maisons de Saumur se dessinaient nettement dans la brume du matin, et une longue ligne de brume semblait fermer la Loire.

C'était le pont de bateaux dont le roi de Navarre avait parlé.

Le courant était rapide et entraînait le chaland ; cependant, lorsqu'il ne fut plus qu'à une centaine de brasses du pont, Lahire, par une manœuvre habile, ralentit sa marche, gagna les bords et finit par toucher le fond avec les longues perches qui servaient à arrêter l'embarcation.

Alors on amena la voile, le chaland s'arrêta.

En même temps un petit bateau se détacha du pont et vint à la rencontre du chaland.

— Ohé! cria-t-on de ce bateau, qui êtes-vous?

Henri se fit un porte-voix de ses deux mains et répondit :

— Nous sommes gens de Lorraine.

— D'où venez-vous?

— De Blois.

— Où allez-vous?

— A Nantes.

— Quel est votre chargement?

— Montez à bord, et vous le verrez...

Le petit bateau fit force d'avirons et accosta le chaland par le travers.

Lahire et ses compagnons avaient le mot d'ordre.

Ils se mirent à parler allemand.

En même temps, l'œil perçant de Henri examinait les gens qui étaient dans la barque. Outre les quatre mariniers armés d'avirons, il y avait un gros homme coiffé d'un casque bruni, ayant cuirasse au dos, et une grande épée qui rappelait la fameuse et légendaire Durandal de Roland, l'héroïque neveu de Charlemagne.

Le gros homme se hissa péniblement à bord, à l'aide de cordes à nœuds qu'on lui jeta du chaland.

— Ce doit être mon capitaine lorrain, pensa Henri.
Et il alla à sa rencontre.

Et le gros homme examina le prince avec défiance :
— Vous êtes Lorrain ! dit-il.
— Oui, répondit Henri en pur allemand.
— Et vous allez à Nantes ?
— Oui.
— Dans quel but ?

Henri posa un doigt sur ses lèvres :
— Vous êtes curieux, dit-il.

Le capitaine lorrain se rengorgea :
— Savez-vous, jeune homme, dit-il, que je m'appelle Hermann, que je suis capitaine au service du duc d'Alençon et que j'ai le droit de tout savoir ?

— Mais avant de servir monseigneur d'Alençon, vous avez servi la maison de Lorraine ? dit Henri.
— Oui.
— Alors vous connaissez le duc de Guise ?
— Oui.
— Le duc de Mayenne ?
— Parfaitement.
— Et la duchesse Anne ?...
— Encore mieux. J'ai fait partie de ses gardes, à Nancy.

— Eh bien ! dit Henri, venez avec moi, et vous verrez que vous êtes trop curieux.

Ce disant, il prit le capitaine par la main, l'entraîna vers la tente, dont il souleva un des rideaux, et lui montra la duchesse étendue sur un lit de repos.

Le Lorrain recula et s'inclina bien bas.

— Mon ami, lui dit Henri, hâtez-vous d'ouvrir votre pont de bateaux et laissez-nous passer sans mot dire. C'est un bon conseil que je vous donne.

Anne de Lorraine, duchesse de Montpensier, voyait et entendait, mais elle faisait de vains efforts pour secouer sa léthargie.

Le capitaine lorrain remonta dans sa barque en toute hâte et fit ouvrir le pont de bateaux.

Le chaland continua sa route, et alors Henri dit à Noé :

— Tu vois bien que mon sauf-conduit est bon. Ce maudit Lorrain eût visité le chaland et confisqué nos tonneaux. Comprends-tu maintenant ?

— Mais, qu'allons-nous faire de la duchesse ?

— C'est encore mon secret, dit Henri.

XIX

Le soleil était monté à l'horizon, et faisait étinceler le givre des arbres dépouillés par l'hiver.

Le chaland venait de s'arrêter.

Comme si elle n'eût attendu que cette dernière secousse pour ouvrir les yeux, la duchesse s'était éveillée.

Mais cette lucidité merveilleuse qui s'était emparée d'elle durant sa léthargie, avait disparu.

Avec le réveil, le souvenir s'était évanoui. Alors madame Anne de Lorraine, qui s'était endormie dans une chambre de la maison du vieil Hardouinot, jeta autour d'elle un regard effaré.

Où était-elle ?

Si elle n'était plus à Blois, elle n'était pas davantage sous cette tente dressée à la hâte, au moment du départ, sur le pont du chaland.

Non, Sa Majesté le roi de Navarre avait mis à profit les dernières heures de la nuit et les premières de la matinée.

Le chaland venait de loin; il avait, trois jours auparavant, remonté la Loire avec un chargement de vin tourangel; mais comme, en définitive, il avait une autre destination, il s'y trouvait, dans l'entre-pont, certains meubles, certaines étoffes destinés à y rendre supportable le séjour d'un homme comme le roi de Navarre.

Avec ces meubles, avec ces étoffes, Raoul, qui était plein de goût et avait reçu de fort belles leçons de Nancy, Raoul, aidé de Noë, avait disposé un petit réduit dans lequel on avait transporté la duchesse.

Aussi, quand elle s'éveilla, son regard surpris rencontra-t-il un miroir d'acier poli, des tentures de soie, des escabeaux sculptés et des flambeaux de bronze ciselés par Benvenuto Cellini. On eût dit un cabinet du Louvre, une de ces mystérieuses demeures comme la reine-mère, madame Catherine de Médicis, aimait à en faire pratiquer dans l'épaisseur des murs des différents palais qu'elle habitait.

— Mais où suis-je donc? murmura la duchesse, qui se trouva seule.

Un rayon de soleil filtrait par une croisée à fleur d'eau, à travers la pourpre d'un rideau.

Elle étendit la main, écarta le rideau et vit une nappe liquide.

Elle passa la main sur son front pour bien se convaincre qu'elle était éveillée, puis elle se leva et appela :

— A moi ! à moi, Raoul !

En prononçant ce nom, Anne de Lorraine obéissait à toutes les traditions.

Une femme en péril, ou croyant s'y trouver, doit toujours avoir sur les lèvres le nom du dernier homme qu'elle a aimé.

Mais Raoul ne répondit rien.

Un second coup-d'œil jeté au dehors par la croisée à fleur d'eau permit à la duchesse de se convaincre qu'elle était dans la cabine d'un bâtiment qui voguait sur un fleuve.

Ce fleuve, c'était la Loire, sans doute.

La cabine avait une porte ; Anne essaya de l'ouvrir : mais cette porte était fermée.

Elle la secoua vainement : vainement, elle appela une seconde fois Raoul.

La nuit, la duchesse eût été prise d'épouvante. Mais le moyen d'avoir peur, avec un étincelant rayon de soleil qui vient se jouer dans vos cheveux !

Donc, madame de Montpensier se contenta de froncer le sourcil.

— Oh ! oh ! se dit-elle, ceci m'a tout l'air d'un enlèvement... Mais qui donc aurait osé l'accomplir ?

— Raoul ! Raoul ! répéta-t-elle.

Raoul fut sourd. La cabine demeura fermée, et les ongles roses de la duchesse s'émoussèrent et saignèrent contre la serrure.

Le premier mouvement de colère passé, la duchesse se prit à réfléchir.

— Certainement, se dit-elle, si l'on a profité de mon sommeil pour me transporter ici, ce n'est pas pour se plier ensuite à mes volontés. Je suis donc aux mains de mes ennemis : — lesquels? je l'ignore. — Et on ne lutte pas ouvertement avec ses ennemis !

Elle cessa d'appeler Raoul et alla s'appuyer de nouveau à cette fenêtre, percée comme un sabord de navire, et trop étroite pour qu'il lui fût possible d'y passer une partie du corps et de se pencher en dehors.

Mais elle put voir la rive voisine, découvrir une longue ligne de peupliers, des prés jaunis, des collines couvertes de vignes plantées en fouillis.

De maisons, ni de villages, aucune trace.

L'horizon était désert.

— Je veux devenir huguenote, se dit-elle, si je sais où je suis.

Comme elle poussait cette exclamation, elle trébucha et se laissa tomber sur le lit de repos de sa cabine.

C'était le chaland qui se remettait en marche.

— Il paraît, pensa la duchesse, qui entendit en même temps des voix confuses et des pas affairés au-dessus d'elle, il paraît que nous ne sommes pas au terme du voyage, et j'ai l'espoir de voir tôt ou tard mon ravisseur.

Elle eut un de ces sourires dont seules les femmes ont le secret.

— Qui sait? murmura-t-elle, mon ravisseur est peut-être un homme qui m'aime.

Elle se jeta un regard complaisant dans le miroir d'acier et respira d'aise.

Les fatigues de cette nuit mystérieuse n'avaient point altéré sa beauté; elle rajusta les boucles éparses de ses cheveux et prit l'attitude d'un soldat sous les armes.

— Une autre femme, se dit-elle, aurait déjà perdu la tête; moi, je songe à être belle.

Et, en attendant qu'il plût à ceux qui l'avaient enlevée de manifester leur présence, elle se mit à penser à Raoul.

La duchesse aimait le page... comme elle avait aimé Lahire, et bien d'autres avant Lahire.

Qu'était devenu Raoul?

S'il avait fait son devoir, il avait dû se faire tuer.

Un homme qui ne se fait pas tuer sur le seuil de la chambre d'une femme qu'il aime, ne saurait être un gentilhomme.

Or, Raoul était un gentilhomme et il était brave. Donc, pour que la duchesse fût là, il fallait que Raoul eût quitté ce monde.

Anne de Lorraine poussa un profond soupir : deux larmes filtrèrent même au bout de ses longs cils et s'en détachèrent, perles étincelantes...

Mais ce fut tout...

Un sentiment de curiosité ardente l'emporta chez elle sur le regret.

L'étrangeté de la situation achevait de rendre cette curiosité poignante.

Aux mains de qui donc était-elle?

Il se fit alors un léger bruit hors de la cabine, puis une clef tourna dans la serrure, puis la porte s'ouvrit...

Puis un homme entra.

Anne jeta un cri.

— Vous! dit-elle.

L'homme qui entrait était jeune encore et toujours beau, et, à sa vue, Anne se trouva rajeunie de quatre ans et son cœur se reprit à battre.

— Vous! vous! répéta-t-elle en reconnaissant ce

Gascon aventureux qu'elle avait tant aimé, ce petit gentillâtre qui répondait au nom de Lahire.

— Moi, madame, dit-il.

Et, refermant la porte derrière lui, il vint fléchir un genou devant elle, lui prit la main et osa la porter à ses lèvres.

Mais Anne de Lorraine retira vivement cette main, et un éclair jaillit de ses yeux bleus comme un ciel d'Orient.

— Ah! traître, dit-elle, c'est donc toi!
— Oui, madame.
— Tu as osé?...
— Hélas! madame, j'ai osé braver votre courroux...

Lahire était devenu sentimental; il paraissait s'enivrer de la beauté de la duchesse, frissonner sous son regard et subir le charme enchanteur de sa voix.

Anne crut tout deviner.

Elle se dit :

« Lahire m'aime toujours. Il aura fait quelque héritage qui lui permet d'avoir une barque et des gens à lui, et il m'enlève... »

— Mais où sommes-nous? s'écria-t-elle.
— Sur la Loire.
— Où allons-nous?
— Je ne sais.

La foudre éclatant à ses pieds eût moins bouleversé la duchesse que ces paroles.

Comment! Lahire l'enlevait, et il ne savait pas où il la conduisait?

Le Gascon compléta sa pensée :

— Je ne sais où nous allons, dit-il, car le capitaine du chaland ne me l'a pas dit.

— Le capitaine!

— Oui.
— Mais ce n'est donc pas vous?
— Non, madame.
— Alors... que faites-vous ici?
— Je viens de la part du capitaine.

Anne toisa Lahire d'un regard dédaigneux.

— Mille pardons! dit-elle, je m'étais trompée...

Lahire n'était plus l'homme qu'elle avait aimé; — c'était un soudard qu'elle se promettait de bien châtier à la première occasion.

— Et que me veut-il, votre capitaine?
— Présenter ses hommages à Votre Altesse.
— Son nom?
— Je ne puis le dire...

Un frisson parcourut tout le corps d'Anne de Lorraine.

— Oh! je devine enfin, murmura-t-elle : je suis aux mains de mon plus cruel ennemi!

Lahire garda le silence.

— Mais parlez donc! s'écria madame de Montpensier, parlez...

— Madame, dit froidement Lahire, j'ai reçu des ordres, je les exécute.

— Des ordres! fit-elle avec hauteur.
— Oui, madame.

Elle l'écrasa d'un regard de mépris :

— Jadis, dit-elle, vous ne receviez d'ordres que de moi.

Lahire ne sourcilla point :

— Ainsi Votre Altesse ne veut pas recevoir le capitaine du bateau?

— Au contraire, qu'il vienne!

Lahire s'inclina et sortit.

La duchesse eut un cri de rage.

— Oh! cet homme, dit-elle, il ne m'aime plus!

Et elle attendit, le cœur plein d'angoisse.

Enfin des pas retentirent au dehors, puis la porte de la cabine se rouvrit.

Anne de Lorraine recula frémissante.

Un homme était sur le seuil, le sourire aux lèvres, le chapeau à la main.

— Bonjour, ma cousine, dit-il.

— Je suis perdue! murmura la duchesse, et nous le sommes tous! Ce montagnard est plus rusé que nous.

Et, comme si elle eût été assiégée, en ce moment, par un vague pressentiment de l'avenir, Anne de Lorraine, duchesse de Montpensier, fit encore un pas en arrière et se courba pleine de terreur sous l'œil étincelant du Béarnais!

XV

Henri était toujours ce jeune et fringant cavalier que Sarah l'Argentière d'abord, puis madame Marguerite de France avaient tant aimé sous le nom du sire de Coarasse.

OEil profond, regard qui mord, sourire étincelant, tournure cavalière de page en goguette, il avait tout conservé, — lui, le grave chef de ce parti huguenot dont on avait juré la perte par toute la chrétienté.

— Bonjour, ma cousine, répéta-t-il.

Et il ferma la porte, fit un pas en avant et s'inclina avec grâce.

Il avait dépouillé son gros pourpoint de bure et l'avait remplacé par un justaucorps de velours noir brodé d'or.

Il portait une collerette d'une blancheur éblouissante, des gants parfumés, et il était vêtu, en un mot, avec autant de recherche qu'un mignon du roi Henri troisième.

La duchesse ne put se défendre de le remarquer.

— Ma belle cousine, reprit-il, ne froncez point vos sourcils trop vite, ne vous courroucez point prématurément. Foi de roi! vous auriez tort...

— Monsieur mon cousin, répondit la duchesse, je ne pense pas que vous cherchiez à m'expliquer votre étrange conduite.

— Au contraire, belle cousine!

— En vérité!

— Et si vous étiez aussi bonne que belle, d'abord vous me permettriez de baiser votre main.

— Et puis? fit Anne de Lorraine.

— Et puis, vous me questionneriez et verriez que je suis moins coupable que vous ne le supposez...

Le roi de Navarre entamait les négociations avec un sourire si charmant, une si complète bonhomie, que la duchesse aurait eu mauvaise grâce de paraître irritée.

Elle lui tendit donc sa main, et Henri y posa fort galamment ses lèvres.

— Maintenant, dit la duchesse, j'attends que vous daigniez me dire où nous sommes.

— Sur la Loire.

— En quel endroit?

— Entre Saumur et Angers.

— Très-bien. Et d'où venons-nous?

— De Blois, où vous vous êtes endormie.

— Il fallait que mon sommeil fût bien pesant, en vérité, pour que j'aie fait tant de chemin en dormant.

— En effet, dit Henri.

Elle lui fit un signe et lui montra un escabeau.

— Asseyez-vous donc, mon cousin, dit-elle.

Henri ne se fit point prier, il s'assit.

— J'ai le sommeil léger d'ordinaire, reprit madame de Montpensier.

— Oui, mais Hardouinot avait prévu la chose, madame.

— Qu'est-ce que Hardouinot?

— Ce bonhomme chez qui vous étiez logée et que vous avez pris pour un aubergiste.

— Ah! ah!

— Il a mélangé un certain narcotique à votre vin, continua Henri.

La duchesse se frappa le front.

— Ah! dit-elle, Raoul m'a trahie!

— C'est vrai, madame.

— L'infâme!

— Pardonnez-lui, il m'obéissait.

Anne de Lorraine regardait Henri de Navarre comme la vipère doit regarder l'homme qui pose son pied sur elle pour l'écraser.

— Vraiment! dit-elle.

— Ma belle cousine, reprit le Béarnais, je vais vous dire votre pensée tout entière...

— Je serais curieuse de voir si vous touchez juste, reprit la duchesse.

— Écoutez...

Et Henri lui reprit la main, et elle ne la retira point.

— Vous vous dites, continua-t-il, que le roi de Navarre s'imaginant, à tort ou à raison, que vous êtes l'âme tout entière du parti catholique, a fait tous ses efforts pour s'emparer de votre personne, et qu'il y a réussi.

— En effet, dit la duchesse avec un sourire ironique, il me serait difficile de penser autrement.

— Et cependant, reprit Henri, la vérité pure est tout le contraire.

— Oh! fit Anne de Lorraine, qui jeta sur le Béarnais un regard plein de défiance.

— Vous plairait-il m'écouter jusqu'au bout, madame ma cousine?

— Parlez...

Pour la seconde fois, Henri porta la main de la duchesse à ses lèvres, et elle ne s'en offensa point.

Puis il continua :

— Bien certainement, un bruit vague, une rumeur populaire touchant les huguenots, sont arrivés jusqu'à vous. On a dû vous parler de certain trésor...

— En effet, dit la duchesse en tressaillant, j'ai toujoujours ouï parler de sommes considérables mystérieusement accumulées...

— Et destinées à soutenir la guerre qu'on veut faire, madame.

— Eh bien?

— Savez-vous où était ce trésor ?

— Non, dit la duchesse, et le roi de France, ainsi que mes frères, l'ont fait chercher assez longtemps...

Henri regarda la duchesse avec un fin sourire :

— Le roi et ses cousins *brûlaient* cependant, comme on dit.

— Vraiment!

— Oui, belle cousine, car le trésor était à Blois.

— A Blois !

— Et devinez où? dans la maison de Hardouinot.

Anne de Lorraine fut prise alors d'un étrange souvenir. Elle se rappela ce rêve qu'elle avait fait la nuit précédente, sous l'influence du jurançon sophistiqué.

— Oh! dit-elle, je l'ai vu en songe... Il y avait une cave pleine d'or...

— Précisément. Et cet or, nous l'avons mis dans des tonneaux.

— Oui, je me souviens...

— Et ces tonneaux, acheva Henri, sont à bord de la barque où nous sommes, ma belle cousine.

— Ainsi, c'est pour chercher cet or que vous êtes venu à Blois ?

— Oui.

La duchesse se mordit les lèvres.

— Alors, dit-elle, pourquoi suis-je ici?

Le Béarnais l'enveloppa d'un tendre regard :

— Si je vous fais un aveu, me croirez-vous ?

— C'est selon...

— Écoutez toujours. Les tonneaux pleins, et comme nous nous disposions, mes compagnons et moi, à les transporter sur notre barque, il s'est fait du bruit dans la rue, des hommes armés ont cerné la maison.

Le souvenir de son rêve assaillit toujours la duchesse.

— J'ai encore vu cela, dit-elle.

— Or donc, poursuivit Henri, ces hommes, qui n'étaient autres que les mignons du roi notre cousin, et quelques reîtres de votre bien-aimé frère le duc de Guise, nous ont attaqués. Il a fallu se battre. Ils m'ont tué un gentilhomme, mais nous en sommes venus à bout... Alors...

Henri s'arrêta.

— Alors ? fit la duchesse.

— Alors, au moment de partir, j'ai voulu vous voir...

— Ah !

— Je suis monté dans votre chambre. Vous étiez couché sur votre lit et vous m'êtes apparue plus belle que jamais...

— En vérité ! murmura la duchesse d'un ton railleur.

— Mes souvenirs d'enfance me sont revenus alors...

— Quels souvenirs ?

Henri pressa doucement la main de la duchesse.

— J'avais quatorze ans lorsque ma mère m'envoya au collége de Navarre. Un jour, un vieil écuyer gascon me vint prendre et me conduisit à Saint-Germain, où le roi François II avait réuni sa cour. Parmi les seigneurs et les belles dames de cette cour, il y avait un jeune fille à peu près de mon âge, aux yeux bleus, aux cheveux d'or. — C'était vous !

— En effet, murmura la duchesse.

— Oh ! reprit Henri, les passions religieuses et politiques n'avaient point encore mis dans ces yeux si beaux leurs sombres éclairs. Votre cœur était exempt d'orages... le mien éprouva de vagues tressaillements.

— Monsieur mon cousin, dit la duchesse avec un rire moqueur, est-ce que vous m'allez faire un déclaration d'amour, par hasard ?

— Justement, ma belle cousine.

— En vérité ! vous m'aimeriez ?

— Je le crains.

La duchesse continuait à rire :

— Et c'est pour me le prouver que vous m'avez enlevée ?

— Ah! simplement pour cela.
— Vous êtes fou!...
— Soit; mais je vous aime...

Et Henri se mit aux genoux de la duchesse, prit ses belles mains dans les siennes et les couvrit de brûlants baisers.

Le chaland descendait toujours rapide le courant de la Loire.

XXI

Raoul et Lahire causaient sur le pont du chaland.
Le soir était venu.
Un de ces beaux soirs d'hiver au ciel presque bleu et qui font croire au prochain retour du printemps.
Le soleil s'était couché resplendissant à l'horizon, laissant après lui une belle teinte pourpre qui se réflétait dans les flots calmes de la Loire.
Sur les deux rives moutonnaient capricieusement des collines, surgissaient des castels, blanchissaient des maisonnettes dans un fouillis de vignes.
De grandes vaches blanches et noires paraissaient dans les prés, au long des peupliers. Au lointain retentissait la clochette des troupeaux, et plus au loin encore le tintement clair et mélancolique d'un clocher sonnant l'Angelus.
L'air était tiède et doux, comme à la fin de septembre.
Et Lahire et Raoul causaient.
— Ah! mon ami, disait le gentilhomme gascon qui prétendait descendre du compagnon de Jeanne la Pu-

celle, on a beau être homme, on a beau être fait aux émotions, il en est qui vous bouleversent...

Raoul soupira et répondit :

— Je sais de quelles émotions vous parlez. Vous avez revu la duchesse et vous vous êtes souvenu.

— Oui, dit Lahire, qui soupira à son tour. Ah! c'est qu'elle m'a aimé, voyez-vous.

— Moi aussi, mon gentilhomme.

— Moins que moi, peut-être...

— Tarare ! dit Raoul.

Le page était fat. Mais comment ne pas l'être après avoir été aimé par Nancy ?

— Croyez-vous donc, reprit Lahire, qu'une femme puisse aimer plusieurs fois ?

— Beaucoup de fois, dit Raoul, et vous me semblez naïf, mon cher sire.

— Je m'entends. Je veux bien admettre qu'elle ait des caprices, mais...

— Mais une seule passion sérieuse, n'est-ce pas ?

— Justement.

A force de vivre avec le roi de Navarre, Raoul avait fini par lui emprunter son sourire moqueur et son ton de fine plaisanterie.

— C'est-à-dire, fit-il, qu'à votre compte, la duchesse a eu beaucoup de caprices.

— Peut-être.

— Et une seule passion sérieuse?

— Je le crois.

— Inutile d'ajouter que cette passion, c'est vous qui l'avez inspirée, dit le page railleur.

Lahire tortilla sa moustache d'un air vainqueur.

— Eh bien ! moi, continua Raoul, je crois, au conraire, que les femmes sont semblables à nous.

8

— Comment entendez-vous cela ?

— Elles aiment comme nous aimons : plusieurs fois de suite...

— Soit ! mais...

— Et quelquefois elles ont, comme nous, à la fois, place dans leur cœur pour deux amours.

— Cela ne m'est jamais arrivé, dit Lahire.

— Je sais un gentilhomme à qui le contraire est advenu. Et tenez, ajouta Raoul, à la seule fin de vous distraire, cher monsieur Lahire, car vous êtes pâle et blême comme un amant trompé, je veux vous conter cette histoire.

Raoul prit Lahire par le bras et l'emmena à l'avant du chaland, où il le fit asseoir sur un monceau de cordages enroulés.

— Voyons votre histoire, monsieur Raoul.

— La voici : Un gentilnomme avait un amie. Elle était brune, un peu grasse, avec des lèvres rouges, de grands yeux noirs, une voix charmante et railleuse.

Je crois bien qu'elle était plus près de quarante années que de trente, mais il y a des soirs d'automne si beaux qu'ils font pâlir les étincelantes matinées du printemps.

Notre gentilhomme était amoureux à perdre la raison. La dame avait un mari et en abusait. Elle faisait de l'usure en amour, c'est le mot. Notre amoureux attendit longtemps un aveu. Il errait pendant de longues heures sous les fenêtres de la belle, il n'obtenait un rendez-vous qu'après avoir prié et supplié maintes fois.

Savez-vous ce que fit notre gentilhomme ?

— Il la quitta, sans doute ?

— Nullement. Seulement il se dit un beau matin :

J'ai le cœur trop vaste pour un seul amour ; il me semble qu'un autre y tiendrait avec celui-ci.

Et il prit une seconde amie.

Celle-là était blonde; elle avait vingt ans; elle aimait sans art, et, bien qu'elle fût pareillement en pouvoir de mari, elle savait être libre sur un signe de l'homme aimé.

D'abord notre gentilhomme en fit un jouet; il la considérait comme une aimable manière de tuer le temps en attendant le *beau soir d'automne ;* puis il s'accoutuma petit à petit à cette blonde créature qui avait un si joli rire et de si belles dents.

— Et alors il oublia l'autre, n'est-ce pas ?

— Non, point, dit Raoul, il s'y tint. Abondance de bien n'a jamais nui. Eh bien ! voyez-vous, cher monsieur Lahire, les femmes sont ainsi faites, Elles aiment les deux nuances, le blond et le brun, soit simultanément, soit l'une après l'autre.

— Et vous croyez que la duchesse ?...

— La duchesse vous a aimé précisément à la même époque où elle raffolait du comte Éric de Crèvecœur, gentilhomme aux cheveux d'or et aux yeux bleus.

— Ah ! c'est faux ! dit Lahire.

— Bah ! n'allez-vous pas être jaloux du passé, maintenant ?

— Soyez donc plutôt jaloux du présent, mes chers seigneurs, dit une voix railleuse derrière Lahire et Raoul.

Ils se retournèrent et virent Noë.

Noë vint s'asseoir auprès d'eux.

— Mes bons amis, dit-il, Dieu m'est témoin que j'aime fort le roi de Navarre et suis toujours prêt à me faire tuer pour lui, mais j'avoue que, cejourd'hui, il me met de fort mauvaise humeur.

— Vraiment! fit Raoul.

— Qu'a-t-il donc fait? demanda Lahire.

— Il est aux pieds de la duchesse.

— C'est-à-dire qu'il se raille d'elle.

— Nullement. Il l'adore.

Et Noë soupira.

— Ah! par exemple! murmura Raoul, j'ai vu déjà bien des choses en ma vie, encore que je sois tout jeune, mais le jour où on me prouvera que le roi de Navarre peut aimer madame de Montpensier, sa plus mortelle ennemie...

— Hé! qui sait? dit Noë, on vous prouvera peut-être autre chose encore?

— Quoi donc? fit Lahire.

— Que madame de Montpensier n'est point insensible à son amour.

Raoul regarda Lahire.

— Mon cher seigneur, dit-il, je crois qu'il est dangereux de laisser plus longtemps le commandement du chaland à M. de Noë, car il déraisonne.

— Monsieur Raoul, répliqua Noë, Dieu me garde à jamais de m'offenser de vos plaisanteries! j'en aurai toujours la monnaie et pourrai vous rendre. Mais je vous gagnerai volontiers une centaine de pistoles.

— A quel jeu?

— Je vous parie qu'avant deux jours la duchesse aime le prince.

— Après ça, dit Raoul, que la diplomatie avait rendu sceptique, elle est si capricieuse.

— Et moi, je tiens les cent pistoles, dit Lahire, qui ne pouvait admettre qu'on aimât un autre homme que lui.

— J'en tiendrais bien cinquante, dit Raoul.

— Dans quel cas?

— Monsieur de Noë, je vous parie cinquante pistoles que le roi de Navarre n'aimera jamais la duchesse.

— Vos pistoles sont tenues, dit Noë.

. . . . , ...

Et tandis que les trois gentilshommes causaient ainsi, Henri de Navarre était aux genoux d'Anne de Lorraine.

En dépit de l'opinion émise si souvent par le duc de Guise et son frère de Mayenne, qui prétendaient que leur sœur, madame de Montpensier, était la plus forte tête politique d'Europe, la duchesse n'était point insensible aux galanteries d'un homme aimable, cet homme fût-il un ennemi.

Or, jamais elle n'avait tant regardé le roi de Navarre.

Ce n'était plus ce prince qu'on disait vêtu de bure et sentant l'ail et l'oignon : c'était un charmant seigneur plein de grâce, à l'œil caressant, au sourire affable et qui parlait un langage fort policé.

— Voyez-vous, ma belle cousine, disait-il, j'ai regretté par deux fois d'être prince.

— En vérité! dit la duchesse, qui avait démasqué tout l'arsenal de ses coquetteries. Et quand cela, mon cousin?

— Une première fois, à quinze ans, je m'étais pris d'amour pour une fille de petit état. Fleurette, une jardinière, et je la voulais épouser, ce à quoi, vous le pensez bien, madame Jeanne, ma mère, s'opposa.

— Et la seconde fois, mon cousin?

— C'est aujourd'hui, madame.

La duchesse regarda Henri de Navarre en souriant.

8.

— Vous trouvez-vous donc plus loin de moi, étant prince? dit-elle.

— Oui!

— Et pourquoi donc?

— Mais, dit Henri, parce que la politique nous divise...

— Peuh! fit la duchesse avec une moue adorable, vous paraissez vous soucier fort peu de la politique, mon cousin...

— Vous croyez, ma belle cousine?

— Oui, certes, dit la duchesse, et j'en ai la preuve.

— Vraiment?

— Sans doute, puisque, au mépris de la politique, vous m'avez enlevée...

— C'est que je vous aimais, ma cousine.

La duchesse se mit à rire.

— En voulez-vous un témoignage? dit Henri.

— Voyons!

— Tenez, le chaland s'arrête. La nuit est venue.

En effet le chaland venait de s'arrêter.

— Voyez-vous un village sur la rive droite? poursuivit le roi de Navarre.

— Oui.

— Eh bien! nous allons y descendre.

— Bon! après?

— Vous vous croyez ma prisonnière, n'est-ce pas?

— On le croirait à moins.

— Pourtant vous vous trompez.

— Ah!

— Nous allons descendre dans l'unique auberge de ce village. Vous y demanderez une litière, et vous serez libre de retourner à Blois.

Anne de Lorraine jeta un cri d'étonnement.

— Ah çà! dit-elle, mais vous oubliez donc que vous êtes le roi de Navarre?

— Je ne sais qu'une chose, répondit Henri, c'est que je vous aime...

Les femmes ont des caprices sans nom.

— Je ne veux pas encore de ma liberté! dit la duchesse. Dites donc à celui de vos gentilshommes qui commande la manœuvre de votre barque qu'il peut continuer son chemin.

XXII

Henri s'attendait-il à la réponse de la duchesse? Était-il déjà si sûr de lui et de l'espèce de fascination qu'il exerçait sur elle?

Nous n'oserions l'affirmer.

Cependant il ne témoigna aucun étonnement et se contenta de dire :

— Il sera fait comme vous le désirez, madame.

La duchesse était calme et souriante.

— Ainsi donc, fit-elle, vous m'aimeriez?

— Je vous aime.

— Vous, le roi de Navarre, l'heureux époux de madame Marguerite?

— Bah! fit Henri; madame Marguerite a cessé de m'aimer la première. Je n'ai donc pas de remords à avoir.

— Mais, mon cher cousin, reprit Anne de Lorraine, avez-vous réfléchi que nos deux maisons sont rivales?

— A qui le dites-vous?

— Et que mes frères?...

— Chut! fit Henri. Ne parlons pas d'eux...

Puis il porta de nouveau les mains de la duchesse à ses lèvres et reprit :

— J'ai deux transactions à vous proposer...

— Ah!

— Une transaction d'amour, d'abord.

— Et l'autre?

— Une transaction politique.

— Commençons par cette dernière...

— Oh! nenni! dit le roi de Navarre. C'est la plus embrouillée...

— Vraiment!

— L'autre, au contraire, la transaction d'amour, me semble claire comme de l'eau de roche.

— Parlez donc, monsieur mon cousin, je vous écoute...

— Vous étiez couchée à Blois, dans une maison de la basse ville, tandis que monseigneur le duc de Guise, mon noble cousin, logeait chez le roi de France.

— J'avais mes raisons, dit la duchesse.

— Donc vous ne comptiez nullement paraître aux états?

— Non.

— Eh bien! un caprice vous a passé par la tête ; vous avez quitté Blois...

— Un peu malgré moi, j'imagine.

— Ah! duchesse, fit Henri d'un ton de reproche, c'est mal, ce que vous dites là...

— Pourquoi?

— Mais parce que je viens de vous rendre votre liberté et qu'il vous est loisible de retourner à Blois.

— C'est juste. Continuez, mon cousin...

— Nous sommes bientôt en Bretagne : là j'ai des

amis et me soucie peu, désormais, des gens du roi de France aussi bien que des vôtres, ma chère cousine, et j'ai un vieil ami de mon père, le sire d'Entragues, qui me fera fête dans son château tout près d'Ancenis.

— Où voulez-vous en venir, mon cousin?

— Ainsi demain, au point du jour, peut-être avant même, nous serons chez le sire d'Entragues.

— Bien.

— Et nous nous arrêterons quelques jours chez lui, tandis que mes amis de la barque où nous sommes continueront leur chemin.

— Mais, au fait, dit la duchesse, où va-t-elle, cette fameuse barque?

— En Gascogne, madame. Elle descend jusqu'à Paimbœuf; là, elle prendra la mer qu'elle peut tenir sans effort.

— Et nous nous arrêterons chez le sire d'Entragues, dites-vous?

— Oui, je vous donnerai pour une dame de qualité secondaire, une veuve d'un gentilhomme quelconque

— Et puis?

— Et puis, dame! dit Henri, quand nous nous serons aimés, si la chose est possible, nous verrons s'il y a moyen de mettre d'accord la politique de nos deux maisons.

Henri fut interrompu par la voix de Noë, qui se fit entendre au dehors.

— Que veux-tu? lui demanda-t-il à travers la porte.

— Le chaland est arrêté, dit Noë, j'attends des ordres.

— Je vais monter sur le pont, répondit Henri.

Et comme Noë s'en allait, le roi de Navarre dit à la duchesse :

— Ainsi vous préférez passer la nuit dans cette barque ?

— Mais sans doute, dit-elle en souriant : n'est-ce pas un moyen d'arriver plus vite chez le sire d'Entragues?

— C'est juste. Votre Altesse, en ce cas, daignerait-elle m'inviter à souper?

— Vous êtes charmant! Allez donner vos ordres et revenez...

Henri se leva avec un galant soupir, car il était demeuré à genoux jusque-là.

— A propos... dit Anne de Lorraine, comme il se dirigeait vers la porte de la cabine.

Henri s'arrêta et attendit.

— Vous avez à bord un certain gentilhomme gascon nommé Lahire?

— Oui, madame.

— Vous seriez aimable de ne me le point envoyer. Je l'ai en horreur.

Henri se mordit les lèvres pour ne point sourire.

— Voulez-vous votre écuyer Raoul?

— Il est donc ici?

— Oui, madame.

— Sain et sauf? demanda la duchesse, étonnée que Raoul fût vivant.

— Il se porte à merveille.

— Et il m'a laissé enlever?

— Ah! ma pauvre duchesse, dit Henri avec bonhomie, je crois que Raoul vous aimait un peu, mais il m'aimait beaucoup plus, moi, son roi.

— Et il m'a trahie?...

— Heu! heu!

— Eh bien ! dit la duchesse, avec un accent de colère dans les yeux, dispensez-moi de le voir jamais !

— En ce cas, répondit Henri, je vous vais envoyer, pour vous servir, deux autres de mes gentilshommes...

— Gascons aussi ?

— Naturellement. Et, dans un quart d'heure, je viendrai vous demander à souper.

Le roi de Navarre sortit, laissant la duchesse seule et livrée à une profonde méditation. Quelques minutes après, elle éprouva une légère secousse.

Le chaland se remettait en route.

Puis, presque aussitôt, on gratta discrètement à la porte de la cabine.

— Entrez ! dit-elle.

C'étaient les deux gentilshommes annoncés par le roi de Navarre, qui roulaient devant eux une table toute servie et supportant deux couverts.

L'un des deux deux gentilshommes ne franchit point le seuil de la cabine et se retira discrètement.

Mais l'autre attendit les ordres de madame de Montpensier.

Anne de Lorraine avait le front penché, et se tenait dans une pénombre.

Elle se prit à examiner le Gascon, qui ne pouvait la voir, lui, qu'imparfaitement.

C'était un jeune homme de haute taille, aux cheveux châtains, aux yeux bleus. Il était beau, d'une beauté mélancolique et rêveuse, et sa physionomie était pleine de douceur.

Cependant on devinait que ce jeune homme, qui n'avait guère plus de vingt ans, respecté jusque-là par les passions, n'ayant peut-être encore ni aimé, ni souffert, pouvait être capable de dévouements enthousiastes. Du moins telle fut l'impression qu'il fit sur la duchesse.

Et alors elle éprouva le besoin d'essayer sur cette nature encore vierge le pouvoir de sa beauté souveraine.

Elle vint se placer dans le rayon crépusculaire qui pénétrait dans la cabine par le sabord, et son visage angélique et ses cheveux d'or se trouvaient en pleine lumière.

Le Gascon fut ébloui.

Jamais, dans ses rêves d'amoureux sans amour, il n'avait osé songer à une aussi merveilleuse créature.

— Oh ! qu'elle est belle ! pensa-t-il.

En même temps, la duchesse lui adressa la parole.

Anne de Lorraine savait rendre sa voix enchanteresse et la plier à de mystérieuses harmonies.

On disait à Nancy que point n'était besoin de la voir pour perdre la tête. L'entendre était bien suffisant.

— Est-ce vous, monsieur, lui dit-elle, que le roi de Navarre attache à ma personne ?

Le Gascon s'inclina, ému.

— Comment vous nommez-vous ?

— Gaston, madame.

— Vous avez un fort joli nom, monsieur, et il me plaît fort..

A ces mots, le Gascon rougit.

— Voilà un homme, pensa la duchesse, qui va m'aimer comme un fou avant demain.

Puis tout haut :

— Vous faites sans doute partie des gardes du roi de Navarre ?

— Oui, madame.

Elle le congédia d'un geste et d'un sourire, en lui disant :

— Priez donc le roi de Navarre de descendre, s'il veut souper avec moi.

Gaston sortit fasciné.

— Maintenant, dit la duchesse, dont le visage prit une expression diabolique, à nous deux, monsieur mon cousin !

XXIII

Depuis longtemps la nuit était venue ; le roi de Navarre, après avoir soupé avec la duchesse, était monté sur le pont du chaland.

Le chaland marchait toujours.

Anne de Lorraine avait soufflé les deux flambeaux qui, tout à l'heure, éclairaient sa cabine ; elle s'était douillettement enveloppée dans une fourrure de peau d'ours, trophée cynégétique de Henri le Béarnais, et elle s'était étendue sur un lit de repos.

Cependant elle ne dormait pas.

Bien au contraire, la forte tête politique, ainsi que disaient les princes lorrains, se livrait à de savantes combinaisons qui avaient pour but, non point le roi de Navarre, mais son trésor.

Anne se disait :

— Ce beau cousin au langage doré me parle en vain d'amour. Vainement il jure d'être mon esclave et m'offre ma liberté. Je suis sa prisonnière, ceci est certain.

En outre, il songe beaucoup plus à mettre ses tonnes d'or en sûreté qu'à me prouver son amour.

Or donc, rêvons un peu, de mon côté, au moyen d'empêcher ces belles tonnes remplies de pistoles de passer aux huguenots, que Dieu nous permette d'exterminer jusqu'au dernier !

C'était folie, à première vue, ce que rêvait la duchesse Anne.

Elle était seule, elle femme, au milieu de huit ou dix hommes qui se feraient tuer jusqu'au dernier pour défendre le trésor de la religion réformée, et cependant elle osait songer à s'en emparer.

Comment ? par quels moyens ?

La duchesse ne le savait point encore, mais elle cherchait, confiante en ce dicton populaire : Ce que femme veut, Dieu le veut !

— Le roi de Navarre, se disait-elle, prétend qu'une fois en Bretagne il a beaucoup d'amis. Cela est vrai. La Bretagne fourmille de huguenots, mais il y a bien aussi quelques catholiques, même à Ancenis, et il ne serait besoin que de la garnison de cette dernière ville, laquelle est commandée par un officier dévoué au roi de France, pour arrêter le chaland et sa cargaison

Seulement, comment prévenir cet officier ?

La duchesse quitta son lit et s'approcha du sabord, autour duquel l'eau du fleuve clapotait sourdement.

La nuit était claire, presque lumineuse.

A la forme des collines qui bornaient l'horizon, madame de Montpensier devina qu'elle était sur les limites de l'Anjou et de la Bretagne.

— Le château du sire d'Entragues, pensa-t-elle encore, est situé au delà d'Ancenis. A Ancenis, comme à Saumur, il y a un pont de bateaux. Ce pont pourrait mettre un obstacle à notre route, si l'officier était prévenu...

Un éclair traversa l'esprit d'Anne de Lorraine, duchesse de Montpensier.

Elle songea à ce gentilhomme gascon sur l'esprit

duquel sa beauté souveraine avait fait une si grande impression.

— Voilà mon instrument, se dit-elle.

Alors elle jeta sur ses épaules un manteau pour se préserver du froid de la nuit et elle sortit sans bruit de la cabine.

Noë et ses compagnons dormaient.

Un seul veillait et tenait la barre.

C'était précisément Gaston.

Gaston était un petit gentilhomme venu un soir à Nérac avec deux écus dans sa poche, un pourpoint troué, des bottes de peau de vache et une colichemarde rouillée qui avait été portée successivement par une demi-douzaine de ses ancêtres.

Gaston avait le cœur aussi rempli d'ambition que l'escarcelle vide d'argent.

Son père, Gascon de la belle roche, lui avait, en lui donnant sa bénédiction une heure avant sa mort, tenu ce beau discours :

— Mon fils ! le monde appartient aux Gascons en général et à notre famille en particulier ; répète-toi cela soir et matin. Va-t'en à Nérac, plais au roi, séduis les femmes, bats-toi bravement, bois sec, joue gros jeu quand tu auras de l'argent, traite tes créanciers avec politesse et donne-leur de l'eau bénite de cour en guise de monnaie. Si tu rencontres sur ta route une princesse qui s'éprenne de ta figure, n'hésite pas à t'en faire aimer, fût-elle catholique.

Gaston était huguenot.

Son père mort, il s'en vint donc à Nérac, où le roi de Navarre tenait sa cour, et il y chercha fortune.

Le roi lui trouva bonne façon et le prit dans ses gardes.

Un mois plus tard, Noë le choisissait pour l'expédition de Blois.

Or, jusque-là, messire Gaston n'avait pas eu grandes aventures, à part les quelques coups d'épée échangés sous les fenêtres du vieil Hardouinot.

Le roi ne lui avait encore donné aucune gratification, et le matin même de ce jour, en remplissant son rôle de marinier improvisé, il s'était avoué que l'opinion de feu son père sur les grandes destinées qui l'attendaient était peut-être un peu risquée.

Mais depuis il avait vu la duchesse.

Ébloui de sa beauté d'abord, il avait fini par s'abandonner à un rêve impossible, étrange, un de ces rêves qui ne germent que dans la cervelle d'un homme léger d'argent.

— Si elle allait m'aimer ! s'était-il dit.

Puis une heure après, il avait modifié sa pensée :

— Je voudrais qu'elle m'aimât.

Enfin, se souvenant des belles paroles de son père :

— Je veux qu'elle m'aime !

Gaston s'était dit ces derniers mots mentalement, lorsque Noë le plaça à la barre du gouvernail, avant de s'aller coucher.

Noë lui avait dit :

— Vers trois heures du matin à peu près nous arriverons à Ancenis. Quand tu verras la ville dans le lointain, car la nuit est claire, tu m'appelleras.

— Oui, répondit Gaston.

— Mais d'ici là, dans une heure peut-être, tu apercevras un moulin sur la rive gauche.

— Bien ! que dois-je faire ?

— Tu passeras le plus loin possible de ce moulin.

— Pourquoi ?

— Parce que, en cet endroit, on a voulu rétrécir le lit de la Loire et qu'on y a commencé la construction d'une digue. On y a coulé à fleur d'eau d'énormes blocs de pierre sur lesquels, si on allait s'y heurter, on coulerait bas le chaland.

— C'est bien, je veillerai, répondit Gaston.

Et il reprit son rêve d'amour et d'ambition :

— Après tout, se disait-il, pourquoi ne m'aimerait-elle pas ? Elle a bien aimé ce gentillâtre de Lahire et ce petit Raoul, qui est un enfant...

Et si elle m'aimait, moi, je ne la trahirais pas comme eux...

Non, je me donnerais corps et âme... et je la suivrais au bout du monde...

Ce fut tandis qu'il raisonnait ainsi qu'un pas léger et furtif résonna près de lui.

Gaston se retourna et étouffa un cri de surprise et de joie.

Une femme était auprès de lui.

C'était la duchesse.

— Chut ! dit-elle en posant un doigt sur ses lèvres. Je suis prise d'insomnie et je viens respirer le grand air.

Le cœur de Gaston battait à outrance.

Anne de Lorraine s'assit sur un monceau de cordages, auprès du gouvernail.

— Êtes-vous là depuis lontemps, monsieur Gaston ? demanda-t-elle.

— Depuis une heure, madame.

— Est-ce que vous veillez seul à bord ?

— Oui, madame, chacun à son tour.

— Pourquoi donc fixez-vous ainsi vos regards avec tenacité sur l'horizon ?

— Je cherche à apercevoir le moulin.

— Quel moulin, monsieur Gaston?

Le Gascon raconta à la duchesse ce que lui avait dit Noë.

— Vous savez nager?

— Comme un poisson.

Elle parut se rassurer, et soudain, toute une machination infernale se fit dans son esprit.

— Si le chaland faisait naufrage et coulait bas, pensa-t-elle, les tonnes d'or iraient au fond de la Loire. Peut-être seraient-elles perdues pour nous; mais, à coup sûr, elles ne serviraient point aux huguenots...

Donc, il faut que nous fassions naufrage, et pour cela il faut que cet homme soit mien avant une heure.

— Ah! mon Dieu! fit-elle avec effroi, prenez bien garde, au moins, monsieur Gaston; si nous allions nous noyer...

Il l'enveloppa d'un regard d'enthousiasme et d'amour :

— Ne craignez rien, madame, dit-il; si un malheur arrivait, je vous sauverais!...

Et, sirène irrésistible, elle se rapprocha de Gaston, et de sa voix la plus harmonieuse :

— Avez-vous vu Paris, monsieur Gaston?

— Jamais, madame.

— Ah! mon Dieu! ainsi vous ne savez rien de la cour de France?

— Hélas! non...

— Mais c'est là seulement qu'un beau et brave gentilhomme comme vous peut faire fortune...

Gaston frissonna.

— Et être aimé... ajouta la duchesse.

Gaston jeta un regard éperdu sur Anne de Lorraine. Elle était belle comme le démon de la tentation!

XXIV

En quittant la duchesse, Henri était d'abord remonté sur le pont du chaland.

Noë, Lahire et Raoul s'y trouvaient encore. Lahire disait :

— Il est impossible que la duchesse aime le roi de Navarre.

Raoul ajoutait :

— Les femmes sont capricieuses, qui sait !

Noë hochait la tête et murmurait :

— Qui vivra verra !

Henri apparut en ce moment.

— Mes amis, dit-il, Noë a prononcé une parole sage: « Qui vivra verra. » Mais, pour vivre, il faut boire, manger et dormir. Or, comme vous avez soupé, je vous conseille d'aller dormir.

Il échangea un clignement d'yeux avec Noë.

Noë comprit et emmena les deux gentilshommes à l'avant du chaland.

Henri demeura à l'arrière et attendit le retour de Noë.

— Tu fais trop de paris, Noë, mon ami, lui dit-il quand Noë fut revenu.

— Pourquoi, Sire ?

— Parce que tu les pourrais perdre...

— Comment ! Votre Majesté songerait ?...

— Je ne songe à rien, hormis à une chose, dit le roi.

— Laquelle ?

— C'est que je voudrais voir nos tonnes d'or en Navarre.

— C'est possible ; mais, en attendant, vous contez fleurette à la duchesse.

— Il faut bien passer le temps. Et puis, elle est belle, ma cousine Anne de Lorraine.

— Belle et perfide... objecta Noë.

— A trompeur, trompeur et demi. Voyons, reprit Henri, tu veux absolument savoir mes projets ?

— J'avoue que je suis curieux de mon naturel, Sire...

— Eh bien ! je veux être aimé de la duchesse...

— Mais vous ne l'aimerez pas !

Henri haussa les épaules.

— S'il fallait aimer toutes les femmes qui m'aiment ou m'ont aimé, dit-il, je n'aurais plus le temps de rien faire.

— A la bonne heure !

— Mais je veux être aimé de la duchesse, ne fût-ce qu'une heure.

— Est-ce un caprice de votre esprit, Sire ?

— Non, c'est un besoin de ma politique.

A son tour, Noë ouvrit de grands yeux.

— Écoute bien, reprit le Béarnais ; la duchesse peut m'aimer huit jours, mais elle sera mon ennemie le reste de sa vie. De trop grands intérêts séparent sa maison de la mienne.

— C'est juste.

— Or donc, le jour où son amour, si amour il y a, sera éteint, elle me haïra plus que jamais.

— C'est probable...

— Mais la haine qui repose sur le dépit est pleine de faiblesses et d'hésitations... La duchesse Anne de Lorraine haïra le roi de Navarre comme elle le haïssait auparavant, mais elle n'aura plus contre lui sa sûreté de main, sa froide énergie et ses moyens d'action calculés. Je veux que, si jamais nous nous rencontrons sur un champ de bataille, avec la cuirasse au dos, car elle est vaillante comme un homme, qu'elle rougisse et pâlisse tour à tour en disant :

— Je l'ai aimé... pendant quelques heures, j'ai été sa prisonnière, son esclave... comprends-tu?

— Heu ! heu ! fit Noë.

— C'est pourtant bien simple...

— Peut-être, mais je suis fort ignorant de la politique, et encore plus des mystères du cœur humain.

Henri se mit à rire.

— Voyez-vous, poursuivit Noë, ce que je vois de plus clair dans tout cela, c'est que la duchesse est ici...

— Bon !

— Et que nous l'emmenons en Navarre.

— Hé ! mais, dit Henri, elle me semble y venir de son plein gré.

— Soit !

— Avec plaisir même...

— Eh bien ! si j'osais donner un conseil à Votre Majesté...

— Donne...

— Je lui dirais : Il y a au château de Pau une tour dont les murs ont douze pieds d'épaisseur, les portes une triple cuirasse de fer et d'airain...

— Parle : que veux-tu faire de ce donjon?

— J'y enfermerais la duchesse Anne.

— Et après?

— Après, j'écrirais à mes cousins de Lorraine et leur dicterais mes conditions.

— On verra... murmura Henri. Le conseil peut être bon.

Et il tourna le dos à Noë.

. . . .

Le chaland avait deux cabines dans le faux-pont.

L'une avait été donnée à la duchesse Anne de Lorraine et arrangée avec tout le luxe et l'élégance dont on avait pu disposer.

L'autre était devenue le logis du vieux sire de Mallevin et de la jeune Berthe.

Or, une heure après qu'il eut quitté Noë, nous eussions retrouvé Henri de Navarre causant avec la jeune fille, auprès du lit du vieillard endormi.

Henri tenait dans les siennes les petites mains de Berthe.

Berthe frissonnait d'émotion à ce contact et n'osait lever les yeux sur ce beau gentilhomme à qui elle avait dû son salut et qu'elle savait être, à présent, le roi de Navarre.

— Ma chère petite Berthe, disait Henri, savez-vous pourquoi je suis descendu dans votre maison, à Blois?

— C'est Dieu qui vous a envoyé cette inspiration, Sire.

— Peut-être... mais j'y vois une autre raison, ma mie.

Berthe frissonna davantage.

— D'abord, poursuivit Henri, je voulais vous arracher aux convoitises coupables de ces hommes dont le roi de France a fait ses favoris. Ensuite...

Henri s'arrêta et pressa plus fort les mains de Berthe.

Berthe attendit, toute tremblante.

— Ensuite, je voulais tenir le serment que je fis à un mourant.

— Un serment?...

— Oui, mon enfant. J'ai connu votre père. Il est mort à mes côtés durant la nuit terrible de la Saint-Barthélemy.

— Et avant de mourir ?

— Il m'a chargé de veiller sur vous.

Berthe dégagea ses mains, puis, à son tour, elle prit une de celles du roi de Navarre et la porta respectueusement à ses lèvres.

— Elle est belle, pensa-t-il, et si je n'avais épousé madame Marguerite... Car, certes, voilà une femme qu'on ne peut songer à séduire.

Je vous emmène en Navarre, reprit-il tout haut. Là, votre aïeul finira ses jours en paix.

— Pauvre père ! dit la jeune fille en jetant un regard affectueux sur le vieillard endormi.

— Et vous, dit Henri, nous vous marierons à un de mes gentilshommes, le plus beau et le plus brave.

Berthe rougit et baissa de nouveau les yeux.

— Que penseriez-vous de Lahire ? continua le Béarnais.

— Je ne l'ai pas vu, répondit-elle naïvement ; je ne connais ni n'ai remarqué aucun de ces seigneurs, Sire.

— Chère enfant ! pensa le roi... quelle naïveté !

— Mais pourquoi me demandez-vous cela, Sire ? fit-elle.

Le roi de Navarre allait répondre, lorsqu'un cri d'alarme retentit sur le pont du chaland.

— A moi ! à moi ! criait le vieil Hardouinot.

— A moi ! répéta la voix vibrante de Noë.

Henri s'élança hors de la cabine et monta sur le pont.

Berthe épouvantée les suivit.

Lahire et les Gascons, armés de longues perches, essayaient d'arrêter le chaland que le courant, très-rapide en cet endroit, entraînait avec une effrayante vitesse.

— Qu'est-ce donc? demanda Henri.

— Nous sommes perdus, répondit le vieil Hardouinot.

Et il étendit la main vers une masse confuse qui se dressait sur la rive gauche de la Loire.

— Eh bien! qu'est-ce que cela? dit encore le roi.

— C'est le moulin... Le gentilhomme qui était à la barre s'est endormi, et nous allons droit sur les rochers à fleur d'eau.

A peine Hardouinot achevait-il qu'un choc épouvantable eut lieu.

Le chaland venait de s'entr'ouvrir.

— Sauve qui peut! s'écria Henri de Navarre.

Et il prit Berthe dans ses bras, lui disant :

— Ne craignez rien... je suis bon nageur.

. . . .

Le traître Gascon venait de se jeter à l'eau pour sauver la belle duchesse de Montpensier, la perfide Anne de Lorraine.

XXV

Retournons à Blois maintenant.

Après le départ de Quélus, le roi Henri III frappa sur un timbre pour appeler un page.

Le page arriva.

— Mon mignon, lui dit le monarque, tu vas me préparer une tasse de chocolat.

Le page s'inclina.

— Puis tu m'iras prendre des nouvelles de M. de Maugiron, qui est souffrant et au lit.

Quand le page fut sorti, Henri III alla ouvrir la croisée de son oratoire et se pencha au dehors.

Cette croisée donnait sur la cour du château, et le roi put voir un groupe d'hommes se mouvoir dans les ténèbres.

— C'est Quélus, Schomberg et d'Épernon qui font leurs préparatifs, pensa-t-il.

Et en attendant son chocolat, le roi se prit à rêver.

— Ce cher cousin de Navarre, pensa-t-il, il a des façons de parler et d'agir qui vous séduisent!... Heureusement que Quélus m'a ouvert les yeux sur son hypocrisie. Ma foi! tant pis! advienne que pourra!

Ces mots que le roi prononça à voix basse, voulaient dire:

— Si Quélus et les autres m'en débarrassent, je m'en laverai les mains.

Henri III vit le groupe d'hommes se diriger vers la grande porte, tandis qu'un seul personnage revenait au château.

— Qu'est-ce que celui-là? se demanda le monarque.

Et puis il songea au duc de Guise :

— Hé! hé! dit-il, Quélus serait joliment adroit s'il avait mêlé mon cousin Henri de Lorraine à cette affaire. Dans le cas où il arriverait malheur à ce pauvre roi de Navarre, ce seraient les Guise qui auraient tout fait.

Le page revint avec des flambeaux, et suivi d'un autre page qui portait sur un plateau d'argent la tasse de chocolat.

Le roi la prit et en fit trois gorgées.

— Eh bien! dit-il au page, as-tu vu M. de Maugiron?

— Me voilà, Sire, dit le mignon, qui se montra sur le seuil de la chambre royale.

Maugiron était pâle et marchait d'un pas chancelant. Il avait le front cerclé d'une bandelette.

— Ah! mon mignon, lui dit le roi d'un ton moqueur, tu ressembles à un déterré.

— J'ai cru l'être, Sire... Quand je suis revenu de mon évanouissement, je me suis demandé si je n'étais pas déjà dans l'autre monde.

— Pauvre mignon!... fit le roi avec une compassion ironique. Comment te traitera-t-on là-bas?

— Où donc, Sire?

— Dans l'autre monde, pardieu! surtout si l'on châtie tes vices et ta paillardise.

— Ah! Sire...

— Car enfin, reprit le roi, mon mignon, tu te perds pour les femmes, ces créatures de damnation.

— Heu! heu! j'ai bien réfléchi depuis hier.

— Ah! tu te repens?...

— Oui, Sire.

— Veux-tu du chocolat? il est bon...

Maugiron remercia d'un geste, ajoutant :

— Je préférerais un verre de vin d'Espagne, Sire, car je suis tellement faible que tout tourne autour de moi.

Le roi fit un signe : les deux pages sortirent, l'un emportant la tasse vide, l'autre allant quérir le verre plein que demandait M. de Maugiron.

— Mais enfin, reprit le roi, tu n'es pas tellement affaibli, mon mignon, que tu ne puisses faire ma partie d'échecs.

— Oh! non, Sire... Cependant...

— Hé! quoi donc? fit le roi, est-ce que tu voudrais aller te coucher?

— Pardon, Sire, je voulais simplement faire observer à Votre Majesté que je suis une mazette à ce jeu.

— Je le sais, mon pauvre ami, mais je sais aussi le proverbe « qu'au pays des aveugles, les borgnes sont rois. »

— Mais Votre Majesté n'a-t-elle pas Quélus? Il joue à merveille, lui.

— Quélus n'est pas au château.

— Ah!

— Ni Schomberg...

Maugiron regarda le roi avec étonnement.

— Ni d'Épernon, acheva Henri III.

— Où sont-ils donc, Sire?

Le roi cligna de l'œil.

— Je te dirai cela plus tard... Jouons, maintenant.

Lorsque les pages furent de retour, le roi leur fit dresser l'échiquier et se plaça devant, rangeant les pièces sur leurs cases, tandis que Maugiron buvait à petites gorgées un grand verre de vin muscat blanc.

— Allons! au jeu! dit le roi.

Maugiron s'assit à son tour.

Pendant trois quarts d'heure environ, Henri III fut tout occupé de son jeu. Il n'ouvrit point la bouche, mena rondement la partie et fit échec et mat au quatrième quart d'heure.

— Tu ne te défends même pas à ce jeu-là, mon pauvre Maugiron, dit-il avec une ironie cruelle; c'est comme lorsque tu tires l'épée contre les Gascons.

— Sire!...

— Sais-tu qu'il n'y allait pas de main morte, celui de la nuit dernière?

— Sire, murmura piteusement Maugiron, Votre Majesté serait mille fois bonne de ne pas me rappeler de pénibles souvenirs... Ah! ce Gascon maudit, si jamais je le rencontre?

— Tu ne le rencontreras pas...

— Pourquoi donc. Sire?

— Je te le dirai plus tard...

Et le roi alla de nouveau ouvrir la croisée et prêta l'oreille.

Aucun bruit ne montait de la ville au château.

La nuit était silencieuse et noire.

— Que font-ils donc? murmura Henri III avec impatience.

— De qui parle Votre Majesté?

— Chut!

Comme le roi se retournait et posait un doigt sur ses lèvres, un coup de feu se fit entendre.

Ce coup de feu partait de la basse ville, et la détonation en arriva jusqu'au château.

— Ah! ah! dit le roi, est-ce que cela commence?

— Mais quoi donc, Sire?

— Tu le sauras... En attendant, va me quérir mon cousin de Guise, et dis-lui que, s'il n'est couché, il vienne faire ma partie d'échecs. C'est un adversaire sérieux, lui.

Maugiron se leva, toujours chancelant, et se dirigea vers la porte, tandis que le roi, appuyé à l'entablement de la croisée, monologuait à mi-voix :

— Ce roitelet de Navarre, disait-il, avec son gros pourpoint et sa bonhomie de montagnard, il a beaucoup d'ambition et il voudrait avoir un coin de la Navarre espagnole, un coin du royaume de France.

Il prétend qu'on lui doit Cahors, une bonne et belle ville bien française, sous prétexte qu'il a épousé ma sœur Margot et que feu le roi Charles IX la lui avait promise en dot, Ce qu'a fait mon frère Charles IX ne me regarde pas. Il aurait dû tenir ce qu'il promettait. Quant à moi, je n'ai rien promis.

Une deuxième détonation traversa l'espace.

— Oh! oh! murmura le roi, il paraît que ça va chaudement : pourvu que mes chers mignons ne se fassent pas tuer.

En ce moment, le duc de Guise entra.

— Hé! bonjour, mon cousin, lui dit le roi ! entendez-vous tout ce vacarme?

— Quel vacarme, Sire?

— Qu'on fait en bas... dans la ville... Vous n'avez donc point ouï ces coups d'arquebuse, mon cousin?

— Ce sont des Suisses ou des lansquenets qui se querellent, Sire.

— Vous croyez?

— Oh! certes, fit le duc jouant l'indifférence.

Sur l'invitation du roi, Henri de Lorraine prit place à l'échiquier, et la partie commença.

Deux autres coups d'arquebuse retentirent encore, puis plus rien.

— Je crois bien que c'est fini, dit Henri III.

— Mais quoi donc, Sire ? demanda Maugiron intrigué.

— La querelle des Suisses et des lansquenets, n'est-ce pas, mon cousin?

— En effet, dit le duc, qui jouait distraitement.

Une heure s'écoula. Tout était rentré dans le silence.

Le roi avait quitté deux fois son jeu pour s'aller mettre à la croisée.

Deux fois le duc de Guise avait eu d'incroyables distractions.

Maurigon regardait alternativement les deux personnages et n'y comprenait rien.

— Mais pourquoi ne reviennent-ils pas, puisque c'est fini? murmura le roi avec impatience.

Le duc fronçait le sourcil.

— Votre Majesté attend quelqu'un ? fit Maugiron.

— Oui... Quélus...

— Ah !

Le roi se pencha à l'oreille de Maugiron :

— Ils sont allés se défaire du Gascon.

Maugiron tressaillit.

— Eh bien, dit-il, ce n'est pas pour le Gascon que j'ai peur, Sire.

— De quel Gascon parlez-vous, monsieur mon cousin ? demanda le duc de Guise.

— Vous le savez aussi bien que moi, répondit Henri III en souriant.

— Moi... Sire ?

— Mais fermons les yeux, et continuons à supposer, vous et moi, que des Suisses et des lansquenets se sont pris de querelle...

Comme le roi achevait, il se fit un grand bruit dans l'antichambre, puis une porte s'ouvrit et livra passage à un homme ensanglanté.

A sa vue, le roi jeta un cri de terreur.

XXVII

L'homme ensanglanté que le roi avait devant lui était M. d'Épernon.

D'Épernon pâle, hors de lui, roulait des yeux hagards.

— Ventre de biche ! s'écria le roi, qui se leva vivement à la vue de son favori, qu'est-il donc arrivé? qu'y a-t-il ?

— Une légion de démons à nos trousses, répondit d'Épernon, qui se croyait poursuivi par Noë et ses compagnons.

— Quélus, où est Quélus? demanda le roi.

— Mort ! répondit d'Epernon.

Le roi jeta un grand cri.

— Mort ou blessé mortellement, répéta le favori.

Le duc de Guise fronçait toujours le sourcil et ne disait mot.

— Oh! ces Gascons, murmura d'Épernon d'une voix enfiévrée, ils étaient dix, vingt, peut-être, je n'ai pas compté. Ils sont descendus d'un chariot couvert de paille... Et l'autre, vous savez, Sire ?

— Quel autre?

— Le Béarnais... Il a tiré sur nous par la croisée de la maison.

— Quelle maison? fit le duc qui tressaillit soudain.

— Une maison de la ville basse, je ne sais laquelle, mais où le sacristain nous a conduits...

Et d'Épernon se mit à raconter avec émotion et colère les épisodes divers de ce combat nocturne d'où il revenait.

Pendant ce temps, Maugiron avait appelé les pages *faisait panser le blessé.

Mais le roi n'écoutait pas le récit de d'Épernon. La ête dans ses mains, il se lamentait en répétant :

— Mort ! Quélus mort !

Puis tout à coup se redressant :

— Et Schomberg ?

— Mort aussi, répondit d'Épernon.

Cette fois le roi perdit la tête.

— Quélus mort, Schomberg mort, toi blessé ! s'écriat-il. Vengeance !

— Sire, dit le duc de Guise, Votre Majesté m'ordonne-t-elle de monter à cheval et me laisse-t-elle ses pleins ponvoirs ?

— Oui, oui... Allez, mon cousin ! exterminez ces Gascons.

Le duc aurait pu n'en pas demander davantage. Cependant il était trop prudent pour ne point faire ses réserves.

— Et si parmi ces Gascons...?

— Tuez-les tous ! dit le roi.

— Il s'en trouvait un cependant, continua le duc, qui eût, par sa naissance... et son rang...?

— Tuez ! tuez ! ordonna le roi.

Le duc se leva et sortit sans ajouter un mot.

Dans l'antichambre royale, il trouva un reître couvert de sang qui avait suivi M. d'Épernon jusque-là.

— Tu parleras plus nettement que M. d'Épernon, toi, lui dit-il.

Le reître fit le salut militaire et attendit les questions de son maître.

— Tu étais avec Théobald ? fit le duc.

— Oui, monseigneur.

— Qu'est devenu Théobald ?

— Il est mort.

— Où, et comment ?

Le reître narra en peu de mots ce qui s'était passé, à savoir la tentative infructueuse de Quélus frappant à la porte de la maison d'Hardouinot, puis celle de Théobald, qui était tombé mort en essayant d'ébranler cette porte d'un coup d'épaule, l'arrivée des Gascons ensuite, habillés en mariniers et conduisant un chariot, et enfin le combat.

— Mais, où est cette maison? s'écria le duc, qu'un vague pressentiment assaillait.

— Là-bas, près de la Loire.

— Tu vas m'y conduire...

— J'essayerai, murmura le reître, qui perdait son sang par plusieurs blessures.

Le duc de Guise, ainsi que l'avait dit au roi de France, le matin précédent, Henri de Navarre, le duc de Guise était déjà le véritable maître.

Il n'eut qu'à faire retentir sa voix sonore dans les corridors et les escaliers du château de Blois pour que les gentilshommes se vinssent sur-le-champ ranger à ses côtés.

Mais le duc n'avait pas besoin de tant de chevaliers. Il prit dix hommes avec lui, supposant que les Gascons étaient vingt.

— Messieurs, dit-il à ces dix hommes, nous allons exterminer quelques huguenots : la partie vous plaît-elle?

— Vive le duc! répondirent les dix chevaliers.

Le duc monta à cheval et descendit brusquement vers la basse ville.

Le vacarme de cette cavalcade en pleine nuit réveilla de nouveau les paisibles bourgeois.

Quelques croisées s'entr'ouvrirent, quelques lumières brillèrent furtivement derrière les portes.

— Voilà cette rue... dit le reître qui avait assisté au combat et qui, hissé sur un cheval, guidait le duc.

Le duc frissonna.

Cependant la rue était déserte et ne paraissait pas garder trace du combat.

Mais cette rue, le duc la reconnaissait. C'était celle où madame la duchesse de Montpensier était descendue et se cachait depuis deux jours.

Un cheval butta sur le cadavre d'un reître; celui de Guise glissa dans une flaque de sang...

Le duc eut un pressentiment funeste; il mit pied à terre.

— Mais ces hommes ont donc pris la fuite ! s'écria-t-il ; ou bien ils se sont enfermés dans une de ces maisons...

— Voilà celle d'où on a tiré, dit le reître étendant la main.

— Celle-là ! celle-là ! dis-tu ?

— Oui, monseigneur !

Le duc jeta un cri. C'était celle où devait être la duchesse.

— Tiens, dit un des gentilshommes du duc qui avait pareillement mis pied à terre, une porte ouverte !

Il désignait la maison voisine, celle où précisément habitait une vieille femme, qui, au matin précédent, avait causé avec le roi de Navarre. C'était chez elle qu'on avait transporté Quélus et Schomberg.

Le duc entra et les vit.

Les deux mignons respiraient encore, et la vieille femme leur prodiguait des soins.

Mais ni l'un ni l'autre ne purent parler ni donner au duc le moindre éclaircissement.

Alors, ayant ordonné que les deux blessés fussent transportés au château, le duc se rua sur cette maison où devait être sa sœur, et dans laquelle les Gascons avaient soutenu un siége.

On enfonça la porte, et la porte céda. Le vestibule, l'escalier, les salles étaient déserts.

Le duc monta à l'appartement de sa sœur. Le lit gardait encore l'empreinte moulée de son corps délicat, mais ce corps n'y était plus. Guise se mit à pousser des rugissements.

— Il y avait une femme ici, s'écria-t-il ; où est cette femme ?

Un de ces stupides bourgeois du quartier, qui était demeuré prudemment à l'écart durant la bagarre, mais n'en avait perdu aucun incident, abrité qu'il était derrière un volet de croisée, entendant les cris du duc et reconnaissant sa voix, se hasarda à sortir de chez lui.

— J'ai tout vu, moi, dit-il à un des gentilshommes lorrains.

On le conduisit auprès du duc.

— Qu'as-tu vu ? lui dit Henri de Guise ; parle vite et bien, tu seras récompensé.

— Quand ils ont été maîtres du terrain, les Gascons ont chargé des tonneaux sur le chariot, dit le bourgeois.

— Des tonneaux ! fit le duc étonné.

— Oui. Ensuite ils sont partis avec les tonneaux et quelque chose que l'un deux tenait sur ses épaules… enveloppé dans un manteau… on eût dit le corps d'une femme.

— Ma sœur ! ma sœur ! exclama le duc. Ils l'ont assassinée !

— Puis, acheva le bourgeois, ils se sont dirigés vers la Loire.

Le duc quitta précipitamment la maison et courut à la berge du fleuve.

La berge était déserte. Nulle part trace des Gascons. Le chaland était parti…

Cependant le duc crut entendre retentir dans l'éloignement un pas grave et lent.

— Holà ! à moi ! cria-t-il.

Le pas devint plus rapide ; puis une silhouette d'homme couvert d'un grand manteau se dessina dans l'obscurité.

— Qui va là ? dit le duc.

— Crillon ! répondit l'homme au manteau.

— Ah ! murmura le duc éperdu et courant à lui, c'est vous, chevalier !

— Monseigneur le duc de Guise ! répondit Crillon.

— Ma sœur ! où est ma sœur ? répéta le duc.

Crillon ne feignit point l'étonnement. Crillon ne savait pas mentir.

— Rassurez-vous, monseigneur, dit-il, madame la duchesse ne court aucun danger.

— Vous le savez ! vous l'avez vue !...

— Oui, dit Crillon.

Le duc jeta un nouveau cri et prit vivement la main de Crillon.

— Vous l'avez vue... vous savez où elle est... et vous ne me le dites pas !... Mais ils l'ont enlevée...

— Qui ?

— Les Gascons...

— C'est vrai, dit Crillon, les Gascons l'ont enlevée... Mais je puis affirmer à Votre Altesse qu'elle ne court aucun péril.

— Mais puisque vous dites cela, dit le duc, vous savez où ils l'ont emmenée.

— Oui, dit le bon chevalier.

— Alors, vous allez me conduire.

— Madame de Monpensier et les Gascons ne sont plus à Blois, monseigneur.

— Et où sont-ils donc ?

— Votre Altesse me pardonnera, dit froidement Crillon, mais j'ai juré à S. M. le roi de Navarre, qui est avec eux et que vos gens ont tenté d'assassiner, de lui garder le secret.

Et Crillon salua le duc stupéfait et fit mine de passer outre.

XXVIII

Le château du vidame de Panesterre mirait ses tourelles grises, au clair de lune, dans les flots jaunes de la Loire.

Le seigneur de Panesterre était vidame parce qu'il tenait son fief de l'évêque de Nantes. Son manoir s'élevait au flanc d'un côteau, à quelques lieues en aval d'Angers.

C'était une vieille demeure qui datait des Croisades

Pans de murs écroulés, tours en ruines, parc centenaire, fossés bourbeux, rien n'y manquait.

Par les nuits d'hiver, les girouettes rouillées tournaient au vent avec des bruits lugubres, tandis que les orfraies s'envolaient en piaulant des murs crevassés.

Depuis longtemps la herse n'était point descendue, le pont-levis demeurait abaissé, les hommes d'armes étaient absents.

C'était un pauvre fief que la vidamie de Panesterre.

Elle n'avait que quelques tenanciers cultivant du sarrazin, et sa bannière dominait trois clochers à peine.

Le vidame était un homme d'âge, moitié d'épée, moitié d'église.

Il avait été moine dans sa jeunesse, soldat un peu plus tard.

L'évêque de Nantes l'avait fait châtelain.

Petit, trapu, le visage rond et rougeaud, le sourire patelin, l'œil indécis, le ventre proéminent, les mains blanches et grassouillettes, le front chauve et la barbe rare, tel était l'homme.

Il portait l'épée et montait à cheval; — mais quelquefois il s'oubliait à tenir sa rapière comme un goupillon et à se mettre en selle en posant le pied à l'étrier, au *remontoir*, ni plus ni moins qu'un curé.

Si ses vassaux étaient rares, les gens de sa maison l'étaient plus encore.

Il avait pour tout domestique une vieille servante et un serviteur mâle entre deux âges qui longtemps avait été sacristain de la paroisse de Saint-Euverte, en la bonne et triste ville d'Orléans.

La servante s'appelait Scholastique, — le serviteur Pacôme.

Un bidet breton occupait à lui seul les écuries du manoir.

Deux briquets maigres composaient le personnel du chenil.

Il y avait encore un jardinier et sa femme qui logeaient dans le parc, et un petit mendiant du nom de Poivrade qui, le dimanche, servait la messe dans la chapelle du manoir, où le curé de la paroisse voisine venait officier.

Le vidame vivait modestement, récitait force orémus, accablait d'anathèmes les gens de la religion, faisait bonne chère autant que lui permettaient ses revenus, se levait tard et se couchait de bonne heure.

Monseigneur le duc d'Anjou l'ayant invité aux belles fêtes qu'il donnait dans son château d'Angers, le vidame avait refusé parce qu'il lui fallait se vêtir à neuf des pieds à la tête.

Or, ce soir-là, messire le vidame de Panesterre, après avoir soupé copieusement, ainsi qu'il convient à un homme qui est moitié d'épée et moitié d'église, s'était assis au coin du feu dans la grande salle de son manoir et sur un grand fauteuil à dossier de cuir et à pieds tors.

Pacôme, le serviteur, juché sur un escabeau, faisait à son maître une lecture.

Scholastique, la servante, après avoir rangé dans un bahut la vaisselle du souper, s'était endormie en un coin de la cuisine.

Poivrade, le petit mendiant, s'en était allé poser des collets dans le parc afin de prendre des lapins pour la table de son seigneur et maître.

Tout à coup un bruit lointain arriva au vidame par les croisées mal jointes de la salle.

C'étaient des cris de détresse qui montaient de la vallée, c'est-à-dire des bords de la Loire.

Pacôme interrompit sa lecture.

Le vidame se leva et s'approcha de la croisée, qu'il ouvrit.

La nuit était lumineuse, et il faisait un clair de lune superbe.

Or, le manoir du vidame était situé sur la rive droite de la Loire, tandis que le moulin auprès duquel le chaland venait de s'entr'ouvrir était sur la rive gauche.

— Ah! mon Dieu! monseigneur, s'écria Pacôme, qui avait de très-bons yeux, c'est une barque en détresse...

— Tu crois? dit le vidame qui n'avait pas une aussi bonne vue.

— J'en suis sûr.

— Elle s'est brisé sur les rochers... tiens, voilà son équipage à la nage. Pauvres gens! dit le vidame avec indifférence, ils vont se noyer...

— Il faudrait leur porter secours, monseigneur?

— Tu es fou... Pacôme... Ils seront noyés avant que nous soyons descendus...

— Oh! par exemple!...

— Et puis, nous sommes en décembre, l'eau de la Loire est froide, mon ami; j'ai des rhumatismes... et toi aussi...

— Mais, monseigneur...

— Va, va, rassure-toi, dit l'homme d'église, ces gens-là sont peut-être des huguenots, auquel cas il est juste de les laisser noyer...

— Mais ils peuvent être catholiques?

— Sans doute. Alors Dieu ne les abandonnera pas.

Le vidame poussa un soupir.

— Dans tous les cas, dit-il, je vais leur donner l'absolution.

Il allongea ses mains bénissantes et prononça les paroles sacramentelles.

Pendant ce temps, Pacôme suivait attentivement tous les détails de l'accident du chaland.

Il avait vu les Gascons se jeter à l'eau et nager vers le moulin.

Un seul, qui semblait porter un fardeau au-dessus de sa tête, se dirigeait courageusement vers la rive droite.

— Ah! le malheureux! murmura Pacôme, il va se noyer!...

Mais les craintes de Pacôme ne se réalisèrent pas.

Le nageur traversa bravement la Loire et vint toucher le bord, juste au-dessous du manoir de Panesterre.

Celui-là, c'était le traître Gaston, qui venait de sauver madame la duchesse de Montpensier.

C'était lui encore qui avait causé la perte du chaland.

Un instinct secret l'avait poussé vers la rive droite, bien qu'elle fût plus éloignée.

— Ah! monseigneur, dit Pacôme, qui était charitable, bien que d'origine orléanaise, il y a une femme!

— Une femme! s'écria le vidame avec un sentiment de pudeur alarmée.

— Oui, monseigneur...

— Elle est saine et sauve?

— Oui, monseigneur.

— Eh bien! tant mieux!

— Mais il faut leur donner l'hospitalité, monseigneur.

— Y songes-tu, malheureux?

— Ils sont mouillés, ils ont froid... peut-être ont-ils faim!

— Pacôme, dit sévèrement le vidame, je vous défends de vous abandonner à une générosité exagérée! Vous savez bien que nous sommes pauvres cette année... Il y a eu peu de vin; le blé est cher. C'est bien assez déjà de ne pas fermer sa porte à ceux qui viennent y frapper sans aller chercher des gens qui sans doute passeront leur chemin sans penser à nous.

— Ah! vous vous trompez, monseigneur.

— Comment cela?

— Ils viennent.

— Hein?

— Oui. L'homme a repris la femme dans ses bras.

— Et ils viennent ici?

— Ils suivent le sentier du port.

— Au diable! s'écria le vidame avec colère.

— Je vais les recevoir, dit le bon Pacôme.

Le vidame eut un grognement des plus significatifs. Il rappela son valet qui, déjà, était hors de la salle.

Pacôme attendit.

— Tâche de savoir s'ils sont huguenots, dit le vidame.

— Oui, monseigneur.

— Car alors tu les renverras.

Pacôme descendit quatre à quatre l'escalier du manoir et s'élança à la rencontre des naufragés.

Il aperçut la duchesse qui se dirigeait vers le château, appuyée sur le bras du Gascon, et leur offrit courtoisement l'hospitalité au nom de son maître.

— Mon ami, lui dit la duchesse, votre maître serait-il huguenot?

— Oh! non certes, madame : mon maître est vidame de l'évêque de Nantes, répondit Pacôme.

Et il salua profondément, car il vit qu'il avait affaire à des gens de qualité.

— Je crois, en ce cas, murmura Anne de Lorraine, que je tiens mon cousin de Navarre!

LI

Une heure après, madame de Montpensier et Gaston le traître étaient chaudement installés au coin du feu de messire le vidame de Panesterre. Le vidame était un homme d'un grand sens, et savait au besoin faire taire son avarice; s'il maugréait quand des gens de petit état heurtaient à la porte de son manoir et y demandaient l'hospitalité, il savait se montrer généreux envers de beaux seigneurs dont l'escarcelle était ronde et le manteau sans trou. La duchesse, en entrant, l'avais pris à part et lui avait dit :

— Messire, votre fortune est en vos mains, aussi vrai que je me nomme Anne de Lorraine, duchesse de Montpensier.

A ce nom, le vidame de Panesterre s'était incliné bien bas, et il s'était mis corps et âme à la disposition de la duchesse.

— Ordonnez, madame, lui dit-il, j'obéirai comme un esclave.

— Avez-vous un cheval?

— Un seul, avait répondu le vidame, mais il est bon et ferait, au besoin, trente lieues sans boire ni manger.

— A quelle distance sommes-nous d'Angers?

— A quinze lieues.

— Avez-vous un homme sûr parmi vos serviteurs?

Le vidame regarda pitueusement Pacôme.

L'ancien sacristain était vieux, perclus de rhumatismes et incapable de monter à cheval. Mais, comme il regardait Pacôme, le vidame entendit ouvrir la porte et vit entrer le mendiant Poivrade.

Poivrade avait seize ans, mais on ne lui en eût pas donné plus de douze, tant il était maigre, petit et chétif.

Seulement il avait deux grands yeux pétillants de malice et d'énergie, et, à première vue, il plut à la duchesse.

— Voilà un garçon, dit le vidame, dont je répondrais comme de moi-même.

— Sais-tu monter à cheval? demanda la duchesse.

— Oui, quand il n'y a pas de selle, dit le mendiant,

qui posa devant le châtelain deux lapins pris au collet.

Madame de Montpensier demanda en toute hâte du parchemin et une plume, et elle écrivit la lettre suivante :

« Monsieur mon cousin,

» Par suite de circonstances trop longues à vous énumérer ici, je me trouve à quinze lieues au-dessous d'Angers, dans le manoir du vidame de Panesterre.

» Si vous êtes bon catholique, si vous haïssez les huguenots, envoyez-moi sur-le-champ et en toute hâte une trentaine de gentilshommes, armés de pied en cap, avec ordre de m'obéir.

» Votre cousine et servante,

» ANNE. »

La duchesse ferma cette lettre avec un fil de soie sur lequel elle apposa son sceau, qui était aux armes de Lorraine.

Puis elle dit à Poivrade :
— Monte sur le cheval qui est à l'écurie et porte cette lettre au château d'Angers. Si tu me rapportes la réponse demain avant dix heures du matin, je te donnerai dix pistoles.

Le mendiant se sauva ébloui. Il descendit aux écuries, mit un bridon au petit cheval breton, sauta dessus et partit au grand galop.

La lettre qu'il portait avait cette suscription :

A Monsieur François de Valois, duc d'Anjou, et gouverneur, pour le roi, de la province d'Angers.

La duchesse avait écrit cette lettre dans la chambre du vidame et hors de la vue du gentilhomme gascon que Pacôme réconfortait à l'office avec une bouteille de vieux vin.

Anne de Lorraine était prudente.

— Ce gentilhomme, s'était-elle dit, a trahi son roi dans un moment de vertige et de folie; l'amour insensé que je lui ai inspiré a pu l'entraîner à causer la perte du chaland et à me suivre... Mais cette folie durera-t-elle? Le remords ne pénétrera-t-il pas dans son cœur? Je ne dois pas, je ne puis pas me fier à lui.

C'était pour cela que la duchesse avait chargé Poivrade de sa lettre au duc d'Anjou, au lieu de la confier à Gaston.

Tout un plan ténébreux venait de germer dans l'esprit de la duchesse.

— Messire, dit-elle au vidame lorsque Poivrade fut parti, la barque sur laquelle je me trouvais s'est brisée sur les rochers à fleur d'eau qui entourent le moulin. Les hommes qui la montaient se sont sauvés à la nage.

— Oui, certes, dit le vidame, et Pacôme, qui a des yeux excellents, les a vus se réfugier au moulin. Donc, rassurez-vous, madame, ils sont hors de péril.

— Ce n'est pas ce que je veux dire.

— Ah !

— Le chaland avait une cargaison... des tonneaux...

— S'ils sont vides ou emplis de vin, ils surnageront, le vin étant plus léger que l'eau, et la Loire les entraînera.

— Ils sont pleins d'or, dit la duchesse.

Le gros vidame recula stupéfait.

— Or, poursuivit Anne de Lorraine, vous devez avoir une barque, là-bas, au bord de la rivière ?

— Oui, madame.

— Vous allez monter dans cette barque.

Le vidame eut un geste d'effroi.

— Je vous remplirai d'or votre casque et les fontes de votre selle, et le bénitier de faïence que je vois là au chevet de votre lit, dit la duchesse.

— J'obéirai, madame, répondit l'avide gentilhomme d'église.

— Une fois dans la barque, vous irez au moulin.

— Bien.

— Vous vous présenterez à ces hommes en demandant à parler au roi de Navarre.

Le vidame fit encore un pas en arrière.

— Oui, dit la duchesse, le roi de Navarre est parmi eux.

Le vidame se signa.

— Vous vous direz huguenot, poursuivit la duchesse, et vous lui offrirez l'hospitalité dans votre manoir. Mais, acheva la duchesse, avant que je complète vos instructions, laissez-moi vous adresser une question.

— J'écoute, madame.

— Avez-vous ici une prison sûre?

— J'ai des oubliettes, dit modestement le vidame.

La duchesse fronça le sourcil.

— Bah! fit-elle enfin et comme répondant à quelque mystérieuse question qu'elle s'était adressée au fond de son âme, qui veut la fin est bien obligé de vouloir les moyens.

. . . .

Cependant le gentilhomme gascon qui avait trahi son roi pour les beaux yeux de la duchesse était au coin du feu de la grande salle, tandis qu'Anne de Lorraine causait avec le vidame.

La bouteille de vieux vin qu'il avait bue lui étai

montée à la tête, et sa tête échauffée était pleine des des mystérieux refrains de l'amour.

La duchesse et le vidame revinrent.

A la vue d'Anne de Lorraine, le reste de raison qu'il avait encore abandonna le Gaston.

Elle lui sourit, et il se crut transporté dans les régions éthérées.

Elle lui parla, et il s'imagina entendre les voix célestes des séraphins.

— Mon bien-aimé, lui dit-elle, m'aimez-vous toujours?

— Si je vous aime! balbutia-t-il d'une voix avinée.

— Alors vous m'obéirez?

— Jusqu'à la mort! fit-il avec enthousiasme.

— Non, dit-elle en souriant, je ne veux pas votre mort.

— Que faut-il faire?

— Accompagner monsieur.

Et elle désignait le vidame.

— Où cela? demanda le Gascon.

— Dans une partie du manoir où on a préparé mon appartement pour la nuit et où je n'ose aller que vous ne l'ayez explorée.

Le Gascon tira son épée.

— Marchons! dit-il.

Et il se leva en trébuchant.

Le vidame prit une lampe sur un dressoir et marcha le premier.

— Venez, dit-il.

Il ouvrit une porte située au fond de la grand'salle, qui ouvrait sur une longue galerie voûtée, étroite, humide, et dont la lueur de sa lampe ne dissipa qu'imparfaitement les ténèbres.

— Suivez-moi, répéta-t-il.

Gaston se prit à marcher derrière lui.

Le vidame cheminait lentement, avec précaution, comme un homme qui ne veut pas s'étouffer et craint de côtoyer un précipice.

Le Gaston, au contraire, avait la démarche inégale et pesante que donne l'ivresse.

Il fit ainsi environ deux cents pas, tandis que la porte de la galerie s'était refermée derrière lui.

— Mais où diable me conduisez-vous donc? demanda-t-il.

— Venez toujours, dit le vidame.

Tout à coup la galerie fit un coude, le vidame s'arrêta et se colla contre le mur.

— Pourquoi vous arrêtez-vous? fit Gaston.

— C'est que... j'ai cru voir...

— Quoi?

— Un fantôme...

— Allons donc! dit le Gascon avec un éclat de rire. Donnez-moi votre lampe, je passerai le premier.

Il prit la lampe des mains du vidame et en dirigea la clarté à deux pas devant lui, sans prendre la peine de regarder à ses pieds...

Le vidame fit trois pas encore et s'arrêta.

Le Gascon continua à avancer, mais tout à coup son pied, au lieu de poser sur une dalle, appuya sur une surface mobile et qui fit la bascule...

Et le vidame entendit un grand cri...

La lampe s'éteignit, et le bruit de la chute d'un corps remonta des profondeurs béantes d'un abime inconnu.

XXX

Revenons au chaland.

La catastrophe avait été si imprévue qu'elle avait amené une sorte d'épouvante mêlée de stupeur parmi le petit équipage.

Le roi lui-même ne fut pas exempt de ce premier sentiment de terreur.

Non qu'il tremblât pour lui, — Henri de Navarre ne tremblait jamais, — mais pour Berthe de Mallevin.

Il la prit donc dans ses bras, et demeura un moment avec elle à l'avant du navire fracassé et entr'ouvert.

Après avoir gagné la cale, l'eau envahissait le pont.

— Nous allons couler ! cria le roi. Sauve qui peut, mes amis !

Et il chercha des yeux ses compagnons. Ils étaient tous sur le pont, à l'exception du vieux Mallevin, de la duchesse et du traître Gaston.

Le premier avait été surpris par l'eau dans sa cabine, les deux autres étaient déjà à la nage.

— Noë, dit Henri, sauve la duchesse !

Et il se jeta bravement à l'eau, tenant toujours Berthe de Mallevin dans ses bras. Henri était bon nageur; il passa entre les rochers, évita les écueils, dompta le courant et arriva jusqu'au moulin ; la terreur unie au froid glacial de l'eau avait fait évanouir Berthe.

Mais Henri n'avait rien perdu de ses forces : il toucha la terre, chargea Berthe sur ses épaules et ne s'arrêta qu'au seuil du moulin.

Le moulin avait pour hôtes uniques une pauvre veuve et deux jeunes garçons, ses fils.

A eux trois ils avaient bien de la peine à accomplir la besogne du meunier défunt. Tous trois se chauffaient devant un maigre feu de tourbe et de sarments.

Ils n'avaient point entendu les cris de détresse des naufragés, tant la Loire faisait de bruit aux alentours du moulin.

A la vue d'un homme ruisselant d'eau et d'une femme évanouie, ils s'empressèrent auprès d'eux.

Berthe fut étendue sur le lit de la meunière et reprit bientôt ses sens.

Henri se remit à la nage et retourna au chaland, dont l'arrière n'avait point disparu.

Noë seul s'y trouvait encore. Lahire, Raoul et les autres s'étaient jetés à l'eau derrière le roi.

Mais, en sa qualité de capitaine, Noë n'avait voulu quitter son bord que le dernier.

— Sire, dit-il à Henri, le vieux Mallevin s'est noyé, et probablement avec lui la duchesse...

— Ah ! mon Dieu ! fit le roi.

— J'ai voulu pénétrer dans la cabine où, sans doute, elle dormait; la porte en était fermée, l'eau est montée. Il m'a fallu regagner le pont, sous peine de me noyer moi-même.

— Mais comment cela est-il arrivé ?

— Gaston, qui veillait à la barre, se sera endormi.

— Où est-il ?

— Je ne sais... il est tombé à l'eau... J'imagine qu'il se sera noyé pareillement.

Le chaland enfonçait toujours.

— Pauvre duchesse ! murmura le roi, et moi qui commençais à l'aimer...

— C'est une jolie perte pour le parti catholique, murmura Noë d'un ton railleur.

— Que le diable t'emporte avec ta politique ! s'écria Henri. Voici que je songe à nos tonnes d'or...

— Elles vont dormir sous l'eau, Sire. Soyez tranquille, le courant ne les emportera pas.

— Mais comment les aurons-nous ?

— Avec un nouveau chaland.

— Et où le trouver ?

— Voilà ce que nous déciderons plus tard... En attendant, Sire, je crois que nous n'avons plus rien à faire ici.

L'arrière du chaland venait de disparaître à son tour, et Henri et Noë avaient de l'eau jusqu'à la ceinture.

Ils se mirent bravement à la nage, et dix minutes après ils arrivaient au moulin où tous les naufragés étaient déjà, à l'exception du vieux Mallevin, de la duchesse et de Gaston.

Raoul avait sauvé le vieil Hardouinot qui, sans lui, se fût noyé.

— Mes enfants, dit le roi, nous nous compterons après, et nous verrons qui de nos compagnons manque à l'appel; pour le moment, il faut songer à prendre un parti.

— Il faut sauver le trésor, dit Noë.

La meunière et ses fils allaient et venaient avec empressement.

Ils avaient allumé un grand feu et les naufragés s'étaient dépouillés de leurs habits pour se mieux sécher.

— En quel endroit sommes-nous ici ? demanda le roi de Navarre.

— A quinze lieues d'Angers et à dix lieues d'Ancenis.

— Quel est le village voisin ?

— Il n'y en a pas. Le plus près est à deux lieues en amont.

En recueillant ce renseignement, le roi de Navarre réfléchissait et se disait :

— Nous sommes ici en plein pays catholique. Évidemment, s'il y a des huguenots, ils sont si clairsemés qu'il faudrait longtemps pour les réunir : donc nous ne devons attendre secours que de nous-mêmes. Or, il faut sauver les tonneaux d'or et reprendre le chemin de la Navarre.

Le roi s'informa du moyen d'aller au plus vite à Ancenis.

A pied, en suivant la berge, il fallait trois grandes heures. Et encore, arrivé en face, il faudrait traverser la Loire à la nage.

La meunière avait une barque, une toute petite barque dans laquelle deux hommes tenaient difficilement.

— Mon mignon, dit Henri à Noë, tu vas descendre à Ancenis.

— Dans la barque?

— Oui.

— Mais me laissera-t-on passer?

— Oh! dit l'aîné des fils de la meunière, on me connaît, moi, au pont de bateaux.

— Tu iras trouver le sire d'Entragues, continua Henri.

— Oui, Sire.

— Il est riche, il est puissant dans le pays. Il te donnera dix hommes et un chaland, et, si tu fais diligence, tu peux être ici avant le jour.

Noë prit la bague du roi et partit avec le fils de la meunière.

Cette bague, on s'en souvient, était un talisman devant lequel s'inclinaient tous les anciens compagnons du feu roi Antoine de Bourbon, tous les amis du jeune roi Henri de Navarre.

Noë parti, le roi jeta sa bourse sur la table de la meunière et lui dit :

— Ma bonne femme, il faut nous faire boire et manger.

— Hélas ! dit-elle, je suis si pauvre que je n'ai pas de vin. Il reste trois pains dans la huche. Voilà tout...

Le roi et ses compagnons échangèrent un regard résigné, mais en ce moment il se fit un bruit au dehors qui attira leur attention.

Henri quitta le coin du feu et se dirigea vers le seuil.

Grâce au clair de lune, il put voir une barque sur la Loire qui se dirigeait sur le moulin avec rapidité.

C'était le bruit des avirons qu'on avait entendu.

La barque était montée par deux hommes. L'un d'eux, debout à l'avant, agitait son mouchoir.

Henri quitta le moulin et descendit sur la berge.

La barque nageait vigoureusement et ne tarda pas à aborder.

L'homme qui agitait son mouchoir n'était autre que le gros et court vidame de Panesterre; il sauta dehors et vint à Henri, qu'il salua.

Henri rendit le salut.

— Excusez-moi, mon gentilhomme, dit le vidame, si je vous adresse ainsi la parole sans être connu de vous : mais n'êtes-vous point du nombre de ces malheureux dont l'embarcation vient de sombrer ?

— En effet, messire, répondit Henri.

— Pacôme, mon écuyer, que voilà, — et le vidame désignait son compagnon qui tenait les avirons, — Pacôme, qui pêchait sur l'autre rive, a vu votre accident:

il est monté me prévenir, et nous venons à votre secours...

Henri salua.

— Je suis le vidame de Panesterre, poursuivit le petit gros châtelain ; mon manoir est mieux approvisionné que ce moulin, où vous ne trouverez pas de quoi vivre. Je viens donc vous offrir l'hospitalité.

Le vidame avait mis un grand air de bonhomie sur son visage, et imprimé à sa voix un accent de rondeur et de franchise.

Henri hésita cependant, — non que la pensée qu'on lui tendît un piége lui vint, mais il ne voulait pas s'éloigner du chaland ni de ses tonnes qui étaient au fond de l'eau.

Cependant il songea à Berthe, et son hésitation disparut.

— Vous êtes un bon et loyal gentilhomme, dit-il au vidame.

Et il entra avec lui dans le moulin.

— Mes enfants, dit-il à ses compagnons, nous allons tirer au sort deux d'entre nous qui resteront ici et attendront des nouvelles d'Ancenis.

— Je resterai, moi, dit le vieil Hardouinot.

— Moi aussi, dit un des Gascons.

— Eh bien ! les autres, reprit Henri, vont me suivre. M. le vidame de Panesterre que voilà nous offre à souper.

Une heure après, en effet, la table du manoir du vidame réunissait Henri et ses compagnons.

L'avare châtelain avait ouvert sans sourciller son office et son cellier.

Quant à la duchesse, il n'y avait aucune trace d'elle.

Elle avait disparu.

XXXI

Il est un personnage important de notre histoire que nous n'avons pas encore présenté à nos lecteurs.

Nous allons réparer cette négligence et les conduire au château d'Angers.

Le château était une assez triste demeure, en dépit de ses jardins et des statues de marbre qui les décoraient, de ses vastes salles somptueuses et de son peuple de valets, de seigneurs et de courtisans.

En vain, le matin, les chevaux richement caparaçonnés piaffaient-ils dans la cour d'honneur, attendant leurs cavaliers et leurs amazones vêtus de drap d'or et de velours de soie.

Vainement, le soir, allumait-on les lustres, et les notes harmonieuses d'un orchestre invitaient-elles au bal.

On s'ennuyait au château d'Angers.

Les dames faisaient la moue, les seigneurs avaient la mine longue, les pages ne chantaient pas et ne songeaient point à l'amour : c'est que le maître de céans, Monseigneur François, dauphin de France, duc d'Anjou et gouverneur de la province, était un prince de méchante humeur, n'aimant personne, hormis lui, et n'ayant qu'une passion dominante.

Cette passion, il en sera parlé plus tard.

Au physique, le duc d'Anjou était un jeune homme de vingt-six ans, aux cheveux rouges, à l'œil cave, de taille moyenne et d'apparence chétive.

S'il n'eût eu le grand air de sa race, on l'eût pris pour quelque aventurier italien, comme il en pleuvait en France depuis l'arrivée de madame Catherine de Médicis.

Le duc avait une cour, parce qu'il fallait en avoir une; il donnait des bals et tenait table ouverte, mais au bal et à table il avait toujours une mine si disgracieuse qu'on se croyait à des funérailles.

Il saluait les dames avec hauteur, rudoyait les hommes, gourmandait les pages, tournait insolemment le dos à quiconque lui adressait une supplique; il faisait pendre invariablement tout huguenot qu'on lui amenait.

Cependant, ceux de ses gens qui depuis longtemps étaient à son service, prétendaient que le duc avait été autrefois un meilleur compagnon, aimant la chasse, aimant le vin, les femmes et la musique.

Quelques-uns, plus hardis même, allaient jusqu'à soutenir que la mauvaise humeur du duc ne datait que du jour où le roi de Pologne était venu, en toute hâte, prendre possession du trône de France.

Enfin, un page qui lui servait de valet de chambre, et qui se nommait Tanneguy, ajoutait que Son Altesse avait un redoublement de mauvaise humeur depuis certain jour où il avait fait rencontre aux portes de Blois d'une belle inconnue aux yeux bleus et aux cheveux blonds, qu'en vain il avait poursuivie, et qui lui était échappée en pénétrant dans un dédale de petites rues au milieu desquelles elle avait disparu.

Le duc se levait tard, dînait à deux heures de relevée et soupait à neuf heures.

Quand il avait soupé, il s'enfermait dans son cabinet et y jouait à l'hombre avec quatre de ses seigneurs, les premiers qui lui tombaient sous la main, et qui, du reste, se souciaient médiocrement de cet honneur, car Son Altesse avait le jeu encore plus mauvais que le vin.

Or donc, ce soir-là comme les autres soirs, le duc d'Anjou s'était attablé devant un jeu d'hombre; et comme ses partners l'avaient laissé gagner, il était un peu moins bourru qu'à l'ordinaire.

Et puis, il avait pour convive un gentilhomme qui venait d'Amboise.

Amboise était, depuis la mort du roi Charles IX et l'avènement de S. M. le roi Henri III, la résidence de la reine-mère tombée en disgrâce.

Le gentilhomme était Piémontais, il se nommait d'Asti.

C'était un fort bel homme qui rappelait par sa prestance et ses grandes façons maître René le Florentin, poignardé par Sarah l'argentière.

D'Asti passait pour le nouveau favori de la reine-mère.

Il avait de l'esprit, il n'était pas maladroit aux choses de la politique.

Or, la reine-mère, ne pouvant plus s'occuper des affaires du royaume, s'en dédommageait en rédigeant ses mémoires politiques, que d'Asti écrivait sous sa dictée.

De temps en temps d'Asti venait à Angers, chargé par Catherine d'un message pour son fils François, avec qui elle était demeurée en bonne intelligence.

Ces jours-là, pour peu que le jeu lui fût favorable, monseigneur le duc d'Anjou se montrait de meilleure humeur. Minuit allait sonner.

— Messieurs, dit le prince aux deux gentilshommes qui avaient fait sa partie, je vous permets de vous retirer.

D'Asti se leva pour imiter les deux gentilshommes. Mais le duc le retint.

— Restez, dit-il, nous causerons.

Quand ils furent seuls, le duc reprit :

— Que fait madame Catherine à Amboise, monsieur d'Asti?

— Elle s'ennuie, monseigneur.

— C'est comme moi, soupira le duc.

— Le roi lui tient rigueur.

— Comme à moi.

— Et si Votre Altesse la venait visiter, poursuivit d'Asti, elle lui en serait bien reconnaissante.

Le duc d'Anjou parut réfléchir :

— Pourquoi donc madame ma mère ne me vient-elle pas visiter elle-même? dit-il.

— Elle craint de déplaire au roi.

François de Valois fronça le sourcil.

— Le roi ne tient guère à plaire, cependant, ni à ma mère ni à moi.

— C'est vrai, monseigneur.

— Ainsi, continua le duc d'Anjou, il s'est bien gardé de m'inviter aux états qu'il va tenir à Blois...

— C'est précisément la réflexion que faisait madame Catherine, observa d'Asti...

— Mais, poursuivit François de Valois, il a, en revanche, invité les princes lorrains, ses bons amis.

— Et les vrais rois de France, ricana d'Asti.

Comme le prince tressaillait à ces paroles, il se fit un grand bruit dans la cour du château, et l'un des écuyers qui gardait le pont-levis sonna du cor par trois fois.

C'était une manière d'annoncer l'arrivée d'un visiteur.

— Qui diable me vient troubler à cette heure ? s'écria le duc avec colère.

Mais un page tourna la portière du cabinet et annonça :

— Monseigneur le duc de Guise !

A ce nom, François de Valois se leva précipitamment. Jamais un Valois, hormis Charles IX, n'avait entendu ce terrible nom sans émotion.

Le duc de Guise entra tout poudreux, le heaume en tête et la cuirasse au dos.

Il était pâle, son œil brillait d'un feu sombre et sa démarche était brusque et saccadée.

— En vérité, monsieur mon cousin, dit-il, la police de votre gouvernement est bien mal faite.

— Vous dites ?... fit le duc d'Anjou.

— Je dis qu'il y a un pont de bateaux à Saumur...

— Oui, certes.

— Commandé par un de vos officiers...

— Après ? fit le duc.

— Eh bien ! ce pont a été forcé.

— Par qui donc, mon cousin ?

— Par une barque portant des huguenots... et qui, chargée d'une somme énorme...

— Bah ! fit le duc d'Anjou, j'ai peine à croire ce que vous dites.

— Et la raison ?

— Les écus sont si rares en France !

— Oui, certes. Mais vous avez ouï parler peut-être de certain trésor.

— Ah ! oui, dit François de Valois en riant, d'un certain trésor mystérieux qu'amassent les gens de la religion.

— Précisément.

— Mais je ne crois pas à ce trésor, monsieur mon cousin.

— Eh bien ! il existe cependant...

— En vérité !

— Et la preuve, c'est qu'il se trouvait sur le chaland qui a passé sans encombre devant Saumur.

Le duc frappa du pied.

— Ce n'est pas tout, poursuivit M. de Guise, il y a à bord de ce chaland un otage précieux.

— Un otage !

— Une femme qu'ils ont enlevée et qu'ils emmènent prisonnière en Navarre.

— Et... cette femme ?

— C'est ma sœur.

Un cri de surprise échappa au duc d'Anjou.

— Êtes-vous fou, mon cousin ? dit-il.

— Non, certes, et je galope depuis la tombée de la nuit à la poursuite des ravisseurs.

Tandis que le duc de Guise expliquait au duc d'Anjou qu'il avait pu, le soir seulement, obtenir des éclaircissements sur la fuite des huguenots et la marche qu'ils avaient suivie, le page Tanneguy souleva de nouveau la portière et dit à son maître :

— Monseigneur, il y a en bas un petit garçon tout déguenillé qui a fait quinze lieues à cheval et apporte une lettre à Votre Altesse.

— De la part de qui ? demanda le duc François.

— Il prétend que cette lettre lui a été confiée par madame la duchesse Anne de Lorraine.

Le duc de Guise et François de Valois jetèrent un cri et prononcèrent le même mot : — Qu'il entre !

XXXII

Cependant le roi de Navarre et ses compagnons soupaient joyeusement au manoir de Panesterre.

Le vidame était d'une humeur charmante. Il faisait les honneurs de sa maison avec une bonhomie et une générosité qui confondaient le bon Pacôme.

La pauvre Berthe pleurait son aïeul et n'avait point voulu se mettre à table.

Elle s'était retirée dans la chambre qu'on lui avait préparée.

Henri demeurait donc à souper avec les deux gentilshommes gascons et Raoul.

Lahire et Hardouinot étaient demeurés au moulin pour y attendre le retour de Noë.

Henri avait pour habitude de noyer son chagrin dans les pots. Or, Henri avait du chagrin en dépit de sa philosophie ordinaire.

Ce chagrin provenait de la perte du chaland d'abord, de la mort du vieux Mallevin et de celle probable de madame le duchesse de Montpensier et du gentilhomme gascon qui tenait la barre lorsque le sinitre était arrivé.

— Pauvre duchesse ! avait-il murmuré plusieurs fois durant le souper.

Mais le vidame était si aimable que le chagrin du roi ne pouvait tenir.

— Voyez-vous, mon gentilhomme, disait le lieutenant de l'évêque de Nantes, feignant de croire que le Béarnais et ses compagnons étaient catholiques, — je suis d'église, il est vrai, et je remplis scrupuleusement tous mes devoirs dévotieux, mais cela ne m'empêche pas de boire sec et longtemps.

— Sans en être incommodé? demanda Henri d'un air moqueur.

Le Béarnais s'était aperçu que le vidame commençait à balbutier.

— Aucunement, dit le vidame : j'ai eu, jadis, de sérieuses conférences avec une outre en peau de bouc pleine de vin de jurançon.

— Et ces conférences?...

— Se sont terminées à mon avantage.

— Comment cela?

— J'ai vidé l'outre.

— Bravo! dit Henri.

Puis il soupira.

— Ah! le vin de jurançon, dit-il, quel vrai vin, messire!

— J'en ai, mon gentilhomme.

— Où cela?

— Dans ma cave, parbleu!

Henri frappa sur la table :

— Comment! s'écria-t-il, vous avez du jurançon, messire?

— Vieux de vingt ans...

— Et vous ne le dites pas!

— Mais, au contraire, je comptais vous en offrir.

— Alors, hâtez-vous, messire...

Le vidame fit un signe.

Le bon Pacôme, qui se tenait respectueusement debout en un coin de la salle, une serviette sous le bras, le bon Pacôme sortit et revint, une minute après, portant dans ses bras une dame-jeanne recouverte d'osier qu'il posa triomphalement sur la table.

— Vivat! s'écria Henri.

Et l'on but du jurançon à pleins verres. Seulement, de temps à autre, le vidame, qui voulait garder sa tête à lui, donnait à boire à sa chemise ou vidait adroitement son verre sous la table.

Il était près de minuit lorsque le roi de Navarre songea à se mettre au lit.

Berthe était depuis longtemps rentrée dans son appartement.

Le Béarnais y pénétra.

Vaincue par la fatigue et la douleur, la jeune fille avait fini par s'endormir.

Henri contempla un moment les traits angéliques de la jeune fille, puis il sortit sur la pointe du pied.

— Pauvre enfant! dit-il. Ah! je veillerai sur toi comme si tu étais ma fille!...

Il trouva Raoul dans le corridor.

Raoul trébuchait bien un peu, mais il avait l'œil clair et la langue déliée malgré cela.

— Sire, dit-il tout bas, est-ce que nous allons dormir?

— Mais sans doute, mon garçon : pourquoi cette question?

— Oh! c'est une idée...

— Quelle idée?

— Le vidame est catholique. Je m'en méfie...

— Bah!

— S'il allait se douter qu'il a le roi de Navarre pour hôte...

Henri se prit à sourire.

— Mon cher enfant, dit-il, voici trois nuits que je ne dors pas. Je meurs de sommeil...

— Mais, si Votre Majesté dort, nous veillerons nous...

— Oui, certes.

— A la bonne heure! dit Raoul.

— Ainsi, écoute bien, continua le Béarnais; tu vas prendre un fauteuil...

— Oui, Sire.

— Et tu passeras la nuit, là, à la porte de mademoiselle Berthe, une paire de pistolets à ta ceinture...

— Et mon épée entre mes jambes, dit Raoul.

— C'est cela...

— Mais vous, Sire?

— Je vais faire coucher mes deux Gascons dans ma chambre.

— Ah! très-bien...

— Bonsoir, Raoul.

— Bonsoir, Majesté.

Henri siffla les deux Gascons qui se tenaient respectueusement à distance à l'autre extrémité du corridor.

Les Gascons, à leur tour, firent un signe à Pacôme.

Pacôme était derrière eux un flambeau à la main.

L'ex-sacristain de la paroisse Saint-Euverte, située, comme chacun sait, en la bonne ville-d'Orléans, ouvrit lui-même la chambre du roi.

C'était une vaste pièce, un peu délabrée, qui paraissait être la chambre d'honneur du château.

Le roi y jeta un rapide coup d'œil et crut remarquer qu'elle n'avait qu'une issue, la porte par laquelle il était entré.

Comme si on eût deviné ses intentions, Henri vit trois lits dans la chambre.

— Ah! ceci est fort bien, dit-il.

Et il congédia Pacôme.

Lorsque Pacôme fut parti, le roi alla lui-même pousser les verrous de la porte; puis il plaça ses pistolets sur un guéridon à la portée de sa main, son épée sous le traversin du lit, et alors il dit aux deux Gascons :

— Messieurs, il me serait agréable que vous conservassiez bottes et pourpoint et vous tinssiez prêts à tout événement : faites comme moi.

Sur ces mots, le roi de Navarre se jeta sur son lit tout habillé et s'endormit en moins d'un quart d'heure, sous la garde des deux gentilshommes... Ceux-ci, pour ne point céder au sommeil, s'assirent sur un autre lit, posèrent un flambeau sur une table, tirèrent un cornet et des dés de leurs poches et se mirent à jouer.

— A la bonne heure! avait murmuré Henri, qui, avant de s'endormir, entrevit ces préparatifs, je serai bien gardé.

Les deux Gascons jouèrent pendant une heure environ, puis le sommeil commença à les gagner.

— C'est singulier! murmura l'un deux, comme tous ces vins-là me montent à la tête.

— Moi, dit l'autre, je n'en peux plus.

— Veux-tu faire un marché? dit l'un.

— Oui, répondit l'autre.

— Nous allons dormir une heure chacun.

— Soit!

Le premier Gascon s'endormit, mais avant que l'heure se fût écoulée, l'autre s'endormit pareillement et oublia de réveiller son compagnon...

Et celui qui, à deux heures du matin, fût entré dans a chambre royale, eût entendu trois ronflements aussi sonores que le bourdon d'une cathédrale.

. . . .

Raoul, lui, ne dormait pas.

L'ex-page de Charles IX, le bien-aimé de Nancy, le favori de la duchesse de Montpensier, — car Raoul avait été tout cela, — réfléchissait au lieu de dormir.

Il avait bien un peu la tête lourde, les membres endoloris, le dos courbaturé.

Mais sous son enveloppe presque délicate, Raoul avait une âme bien trempée, des muscles d'acier et une volonté de fer.

— Je ne dormirai pas, s'était-il dit.

Et Raoul, dominant l'ivresse, ne dormait pas.

Or, tout à l'envers de certaines gens qui ont l'ivresse gaie, Raoul avait le vin triste, et ses réflexions s'en ressentaient quelque peu ce soir-là.

Raoul songeait à la duchesse.

A la duchesse qui, il le croyait fermement, était morte, noyée au fond du chaland.

Et, comme le roi de Navarre, il en éprouvait un très-vif chagrin.

— Enfin, se disait Raoul, je suis la cause première de cette aventure... C'est moi qui ai trahi cette femme qui m'aimait... moi qui l'ai livrée au roi de Navarre...

Et Raoul soupirait, bourrelé par le remords...

Le corridor dans lequel il se trouvait était plongé dans les ténèbres.

Le château était silencieux, et ses hôtes dormaient sans doute.

Donc, Raoul, qui ne dormait pas, songeait, et songeait en soupirant...

Il se disait qu'à cette heure la duchesse dormait froide et inanimée au fond des flots, elle dont le sein avait battu, dont l'œil avait eu de chauds regards, les lèvres de brûlantes caresses.

Et comme il continuait à soupirer, le page tressaillit tout à coup.

Une lueur étrange, verte et bleue, comme celle des feux follets, s'était faite à l'extrémité opposée du corridor.

Puis, dans le cercle tracé par cette lumière surnaturelle, une forme blanche, un fantôme, surgit lentement du sol et marcha.

Et la lueur verte et bleue marcha autour de lui et sembla lui faire une auréole... Et Raoul poussa un cri et sentit ses cheveux se hérisser, ses dents claquer, ses membres trembler de frayeur, et son front s'inonder d'une sueur glacée...

Le fantôme venait à lui.

XXXIII

Le fantôme marchait lentement, mais il marchait...

Et à mesure qu'il avançait, Raoul frissonnait plus fort...

Ce fantôme, enveloppé, suivant la tradition à laquelle tous les fantômes sont fidèles, dans un linceul blanc, avait cette démarche lente et solennelle des morts à qui Dieu permet de revenir sur la terre.

Raoul le regarda et tomba à genoux, les mains jointes.

C'était une femme.

Ses longs cheveux blonds denoués flottaient autour de son visage plus blanc que son linceul, plus pâle qu'une aube de juin.

Raoul épouvanté reconnut la duchesse Anne de Lorraine.

La trépassée vint à lui.

Et, comme il se courbait frémissant et semblait demander grâce par son attitude, elle lui dit d'une voix qui n'avait plus rien d'humain ni de terrestre :

— Lève-toi !

Et le page, comme s'il eût été mû par un ressort, obéit et se leva.

Alors la morte fixa sur lui un regard triste et doux :

— Tu as causé ma mort, dit-elle.

Raoul courba le front et se frappa la poitrine.

— Et pourtant, continua la morte, je t'aimais bien...

Raoul se sentit étreint par un remords immense.

— C'est toi qui m'as livrée au roi de Navarre, poursuivit la trépassée.

— Grâce ! balbutia Raoul.

— Toi qui m'as précipitée dans l'abîme du monde éternel.

— Grâce ! grâce !

— Eh bien ! sois content, Raoul, dit-elle encore, toi que j'aimais, toi qui me haïssais.

— Ah ! par pitié !... gémit Raoul.

Elle lui imposa silence d'un geste impérieux et digne.

— Sois content, car je suis damnée.

Elle prononça ces derniers mot d'une voix rauque et étranglée.

Raoul retomba à genoux.

Mais elle, fixant de nouveau sur lui son œil ardent :

— Lève-toi ! ordonna-t-elle, lève-toi, malheureux, et écoute !

Et Raoul se leva de nouveau.

— Je suis damnée, reprit la morte, à moins que je ne parvienne à réparer le tort que j'ai fait en ce monde... Et toi seul peux m'aider en cette réparation...

Un cri s'échappa de la poitrine oppressée de Raoul.

La trépassée poursuivit :

— Il y a dans ce château, à quelques pas d'ici, des papiers qui sont tellement importants, que le salut de cet homme qui fut mon ennemi mortel, et qui s'appelle le roi de Navarre, en dépend.

Ces mots délièrent la langue paralysée de Raoul.

— Ah ! madame, s'écria-t-il, parlez... parlez... et je demanderai pardon à Dieu d'avoir involontairement causé votre mort.

Elle eut un sourire pâle, le sourire des gens qui viennent d'outre-tombe.

— Tu es un serviteur fidèle, dit-elle. Eh bien ! suis-moi.

Raoul s'enhardissait à mesure que la colère de la trépassée semblait s'apaiser.

— Suis-moi, Raoul, répéta la morte.

Et Raoul quitta la place où il était; il fut tout étonné d'avoir encore l'usage de ses deux jambes.

La morte s'en alla par où elle était venue.

La lueur surnaturelle l'accompagnait, éclairant le chemin.

Vaincu par la peur, dominé par une irrésistible attraction, Raoul suivait le fantôme de la duchesse de Montpensier.

La morte s'en alla ainsi jusqu'à l'extrémité du corridor.

Là elle se retourna :

— Ces papiers, dit-elle, sont dans le double fond du tiroir d'un bahut.

— Ah ! fit Raoul, qui commençait à se familiariser avec le fantôme.

— Ce bahut est dans une chambre inhabitée, poursuivit la trépassée.

— Et vous m'y conduisez ?

— Oui.

La duchesse se remit en marche.

Raoul se reprit à marcher derrière elle, toujours guidé par cette étrange clarté que répandait dans le corridor une lampe invisible...

Le fantôme s'arrêta de nouveau.

Il était en face d'une porte.

Cette porte à deux vantaux était fermée par trois serrures.

— Baisse-toi, dit la trépassée, et soulève cette dalle.

Elle lui montrait, au bas de la porte, un large carreau de marbre qui paraissait être descellé.

Raoul, qui s'accoutumait petit à petit à ces relations avec les morts, prit sa dague à son flanc, la tira du fourreau et en glissa la pointe contre cette dalle de façon à la soulever.

Sous la dalle était une clef.

— Prends cette clef, dit le fantôme, et ouvre cette porte.

Raoul obéit.

Il fit successivement jouer les trois serrures, et la porte s'ouvrit.

Alors la trépassée et le page se trouvèrent au seuil d'une sorte de petite salle qui avait dû être un oratoire, et dont l'ameublement vermoulu remontait à un autre âge.

Cette salle, aux murs enfumés, renfermait, entre autres meubles, un grand bahut de chêne à ferrure d'acier.

— C'est là, dit la trépassée.

Et elle désigna un tiroir que Raoul ouvrit.

Ce tiroir était vide.

— Ne vois-tu pas dans ce coin, à gauche, la tête d'un clou ? dit la morte.

— Oui.

— Appuie ton doigt dessus.

Raoul obéit encore.

Alors la planche qui semblait former le fond du tiroir fit la bascule et mit à découvert une petite cachette.

Dans cette cachette, il y avait un rouleau de parchemin.

— Prends ces papiers, ordonna la duchesse.

Raoul s'en empara, et, sur un signe de son étrange conducteur, les mit dans son pourpoint.

Celle-ci dit encore :

— Viens toujours, tout n'est pas fini.

Durant le trajet, Raoul s'était tellement familiarisé avec l'ombre de madame de Montpensier, qu'il finissait par la regarder en face.

— Certes, pensait-il, la duchesse est bien morte... sa pâleur, ses yeux caves et brillants comme des tisons, me le disent... Et puis, j'ai beau avoir l'oreille fine... quand elle marche je n'entends pas le moindre bruit. Les vivants ne cheminent pas ainsi sur les dalles d'un corridor.

La duchesse ou son ombre continuait à ordonner, et Raoul à obéir.

Elle lui fit refermer le double fond du tiroir, puis le tiroir lui-même, puis la porte et ses trois serrures.

Et quand il eut remis la clef sous la dalle, elle lui dit :

— Ce n'est pas tout, il y a d'autres papiers encore dans le château.

— Et ces papiers ?...

— Ces papiers seront aussi utiles au roi de Navarre que ceux que tu tiens déjà.

— Marchons ! dit Raoul.

Le fantôme se remit en route. Mais, au lieu de revenir sur ses pas, il prit une direction opposée.

Le corridor tournait, décrivant une sorte d'ellipse, et paraissait s'élargir à mesure que la duchesse s'avançait.

Raoul avait fini par s'imaginer qu'il faisait un rêve.

Un rêve peuplé de fantômes et assailli par le cauchemar.

Tout à coup cependant la duchesse s'arrêta.

Raoul s'arrêta pareillement.

La duchesse se retourna, et il sembla au page que la lueur qui lui servait d'auréole brillait d'un plus vif éclat.

— Approche, Raoul, dit la trépassée.

Raoul fit deux pas de plus et se trouva face à face avec la morte.

Alors elle le regarda plus tristement encore qu'elle ne l'avait regardé jusqu'alors.

— Mon pauvre Raoul, lui dit-elle, pourquoi donc m'as-tu trahie ?

Le page balbutia.

— Je t'aimais bien, va... reprit la trépassée.

— Ah ! madame... madame... dit le page, au nom de Dieu, pardonnez-moi !

— Oui, je te pardonne... et cependant...

L'accent de la morte était si triste qu'on eût dit qu'elle avait des larmes dans la voix.

— Cependant ?... fit Raoul avec angoisse.

— Je vais m'en retourner bien tristement dans l'autre monde.

— Madame !

— En songeant que je serai séparée de toi pour l'éternité.

Un sanglot acheva ces paroles de la trépassée.

Raoul se mit à genoux.

— Au nom de Dieu, madame, dit-il, daignez me pardonner !

— Aurais-tu le courage de mériter ton pardon ?

— Ah ! parlez ! que faut-il faire ?

— Un dernier baiser...

Raoul eut le vertige et recula. On n'embrasse pas les morts si facilement.

— Tu le vois bien, dit la trépassée, tu as peur...

— Eh bien ! non, s'écria Raoul.

Et il alla vers la duchesse.

En ce moment la lueur verte et bleue s'éteignit, et Raoul se trouva dans les ténèbres.

Mais en même temps aussi deux bras nerveux le saisirent, l'enlacèrent, et les lèvres de la duchesse s'imprimèrent sur son front baigné de la sueur de l'angoisse.

— Ah ! je t'aimais, dit-elle... Oh ! oui, je t'aimais...

Et, morte ou vivante, elle l'entraîna frémissante et lui fit faire quelques pas en avant.

— Je t'aimais... reprit-elle, avec passion... avec délire.

Et elle le tourna devant elle et le poussa au lieu de l'entraîner...

Raoul palpitait sous ses étreintes.

— Je t'aimais... et tu m'as trahie ! acheva-t-elle.

12

Soudain les bras de la duchesse se détendirent et repoussèrent Raoul.

Celui-ci fit un pas en arrière et jeta un cri perçant.

Un cri auquel répondit un strident éclat de rire.

Le page venait de tomber dans l'oubliette qui déjà avait englouti le traître Gaston!

. . . .

XXXIV

Le roi de Navarre dormait.

Henri de Bourbon était bien le prince qu'avait deviné son aïeul Jean d'Albret, lorsque, le jour de sa naissance, il lui frotta les lèvres avec une gousse d'ail, lui fit avaler un verre de vin des montagnes et prédit que ce serait un grand guerrier et un grand chasseur.

Qui dit grand chasseur, dit dormeur acharné.

Lorsqu'il y avait péril, Henri ne dormait pas; quand le danger lui semblait loin, Henri faisait un solide pacte avec le dieu *Morpheus*, comme eût dit le roi Henri III, qui se piquait d'être latiniste.

Il dormait si bien que le canon d'une ville assiégée ne l'eût point éveillé.

Il dormit longtemps.

Son sommeil fut peuplé de rêves bizarres.

Il se retrouva sur le chaland, se revit à la nage sauvant Berthe de Mallevin.

Puis encore il se revit à table auprès de l'excellent vidame de Panesterre, qui était de si belle humeur.

A partir de ce moment, son sommeil devint plus lourd.

Il sentit que l'ivresse l'avait gagné, mais cette pensée domina son rêve :

— Heureusement, mes fidèles Gascons veillent auprès de moi.

Plusieurs fois même il essaya de s'éveiller, mais ce fut sans succès.

L'ivresse l'étreignait comme dans un étau de fer.

Alors, continuant son rêve, le roi de Navarre s'imagina qu'il était tombé au pouvoir de ses ennemis, qu'on avait massacré ses compagnons, volé l'or des huguenots, et qu'on le conduisait en une forteresse fermée par des portes massives, gardée par des soldats aux couleurs de Lorraine et protégée par des fossés profonds remplis d'eau noire et nauséabonde.

Puis, comme il était plongé en cette forteresse dans un cachot sans lumière et sans air, les ténèbres se firent dans son rêve comme dans sa prison...

Et il dormit encore.

Combien de temps? Assurément il lui eût été impossible de le calculer, lorsqu'il finit par s'éveiller.

Un rayon de soleil passait à travers l'ogive et les vitraux coloriés des fenêtres et venait se jouer, multicolore, sur la courtine blanche du lit.

Henri promena autour de lui un regard étonné et mélangé d'inquiétude.

Il était bien dans la chambre où on l'avait conduit la veille.

Un simple coup d'œil lui permit de reconnaître les meubles, les boiseries, et, au-dessus de la cheminée, l'écusson du vidame de Pranesterre, qui était mi-parti d'azur et de sable avec un chevron en abîme et un goupillon en sautoir.

Mais les lits des Gascons avaient disparu, et avec les lits les Gascons eux-mêmes.

— Oh! oh! fit le roi, que veut dire cela?

Il sauta à bas de son lit, courut à la croisée et s'aperçut que le rayon de soleil qu l'avait éveillé était un rayon de soleil couchant.

— Mais combien d'heures ai-je donc dormi? s'écria-t-il.

Sa voix se perdit dans le silence de la vaste salle.

— Holà! quelqu'un! à moi! répéta-t-il.

Nul ne lui répondit.

— Où diable sont-ils donc allés? se dit le roi de Navarre.

Et il se tâta, comme s'il eût voulu s'assurer que pendant son sommeil on ne lui avait cassé ni côtes, ni bras, ni jambes. Un moment il pensa que, respectant son long sommeil, ses Gascons étaient sortis pour aller respirer le grand air.

Et il se dirigea vers la porte dans l'intention de l'ouvrir et de mettre le nez dans le corridor. Mais, à son grand étonnement, cette porte se trouva fermée.

Henri fronça le sourcil et revint au guéridon sur lequel il avait déposé ses pistolets. Les pistolets avaient disparu.

Il passa la main sous son traversin et étouffa un cri de colère.

Son épée, qu'il y avait placée la veille, n'y était plus!

— Ventre-saint-gris! s'écria-t-il, mais cela m'a tout l'air d'une trahison!

Un petit rire moqueur, rire féminin à coup sûr, et qui paraissait sortir de la muraille, lui répondit.

— Suis-je donc prisonnier! exclama-t-il.

— Prisonnier de l'amour et de la beauté, répondit une voix.

En même temps, Henri, stupéfait, vit un panneau de la boiserie tourner sur lui-même, mettre à découvert une porte dont il ne soupçonnait pas l'existence, et livrer passage à une femme.

A la vue de cette femme, Henri de Navarre jeta un nouveau cri.

C'était la duchesse.

Non plus ce fantôme à l'œil ardent et au pâle visage qui était apparu au page Raoul, mais Anne de Lorraine, duchesse de Montpensier, étincelante de jeunesse, rayonnante de beauté, et qui vint au roi de Navarre en souriant.

Le panneau se referma derrière elle.

— Bonjour, beau cousin, dit-elle à Henri en lui tendant la main.

— Madame... balbutia Henri, qui ne savait trop s'il avait affaire à une femme ou à une apparition.

— Mon cher cousin, reprit-elle, je pourrais jouer au fantôme avec vous, car vous m'avez crue morte... avouez-le...

— En effet...

— Et même vous m'avez regrettée, convenez-en.

— Mais, madame...

— Au lieu donc de jouer au fantôme, je préfère vous dire que je suis vivante, bien vivante et que je me suis sauvée hier à la nage...

— Ah! dit Henri, qui fronçait démesurément le sourcil.

— Un de vos gentilshommes, poursuivit la duchesse, s'est épris de moi.

— Gaston! s'écria Henri, qui eut un soupçon de la vérité.

— Justement!

— Ah! le traître!

— Traître, en effet, est bien le mot, mon cousin, car il a fait échouer volontairement votre chaland et entravé vos tonnes d'or dans leur marche conquérante.

Henri jeta un regard furieux à la duchesse.

— Continuez, madame, continuez, dit-il, je vois que nous sommes ennemis plus que jamais.

— Comment! fit-elle avec un air de naïveté infernale, mais, hier soir encore, ne me disiez-vous pas que vous m'aimiez?...

— Oh!

— Je l'ai cru un moment, figurez-vous... Mais vous avez joué de malheur... J'ai l'oreille fine, j'entends à travers les murs, à plus forte raison à travers les cloisons en planches d'une barque... Or donc, j'ai entendu...

— Quoi donc? demanda le roi de Navarre.

— Votre voix qui murmurait des paroles d'amour à une jolie fille.

— Ah! vraiment!

— Alors j'ai compris que vous vous étiez moqué de moi, mon cousin.

— Et... à votre tour?...

— A mon tour, je me suis juré de vous battre.

— En vérité!

— Vous allez voir que j'ai réussi...

— Oh! mon Dieu! fit Henri avec bonhomie, je puis abréger votre récit, madame.

— Comment cela?

— Je devine ce qui s'est passé...

— Ah ! ah !

— Vous êtes venue ici avec le gentilhomme qui m'a trahi ?

— Oui, mon cousin.

— Ensuite, vous avez dicté vos ordres à notre hôte, qui, en sa qualité de catholique, s'est mis à votre disposition ?

— Précisément.

— Et vous m'avez tendu un piége dans lequel je suis tombé ?

La duchesse eut un adorable sourire.

— Je ne puis vous le céler davantage, dit-elle, piége est bien le mot.

— Sans doute on a massacré mes compagnons ?

— Non, dit la duchesse, on s'est contenté de les garrotter et de les bâillonner.

— Moi, on m'a pris mon épée...

— Et vos pistolets, mon cousin, et votre dague.

— Eh bien ! ma cousine, s'écria Henri qui ne se laissait pas abattre pour si peu, ce n'est pas tout que de faire des prisonniers...

— Il faut encore les garder, voulez-vous dire ?

— Justement.

— On y veillera, mon cousin.

— Feu le roi Charles IX m'avait autrefois envoyé à Vincennes.

— Je le sais, et vous en êtes sorti.

— Par une fenêtre située à quarante pieds du sol.

— Nous vous mettrons dans un souterrain.

— Vraiment ?

— Hélas ! oui.

— Et où cela ?

— A Nancy, parbleu !

Henri se prit à rire.

— C'est fort bien dit, madame, mais il faut auparavant me conduire à Nancy, j'imagine.

— On vous y conduira, mon cousin.

— Avec le vidame et ses gens pour escorte, peut-être, madame ?

— Oh ! non pas, fit la duchesse, qui raillait toujours. Un roi de Navarre ne voyage point en si mince équipage.

— Vous m'avez trouvé mieux, sans doute ?

— Voyez plutôt, mon cousin.

Et la duchesse ouvrit la croisée, sous laquelle Henri entendit piaffer des chevaux.

Il se pencha et regarda.

Une vingtaine de cavaliers étaient rangés en bataille dans la cour du manoir.

Ils étaient armés de toutes pièces et portaient sur leur cuirasse la croix blanche de Lorraine.

Henri fronça de nouveau le sourcil.

— Voilà une escorte digne de vous, n'est-ce pas ? fit la duchesse.

— Oui, dit le roi de Navarre avec un soupir ; mais heureusement j'ai quelque part là-haut, dans le ciel, une bonne étoile qui ne m'abandonnera pas !

XXXV

Madame Catherine menait triste vie au château d'Amboise.

Sa cour se composait de quelques serviteurs demeurés fidèles à sa mauvaise fortune, du chevalier italien d'Asti et d'un personnage mystérieux sur lequel on jasait fort à Amboise et dans les environs.

Ce personnage, de haute taille, aux cheveux grisonnants, tout vêtu de noir, avait la démarche assurée et noble d'un homme de qualité.

Il parlait peu, rarement même on entendait le son de sa voix.

Cependant, on avait cru remarquer qu'il avait l'accent italien.

Quant à son visage, nul ne l'avait jamais vu, attendu que ce personnage, sur lequel s'exerçait à plaisir la curiosité publique, portait nuit et jour un masque de velours noir.

Il était arrivé un soir à Amboise, précédé par un page qui portait un billet.

Ce billet avait fort ému la reine-mère.

Quand l'homme au masque de velours était arrivé, elle avait daigné quitter son appartement et descendre le recevoir jusqu'au perron d'honneur.

Il y avait de cela environ six mois. Depuis ce temps-là, l'inconnu semblait partager la faveur dont jouissait le chevalier d'Asti.

On l'apercevait se promenant avec la reine-mère dans le parc.

Souvent même il était admis à sa table, mais on ne le voyait jamais à visage découvert.

Après le souper de la reine, il s'enfermait quelquefois avec elle et le chevalier d'Asti.

Un page, qui avait écouté aux portes, prétendait qu'il dictait au chevalier un ouvrage sur la politique, qu'il composait en collaboration avec madame Catherine.

Que cela fût vrai ou faux, toujours est-il que le mystérieux personnage était seul, un soir, avec la reine-mère, lorsque le cheval de M. d'Asti entra, bride abattue, dans la grande cour du château d'Amboise.

Le chevalier sauta lestement à terre.

Il venait d'Angers à franc étrier et était porteur d'une lettre de messire François de Valois, dauphin de France et duc d'Anjou, pour la reine-mère.

Le chevalier pénétra sans se faire annoncer dans le cabinet de madame Catherine et lui remit le message de son fils.

Catherine en rompit le scel de soie et se mit aussitôt à lire, priant d'un geste l'homme au masque noir de vouloir bien l'excuser.

Sans doute ce message était fort important, car dès la première ligne la reine-mère parut absorbée par sa lecture.

Et, en effet, ce message disait :

« Madame ma mère,

» Après avoir souhaité que la présente vous trouve en santé, joie et liesse, que Votre Majesté me permette d'aller tout de suite au but. La cause catholique vient de remporter une grande victoire...

» Les ennemis du royaume n'ont plus de chef.

» Ce mécréant de roi de Navarre, notre cousin Henriot, que Dieu confonde! est en nos mains.

» Et vive Dieu! madame ma mère, il n'en sortira pas.

» Il est arrivé sous bonne escorte, cette nuit, au château d'Angers, un peu avant le point du jour.

» Je l'ai fait conduire dans la grosse tour, et on l'a enfermé dans un souterrain, derrière la porte duquel deux hommes sûrs veillent nuit et jour. »

— Ah çà! se dit nonchalamment la reine-mère poursuivant sa lecture, comment le roi de Navarre peut-il être au pouvoir de mon fils François ? Poursuivons...

Et elle continua de lire :

» Mais on n'a pas en son pouvoir un homme comme le roi de Navarre, ma chère mère, sans réfléchir longtemps sur le parti qu'on prendra vis-à-vis de lui.

» Du moins telle est l'opinion de mon cousin de Guise, qui est auprès de moi, ainsi que sa sœur, ma cousine, la duchesse de Montpensier.

» Dans notre embarras, nous avons résolu de vous demander conseil.

» Et c'est pour cela, madame ma mère, que je supplie Votre Majesté de me venir joindre à Angers en toute hâte.

» Je suis,

» Madame ma mère,

» De Votre Majesté le bon fils,

» François. »

La reine tendit cette lettre à l'homme au masque de velours.

Celui-ci la lut, et à travers son masque, ses yeux brillaient comme des escarboucles.

— Eh bien ? fit Catherine.

— Eh bien ! madame, dit l'homme au masque, il faut aller à Angers.

— Sur-le-champ ?

— Sur-le-champ, madame.

La reine se leva, demanda sa litière, des mules, et ajouta :

— Tu as raison, il ne faut pas laisser les Guise gagner trop de terrrain.

En moins d'une heure, les équipages de la reine-mère furent prêts.

On lui amena une litière au bas du perron. Cette litière était portée à brancards par deux mules d'Espagne, vigoureuses et de haute taille.

Un page et le chevalier d'Asti montèrent à cheval aux portières.

Quant à l'homme au masque de velours, il se plaça dans la litière auprès de la reine, et s'entretint mystérieusement avec elle.

Les cavaliers galopaient, les mules allaient bon train et avaient pris un grand trot allongé; cependant le trajet fut long.

On voyagea toute la nuit, on passa la Loire à Saumur, et ce ne fut qu'à la première aube que la reine-mère vit se dessiner dans le bleu pâle de l'horizon les tourelles pointues et les clochetons du château d'Angers.

Cependant, avant de franchir les portes de la ville, la reine-mère fit arrêter la litière et appela son page, qui galopait à la portière de gauche.

— Mon mignon, dit-elle en tirant de son doigt un anneau, tu vas prendre cette bague.

Le page s'inclina.

— Tu pousseras ventre à terre jusqu'au château, et tu demanderas à voir le duc d'Anjou.

— Oui, madame.

— Tu lui montreras cet anneau; à sa vue il reconnaîtra que tu es mon messager et qu'il doit ajouter foi à tes paroles.

— Que lui dirai-je? demanda le page.

— Que je n'irai pas au château et qu'il ne prévienne point le duc de Guise de mon arrivée à Angers.

— Est-ce tout ?

— Non, tu lui diras en outre qu'il me vienne visiter dans la maison où je serai descendue : c'est celle du barbier-étuviste Loisel.

Le page mit l'éperon au flanc de son cheval et repartit.

La reine entra dans la ville après lui.

Le commandant de la porte était un vieil officier du duc, qui s'inclina respectueusement en reconnaissant la reine-mère.

— Monsieur de Loignac, lui dit Catherine, je vais à Angers secrètement... tenez-vous-le pour dit.

L'officier laissa passer la reine-mère.

La litière gagna le bord de la Loire, suivit un moment la berge et ne s'arrêta que devant une maison d'apparence modeste qui avait pour enseigne :

A LA SANTÉ DU CORPS

LOISEL

Barbier-étuviste, chirurgien, etc.

M. d'Asti frappa à la porte avec le pommeau de son épée, et peu après un homme grisonnant, au visage rougeaud et à l'abdomen proéminent, vint ouvrir.

Cet homme salua avec un respect non équivoque et qui témoignait qu'il connaissait parfaitement les hôtes de distinction qui descendaient chez lui.

— Mon bon Loisel, lui dit la reine, tu vas me donner ma chambre habituelle et cacher monsieur.

Elle désignait l'homme au masque de velours. La litière entra dans la cour de la maison. On détela les mules, et madame Catherine prit possession d'une modeste chambre, celle du barbier, tandis que l'homme masqué suivait le barbier dans un autre logis.

Tout cela s'était accompli à une heure si matinale que personne dans le quartier n'avait vu entrer la litière.

Une heure après, un gentilhomme enveloppé dans un grand manteau, son chapeau rabattu sur les yeux, frappait à la porte de Loisel.

Le barbier salua jusqu'à terre et s'empressa de conduire le visiteur auprès de madame Catherine.

Ce visiteur, on le devine, c'était François de Valois.

La reine-mère l'embrassa avec effusion.

— Mon fils, dit la reine-mère, avez-vous fait part à votre cousin Henri de Guise du message que vous m'avez envoyé?

— Oui, certes.

— C'est un tort.

— Pourquoi, madame?

— Parce que je ne veux pas qu'il me voie.

— Ah!

— Mais je veux le voir, moi.

François de Valois avait une foi profonde dans la sagesse et les vues politiques de sa mère. Il attendit donc qu'elle complétât sa pensée.

— Mon fils, poursuivit-elle, je passerai la journée ici, et vous répondrez au duc de Guise que je ne suis point encore arrivée.

— Mais... le huguenot... qu'en ferons-nous? demanda le duc en faisant allusion au roi de Navarre.

— Nous verrons cela plus tard...

Et comme il semblait ne pas comprendre :

— Le roi de Navarre est peut-être moins notre ennemi que le duc de Guise, mon fils.

François tressaillit.

— Mais, acheva Catherine, avant de rien décider, je veux réfléchir. Ce soir, j'irai au château.

— Ah!

— J'irai à pied, voilée. J'entrerai par la poterne du bord de l'eau.

— Bien.

— Et vous viendrez m'ouvrir vous-même, puis vous me conduirez dans votre appartement.

— Et là?...

— Là, dit la reine-mère, vous m'apprendrez ce que vous aura dit ce beau cousin de Guise, car certainement il aura bien quelque proposition à vous faire d'ici à ce soir.

— Vous croyez? fit le duc pensif.

— Oh! j'en suis sûre, dit Catherine. Et maintenant adieu, à tantôt.

XXXVI

Un épais brouillard était descendu sur la Loire et la ville d'Angers.

Un de ces brouillards de décembre, si épais que la lumière des lanternes est impuissante à les traverser.

Madame Catherine sortit vers huit heures, en grand mystère, de la maison de Loisel, le barbier-étuviste. L'homme au masque de velours l'accompagnait, et la reine-mère s'appuyait sur son bras.

— Vois-tu, disait-elle, je n'aime pas le roi de Navarre plus que toi.

Ces mots firent tressaillir l'homme au masque, et ses yeux brillèrent de fureur.

— Mais, mon ami, poursuivit la reine, je suis de l'avis du *Prince* (de Machiavel), qui disait que deux ennemis valent mieux qu'un.

— C'est une singulière opinion, madame.

— Tu trouves?

— Dame! et je ne puis trop la comprendre...

— Alors, écoute... un ennemi est à craindre lorsque sa haine a l'intérêt pour mobile.

— Je suis de cet avis, madame.

— Mais deux ennemis qui ont le même but sont préférables à un seul, par la raison toute simple qu'en allant au même but, ils deviennent rivaux en chemin.

— C'est juste.

— Et qu'il y a chance pour celui vers lequel ils marchent de les voir se dévorer en route.

— Je comprends encore cela, dit l'homme au masque.

— Or donc, poursuivit Catherine, que suis-je? Une reine qui a vu deux de ses fils descendre sans postérité dans la tombe, et dont les deux autres enfants n'ont pas davantage de postérité.

— Hélas! soupira l'homme au masque de velours.

— Le but de nos ennemis, à mes fils et à moi, c'est la couronne de France.

— Oui.

— Et nos ennemis sont le roi de Navarre et les princes lorrains...

— Il est certain qu'ils y songent tous...

— Eh bien! reprit Catherine, voici que le roi de Navarre est au pouvoir des Lorrains.

— Et, certes, ils ne le lâcheront pas...

Catherine ne répondit rien...

Elle chemina silencieusement un moment auprès de son compagnon, puis tout à coup :

— C'est une méchante affaire dans laquelle s'est enferré mon fils François, dit-elle.

Et elle retomba dans son mutisme.

Dix minutes après, elle arrivait sous les murs du château d'Angers, évitait la grande porte et se dirigeait vers la poterne qu'elle avait indiquée au duc d'Anjou.

Mais avant de frapper, elle dit à son compagnon :

— Enfonce ton chapeau et mets un pan de ton manteau sur ton visage, afin qu'on ne voie pas ton masque.

L'inconnu obéit.

Alors, de sa main gantée, la reine-mère frappa trois coups.

Aussitôt la poterne s'ouvrit, et un homme se montra au seuil d'un corridor plongé dans les ténèbres.

Le duc d'Anjou connaissait trop bien les habitudes mystérieuses de madame Catherine pour avoir un seul instant songé à se faire accompagner d'un page portant une torche.

— Est-ce vous? dit-il, car c'était bien lui qui venait d'ouvrir la poterne.

— C'est moi, dit Catherine.

Malgré le brouillard et la nuit, le duc aperçut l'homme au masque.

— Quel est cet homme? dit-il avec un accent de défiance.

— C'est M. d'Asti, répondit Catherine avec assurance.

L'homme s'inclina silencieusement.

Catherine prit alors la main de son fils et lui dit :

— Je connais parfaitement le château d'Angers, que j'ai habité autrefois.

— Je le sais, madame.

— Au bout de ce corridor est un petit escalier qui conduit aux appartements des gardes et des gens de service.

— C'est cela même.

— Parmi ces appartements, il est une chambre qui est située verticalement au-dessus de votre cabinet, car je suppose que vous avez choisi le cabinet qu'occupait le roi votre père lorsqu'il était duc d'Anjou.

— Précisément, dit le duc.

— Par qui est habitée cette chambre?

— Par personne. Je n'aime pas à entendre du bruit au-dessus de moi.

— A merveille! dit Catherine. Vous allez me conduire dans ce logis.

— Sans lumière.

— Sans lumière. Marchez, je connais l'escalier.

Le duc monta le premier, après avoir refermé la poterne; la reine-mère le suivit, et l'homme au masque de velours ferma la marche.

Quand ils furent à la porte de la pièce qu'elle avait indiquée, la reine-mère se pencha à l'oreille du duc:

— Où est M. de Guise? dit-elle.

— Dans mon cabinet.

— Qu'y fait-il?

— J'ai prétexté quelques ordres à donner et l'y ai laissé.

— Mais que faisiez-vous ensemble?

— Nous causions.

— De quoi?

— Le duc me disait qu'il voulait, avant de décider quel parti nous prendrions relativement au roi de Navarre, me faire une proposition.

— Ah ! je m'y attendais...
— Vraiment !
— Oui, mon fils. Eh bien ! il faut écouter la proposition du duc.
— Et l'accepter ?
— Oh ! dit la reine-mère, vous lui demanderez d'abord la permission de réfléchir.
— Mais vous, madame, vous allez donc rester ici ?
— Oui.
— Et toujours sans lumière ?
— Comme vous le dites.
— Quand dois-je venir vous rejoindre ?
— Lorsque vous m'entendrez, de votre cabinet, frapper trois coups sur le parquet. Maintenant, ajouta la reine, laissez-moi.

François de Valois sortit.

Alors Catherine et son mystérieux compagnon s'enfermèrent dans cette chambre plongée dans les ténèbres.

L'homme au masque était silencieux.

— Reste là, lui dit la reine-mère, et ne bouge.

Il s'assit sur un siége qui se trouvait à sa portée ; la reine, au contraire, marcha sur la pointe des pieds jusqu'au mur opposé à la porte.

Là, sa main chercha un ressort et le pressa.

Soudain un rayon lumineux se fit jour à travers le mur.

— Qu'est-ce que cela ? demanda l'homme au masque.

— Approche, et tu verras, dit la reine.

L'homme au masque obéit et vit un trou percé dans le mur.

Ce trou aboutissait à une surface étincelante posée sur un plan incliné.

— C'est une invention italienne que tu dois connaître, dit madame Catherine. Voilà un miroir d'acier auquel correspond d'abord le trou sur lequel tu appuyes ton œil, et un autre trou pratiqué dans le plafond du cabinet de mon fils François. Regarde bien, et tu verras se reproduire dans le miroir tout ce qui se fait dans le cabinet.

— En effet, dit l'homme au masque.

— Eh bien! que vois-tu?

— Un seigneur qui tourne le dos à la porte est assis devant une table et feuillette un gros livre.

— C'est le duc de Guise. Ainsi, il est seul?

— Attendez... une porte s'ouvre.

— C'est mon fils François qui rentre.

— Oui, madame.

— Alors, cède-moi la place maintenant.

Et la reine fixa à son tour l'œil sur le miroir d'acier.

Le duc d'Anjou et le duc de Guise se faisaient force salutations, mais ne parlaient point encore.

Henri de Lorraine avait posé un doigt sur ses lèvres et semblait recommander le silence à son cousin François de Valois.

La reine-mère vit alors une deuxième porte s'ouvrir dans le fond du cabinet. Une femme entra.

Cette femme, on le devine, était Anne de Lorraine.

— Oh! oh! murmura la reine-mère, madame de Montpensier est décidément la forte tête de la maison, et ses frères sont bien heureux de l'avoir pour conseil. A présent, écoutons...

Et la reine-mère appliqua son oreille au trou qui correspondait avec le miroir d'acier.

L'homme au masque de velours attendait, immobile derrière la reine...

XXXVII

Or, voici de quelle nature fut l'entretien des deux ducs et de madame la duchesse de Montpensier.

Ce fut cette dernière qui prit tout d'abord la parole :

— Monsieur mon cousin, dit-elle à François de Valois, si vous voulez bien me le permettre, je vais résumer clairement notre situation.

— Faites, madame, dit courtoisement le duc.

— Le roi de Navarre est en notre pouvoir.

— Oui, certes, dit le duc d'Anjou en souriant, et je vous réponds que les murailles de son cachot sont trop épaisses pour qu'il en puisse sortir, si on ne lui en ouvre les portes.

— Mais, continua madame de Montpensier, ce qu'il y a de vraiment providentiel en cette affaire, c'est qu'il est arrivé de nuit à Angers, que nul ne l'a vu, et qu'à part vous, mon frère et moi, personne ne sait qui il est.

— Pas même le vidame de Panesterre ?

— Oh ! celui-là, j'en réponds comme de moi-même.

— Pardon ! madame, dit François, mais quel avantage voyez-vous à ce qu'on ignore que c'est le roi de Navarre ?

— Un avantage énorme, mon cousin.

— Mais encore ?...

— Écoutez bien. La religion catholique, dont nous sommes les plus fermes soutiens...

— Oh ! certes ! dit le duc de Guise avec une pointe d'ironie.

— La religion catholique, poursuivit la duchesse, le duché de Lorraine et le royaume de France, n'ont pas de pire ennemi que ce *parpaillot* de roi de Navarre.

— C'est mon avis.

— Sa mort nous serait à tous d'un grand soulagement.

— Ah! c'est encore mon avis, soupira le duc d'Anjou.

— Mais, continua la duchesse, si nous osions le mettre à mort, l'Europe entière se soulèverait contre nous.

— Que voulez-vous donc faire de lui?

— Le roi de France lui-même, acheva la duchesse, qui tenait à compléter sa pensée, nous réprimanderait vertement.

— Vous croyez?

— Et nous désavouerait à la face du monde entier, car, murmura madame de Montpensier avec ironie, vous le savez, le roi Henri III n'a pas pour habitude de soutenir ses amis.

— C'est vrai, dit le duc d'Anjou, chez qui Anne de Lorraine attisait à dessein le feu de la jalousie; il a coutume de les abandonner...

La duchesse continua :

— Mais un capitaine gascon, un aventurier dont on ignore le nom, et qui s'en vient à Blois enlever une fille de Lorraine, celui-là est un si grand coupable et a droit à si peu d'égards, que c'est pain bénit de s'en débarrasser, n'est-ce pas, mon cousin ?...

— Je commence à comprendre, fit le duc d'Anjou.

— Or, certes, il y a bien au château d'Angers quelque prison mystérieuse, aux murs épais, à l'air fétide, où la mort vienne tout naturellement délivrer un malheureux prisonnier des tortures de la vie?

— Hum! dit le duc, en cherchant bien...

La duchessse eut un adorable sourire.

— Allons! je le vois, dit-elle, nous allons nous entendre.

— Cela dépend.

Ces deux mots firent froncer le sourcil à Anne de Lorraine, mais elle garda le silence et attendit que le duc d'Anjou s'expliquât. Or, François de Valois n'était pas impunément le fils de Catherine : il avait du sang italien dans les veines et avait été élevé à la grande école du *Prince*, de Machiavel.

— Ma belle cousine, dit-il, vous avez trouvé le moyen de vous emparer de la personne du roi de Navarre... C'est bien. Vous trouvez un expédient adroit pour nous défaire de lui sans ameuter l'Europe entière... C'est mieux encore !... Mais...

Sur ce *mais*, le duc s'arrêta un moment, Henri de Guise et sa sœur attendirent.

— Mais, reprit François de Valois, permettez-moi d'établir, à mon tour, nos situations respectives.

— Faites, dit Henri de Guise.

La duchese fronçait toujours ses beaux sourcils blonds.

— Madame, reprit le duc, Henri de Bourbon, roi de Navarre, est, après moi, l'héritier le plus direct du trône de France.

— Nous sommes sur la même ligne, se hâta de dire Henri de Lorraine.

— Pardon! il est plus près d'un degré.

— Soit! fit dédaigneusement la duchesse.

— Or, poursuivit François de Valois, le roi de France, mon frère, n'a pas d'enfants...

— Il peut en avoir...

— Qui sait?

— Et vous lui succéderez, mon cousin...

— Si je ne meurs... Hé! mon Dieu! fit le duc avec bonhomie, la vie de l'homme tient à si peu de chose... une balle d'arquebuse ou la pointe d'un stylet, une chute de cheval, un grain de poison subtil ont sitôt fait d'un homme un cadavre.

Henri de Lorraine et sa sœur tressaillirent et se regardèrent.

— Donc, poursuivit François de Valois, écoutez-moi bien, monsieur mon cousin, et vous, madame. — Vous vous êtes emparés de la personne du roi de Navarre... c'est d'une bonne politique, mais je crois que vous avez eu tort de négliger un détail.

— Lequel? demanda la duchesse.

— Celui de le conduire à Nancy, car là voyez-vous... vous êtes les maîtres... et vous pouvez faire ce que bon vous semble!...

— C'est-à-dire, murmura le duc de Guise, qui avait peine à contenir une irritation croissante, qu'il n'en est point de même ici.

— Pas tout à fait.

— Ah! vraiment.

— Sans doute. Et le roi de Navarre est bien plus en mes mains que dans les vôtres.

— Alors nous avons eu tort de nous confier à vous?

— Cela dépend... Je vous l'ai déjà dit.

— Voyons! fit Anne de Lorraine.

— Si je vous aide à faire disparaître le roi de Navarre, j'aurai fait vos affaires et non les miennes. Je vous aurai rapproché d'un degré du trône de France... Voilà tout!

— Mais, dit le duc de Guise, que vous importe! Est-ce que nous régnerons jamais!

— Hé! qui sait?

— Vous n'avez pas trente ans, le roi en a trente-deux à peine.

— Le roi peut mourir... et moi aussi...

Anne et le duc de Guise échangèrent un rapide regard qui était tout un programme.

— Monsieur mon cousin, dit madame de Montpensier, nous avions prévu ces objections de Votre Altesse Royale.

— En vérité!

— Et c'est parce que nous y pouvons répondre victorieusement que nous les avons provoquées, monsieur mon cousin.

— A mon tour, je vous écoute, madame...

— Mon cher cousin, reprit la duchesse d'un ton affectueux, la journée de la Saint-Barthélemy n'a été que le prélude d'une lutte acharnée entre les gens de la religion et les catholiques.

— C'est mon avis, madame.

— Il faut au catholicisme un chef, un capitaine énergique, un homme ardent et jeune.

— Je le pense comme vous, dit le duc.

— Ce chef, le roi Henri III ne le sera jamais. C'est un prince efféminé, ivre de plaisirs, vivant en la société de gens corrompus et vils.

— Madame...

— Laissez-moi donc parler! continua la duchesse; vous êtes de mon avis, au fond du cœur.

— Soit! j'écoute...

— Avec le roi Henri III pour chef, le catholicisme

perdra tous les jours du terrain... Dans dix ans, la France sera huguenote.

— Oh! fit le duc.

— Et le roi de Navarre se trouvera aux portes de Paris.

— Eh bien! demanda François de Valois, qu'y puis-je faire, moi?

— Supprimer le roi de Navarre.

— Oui, je comprends bien, mais... le roi de Navarre mort... le parti catholique n'en aura pas un chef meilleur...

— Qui sait?

Le duc d'Anjou tressaillit.

La duchesse le regarda fixement et reprit :

— Le roi Henri III a désaffectionné ses peuples...

— Vous croyez? fit le duc avec un sentiment de joie.

— Sa conduite étrange blesse les sentiments de la France, son existence indigne avec ses mignons scandalise l'Église.

— Ah! vraiment?

Et le duc ajouta avec une bonhomie hypocrite :

— Il y a si longtemps que je n'ai vu le roi que j'ignorais ces détails...

— Le pape songe à l'excommunier...

— Vrai!

— Et si pareille chose arrivait...

— Hé bien? fit le duc...

— La France se soulèverait et demanderait un autre roi.

— Y pensez-vous, madame?

— C'est la vérité pure, mon cousin.

— Et... ce roi?...

— Ah ! dit la duchesse, ceci dépendrait bien un peu, je crois, de la maison de Lorraine, qui a le pape à sa dévotion.

— Et la maison de Lorraine ?

— Désignerait le prince qui serait devenu son allié...

— Et ce prince ?

— Il ne tient qu'à vous de l'être, dit Anne de Lorraine.

Et comme le duc d'Anjou se levait tout étourdi de la proposition, la duchesse de Montpensier ajouta gravement :

— Monseigneur François de Valois, duc d'Anjou et notre cousin, vous plaît-il être roi de France d'ici à six mois ?

François de Valois eut le vertige et se demanda s'il n'était pas le jouet d'un rêve.

. . . .

— Oh ! oh ! murmura Catherine, qui, de l'étage supérieur, grâce au miroir d'acier, avait assisté invisible à cet entretien, je ne m'étais donc pas trompée ?

. . . .

XXXVIII

Revenons maintenant au roi de Navarre.

Il était plus de minuit lorsque le noble prisonnier arriva aux portes d'Angers.

Henri n'avait point voyagé à cheval.

Madame de Montpensier lui avait dit, au moment où, se penchant à la croisée, il vit l'escorte de soldats lorrains envoyée par le duc de Guise :

— Mon cher cousin, personne mieux que vous ne se

plaisant aux mystères et scènes imprévues tels que les confrères de la Passion ont coutume d'en représenter, vous trouverez tout naturel que j'aie de grands égards pour votre penchant.

— Qu'entendez-vous par là, ma cousine? lui avait dit Henri, redevenu calme et souriant.

— Je vous veux faire voyager *incognito*.

— Comment cela ?

— Avec une souquenille d'abbé qui attend les ordres et un masque de velours.

— Et pourquoi cet accoutrement, madame?

— Parce que, répondit la duchesse, j'ai autant de désir que vous qu'on ignore que vous êtes le roi de Navarre.

Henri se prit à sourire :

— Ce désir que j'avais hier et les jours précédents pourrait ne plus exister.

— Alors on serait obligé d'user de moyens qui me répugnent, mon cousin.

— Et... ces moyens ?...

— Seraient, par exemple, une poire d'angoisse qui vous empêcherait de crier en route que vous êtes le roi de Navarre.

— Mais on verra mon visage.

— Je compte vous faire couvrir la tête d'un capuchon de moine.

— Tout cela est fort inutile, ma cousine.

— Ah! vous croyez ?

— Oui, certes, car je suis prêt à mettre le masque et à revêtir la souquenille.

— Et vous ne direz pas que vous êtes le roi de Navarre?

— Non, sur ma parole de gentilhomme. Seulement... je vois une difficulté à tout cela?

— Cette difficulé, quelle est-elle ?

— Je serai fort empêché de monter à cheval en souquenille.

— Vous ne voyagerez point à cheval.

— Ah !

— Je vous ai fait préparer une litière, et je compte vous tenir compagnie.

Comme Henri était libre et toujours le plus galant des princes, il prit la main de la duchesse et la porta courtoisement à ses lèvres.

— Vous êtes adorable ! dit-il. Quel dommage de ne pouvoir être aimé de vous !

— Encore ! fit la duchesse.

— Mais toujours, cousine.

— Mon cher prince, dit la duchesse, je vais vous envoyer le vidame de Panesterre, à qui vous confierez votre amour pour moi, cet amour si brûlant que, l'avant dernière nuit, vous l'avez confié à mademoiselle Berthe de Mallevin...

Et la duchesse pressa un ressort : le panneau de la boiserie se rouvrit, et le vidame entra portant sous son bras un petit paquet de hardes.

C'était la souquenille accompagnée du masque en question.

Une heure après, Henri, qui avait la sagesse de ne pas résister follement et savait bien que ceux-là seuls qui attendent l'occasion se peuvent tirer d'un mauvais pas, — Henri, disons-nous, s'installait silencieusement, à côté de la duchesse, sur les coussins d'une litière fermée par des rideaux de cuir et portée par des mules.

Il avait, sans résistance, revêtu la souquenille et placé le masque sur son visage. Au moment où la litière s'ébranla, le Béarnais jeta un regard furtif au dehors.

Il vit des cavaliers lorrains l'épée au poing et l'arquebuse à l'arçon entourer la litière, et il fit cette réflexion que tenter de fuir, même en tordant le cou à la duchesse, serait une insigne folie qui n'aboutirait à aucun résultat.

Donc il se contenta de dire à madame de Montpensier :

— Le vin du vidame renfermait un si puissant narcotique, ma cousine, que le seul moyen pour moi de lutter contre le sommeil serait de vous parler d'amour.

— Dormez, mon cousin, dit la duchesse.

— Il sera fait ainsi que vous le désirez...

Et Henri avait ramené le capuchon de sa souquenille sur sa tête et s'était accoté dans un coin de la litière comme un homme accablé par le sommeil.

Mais, au lieu de dormir, comme on le pense bien, Henri se prit à songer au moyen de sortir de ce mauvais pas.

Les mules trottèrent, les cavaliers galopèrent.

Sept heures après, le cortége arriva aux portes d'Angers.

Sur un mot de la duchesse, les portes s'ouvrirent, et l'officier qui les commandait se contenta de saluer sans chercher à savoir quel était cet homme d'église qui accompagnait la princesse Anne de Lorraine.

Au château, même discrétion.

Les gardes de monseigneur le duc d'Anjou s'écartèrent respectueusement, et Henri put sortir de la litière, donnant la main à la duchesse, sans que cavalier ou page eût vu un coin de sa figure.

— Mon cousin, lui dit tout bas la duchesse, vous m'avez parlé d'amour, n'est-ce pas ?

— Oui... et je vous aime !...

— Oh ! j'y crois peu... mais enfin...

— Enfin ? demanda-t-il.

— Je vous invite à souper...

— En compagnie ?

— Non, en tête-à-tête...

— Et... où cela ?

— Dans mon appartement... car on a dû m'en préparer un.

— J'accepte, dit Henri, qui songeait toujours à une évasion probable.

Il y avait deux hommes silencieux et immobiles sur la dernière marche du perron d'honneur. La duchesse échangea un signe mystérieux avec chacun d'eux.

— Bon ! murmura Henri, je sais à qui j'ai affaire. Un manteau couvre vos visages, mais je vous ai reconnus tous deux, mes beaux cousins. L'un de vous est François de Valois, et l'autre Henri de Guise.

Ces deux hommes s'effacèrent pour laisser passer la duchesse, qui conduisait le faux abbé par la main.

On avait fait coucher les pages et les varlets, écarté tout curieux, et l'escalier était désert.

— On tient décidément, se dit le roi de Navarre, à ce que nul ne me voie.

Il monta sur les pas de la duchesse au premier étage du château et traversa plusieurs salles.

Un lit se trouvait dans la dernière, et près de ce lit même une table toute dressée.

Sur cette table fumaient des mets exquis, étincelaient des flacons de cristal emplis de vin rose et vermeil, blanc ou jaune comme de l'ambre.

— Notre cousin d'Anjou fait bien les choses, comme vous voyez, dit la duchesse.

Sur un signe d'elle, le seul cavalier lorrain qui eût mis pied à terre dans la cour et pris un flambeau pour éclairer la duchesse et son prisonnier ferma les portes de cette dernière salle et se retira.

— Maintenant, nous voici en tête-à-tête, mon cousin, dit la duchesse, vous pouvez ôter votre masque.

Henri obéit.

— Et vous débarrasser de votre souquenille.

Le prince jeta la souquenille loin de lui et se trouva vêtu en gentilhomme.

La duchesse se mit à table et l'invita d'un geste à s'asseoir près d'elle.

— Madame, lui dit Henri, qui lui baisa de nouveau la main, je vais vous faire une prière.

— Parlez, mon cousin.

— Je suis votre prisonnier, n'est-ce pas?

— Oh! si peu...

— Mais encore...

— Vous êtes plutôt celui de notre cousin d'Anjou.

— Soit! Eh bien! voulez-vous me permettre de l'oublier une heure?

— Oh! très-volontiers.

— Et de souper avec vous comme si vous m'aviez donné un rendez-vous galant?

— Mais de tout cœur, mon cousin.

Henri passa son bras sous la taille flexible d'Anne de Lorraine :

— Je vous disais donc que je vous aime... fit-il.

— Tenez, cousin, répondit la duchesse, votre œil est si passionné, votre lèvre s'illumine d'un si amoureux sourire, que je serais tentée de le croire...

— Et vous auriez raison, ma belle cousine.

Sur ces mots, il lui prit un baiser.

Anne de Lorraine ne se défendit point :

— Vous êtes le plus galant des princes, dit-elle.

— Oh ! fit Henri, j'essaye du moins...

— Ainsi, vous m'aimez ?

— Sur mon âme !

— Pourquoi ne me l'avoir point dit à bord du chaland ?

— Mais, chère cousine, je n'ai fait que cela au contraire...

— Oui, mais, en me quittant, vous êtes allé faire votre cour à la blonde Berthe de Mallevin.

— J'essayais de vous oublier.... car mon amour pour vous me rendait déjà malheureux...

— Vous êtes adorable, mon cousin.

— Et sincère...

— Bah !

— Tenez, dit Henri, puisque vous m'emmenez à Nancy, et que je ne suis plus qu'un pauvre prisonnier, au lieu d'être le roi de Navarre, le chef des huguenots, un ennemi de la maison de Lorraine, enfin...

— Eh bien ?

— Eh bien ! aimez-moi !... Oh ! mon Dieu ! si nous ne sommes pas d'accord en politique, nous le serons peut-être en amour...

— C'est fort possible, murmura la duchesse d'un ton moqueur. Mais soupons, mon cousin... On parle si bien d'amour à table !...

— C'est vrai.

— Voulez-vous me permettre de vous servir quelques cuillerées de ce potage à la bisque ?

— Mais sans doute.

Au moment où la duchesse plaçait une assiette emplie de potage aux écrevisses, Henri fronça le sourcil.

— Qu'avez-vous? fit madame de Montpensier.

— Une vilaine pensée qui me passe par la tête.

— Quelle est-elle?

— Mon cousin François a un tas d'Italiens à son service... et ces Italiens sont des empoisonneurs...

— Bah!

— Qui sait si son cuisinier n'est pas Italien?

— Je vous devine, dit la duchesse en riant, mais n'ayez crainte... et imitez-moi.

Et elle avala la première deux cuillerées du potage.

— Cela me rassure, dit Henri, et votre courage me force à vous imiter.

Sur ces mots, il mangea tranquillement sa part du potage à la bisque.

La duchesse prit un des flacons et versa dans le verre du prince deux doigts d'un vin jaune comme l'ambre.

— C'est du xérès, dit-elle.

— Hum! fit Henri, pensez-vous que le sommelier de notre cousin d'Anjou ne soit pas Italien?

— Pas plus que le cuisinier. Voyez plutôt.

Et la duchesse but la première.

— Cela me rassure complétement, dit le roi de Navarre.

— A votre santé, ma belle cousine!

Puis, ayant vidé son verre, il se pencha de nouveau vers la duchesse et lui prit un second baiser...

— Vous allez tant m'aimer! murmura la duchesse toujours railleuse, que vous ne voudrez plus quitter Nancy!

XXXIX

Madame de Montpensier regarda Henri tendrement et lui dit :

— Vous étiez pourtant l'homme en qui j'aurais eu foi.

— Ah! fit Henri, que ces simples mots firent tressaillir.

Anne reprit :

— Écoutez-moi bien. Vous êtes mon prisonnier et je compte vous conduire à Nancy. Là, vous aurez tout le temps de m'aimer à votre aise, car j'espère vous y garder le plus longtemps possible.

— A moins, dit le roi de Navarre, que mes braves Gascons ne me viennent délivrer.

— A Nancy?

— Parbleu! le trajet est long, je le sais, mais, comme dit le proverbe, les Gascons vont vite.

Madame de Montpensier se leva et alla s'assurer que toutes les portes étaient fermées et que nul ne pouvait entendre sa conversation avec le roi de Navarre.

Henri la regardait et la trouvait belle.

— Vrai Dieu! ma cousine, dit-il, le roi Henri III a eu grand tort de ne pas vous épouser lorsqu'il en a eu l'occasion.

Ces mots produisirent un effet étrange, presque terrible, sur la duchesse.

Un éclair jaillit de ses yeux, ses lèvres se crispèrent, et elle apparut au Béarnais splendide de haine et de dédain amer.

— Oui, dit-elle, cet homme a été fou, cet homme a été niais : j'eusse fait de lui le plus grand roi du monde.

— Quel dommage, murmura Henri, que je sois marié, moi ! vous m'eussiez peut-être aidé à agrandir mon petit royaume de Navarre.

Ces mots ne firent point sourire la duchesse. Elle demeura grave et pensive un moment, puis, levant la tête et fixant son regard ardent sur le roi de Navarre :

— Mon cousin, dit-elle, l'heure est solennelle. De notre entretien de cette nuit va dépendre la paix ou la guerre entre nous.

— Mais, ma mie, observa le Béarnais, il me semble que nous sommes en pleine guerre. Ne suis-je pas votre prisonnier ?

— Oui et non.

— Comment cela ?

— Vous m'avez enlevée à Blois et vous m'emmeniez en Navarre : je vous ai tendu un piége à mon tour, et, vous ramenant à Angers, je vous ai prouvé que j'étais de force à lutter avec vous.

— Certes ! je m'en aperçois.

— Maintenant, mon cousin, écoutez-moi. Je veux m'ouvrir entièrement à vous.

— Alors, pensa Henri, tenons-nous bien.

Anne de Lorraine continua :

— C'est une étrange destinée que la mienne. Le roi Charles IX a dû m'épouser, le roi Henri III a dû m'épouser, l'Électeur palatin a dû m'épouser. J'ai rêvé la couronne de France et celle d'Allemagne, et ni l'une ni l'autre ne m'est arrivée. Fille de prince, sœur de prince, ma destinée sera peut-être de ne régner jamais.

— Et vous voudriez régner !

— Oh ! dit-elle avec un accent intraduisible, avec un

éclair dans les yeux et un orage de colère dès longtemps amassé dans le cœur, — oh! pour une couronne!...

— Où veut-elle donc en venir? pensait Henri.

— Tenez, reprit la duchesse, ce soir, durant le trajet du manoir de Panesterre jusqu'ici, tandis que vous dormiez ou feigniez de dormir...

— Je feignais, dit Henri.

— J'ai fait un singulier rêve, un rêve que je puis réaliser.

— Voyons?

— Je veux diviser la moitié de l'Europe en deux parts.

— Vous !

— Moi ! dit-elle avec l'accent d'une conviction profonde, — si profonde même que Henri en tressaillit.

— Mais, en effet, dit-il, nous sommes un peu loin, ma cousine, de notre point de départ. J'ai commencé par vous dire : « Je vous aime », et vous continuez en me proposant de remanier la carte d'Europe.

— Écoutez toujours, mon cousin. Je voudrais tracer une ligne qui remonterait le Rhin depuis son embouchure jusqu'à sa source, suivrait la crête des Alpes jusqu'à l'Adriatique et bornerait à l'est cette moitié de l'Europe que je veux.

— C'est-à-dire les Flandres, la Lorraine, l'Alsace, la Franche-Comté, la Suisse, la Savoie et l'Italie ?

— Avec la France et l'Espagne, mon cousin.

— Et la Navarre ?

— Oui, et la Navarre.

— Peste ! ma cousine, ce serait un joli gâteau.

— Je taillerais deux royaumes dans ce gâteau, mon cousin.

— Voyons comment ?

— Le premier comprendrait les Flandres, l'Alsace, la Lorraine, toute la rive gauche de la Saône et du Rhône, l'Italie, la Savoie et la Suisse.

— Bon ! Et le second ?

— Le second commencerait à Paris, engloberait la Normandie et la Bretagne, l'Anjou et le Poitou, les deux rives de la Loire et celles de la Garonne...

— La Navarre, l'Espagne et le Portugal, acheva Henri.

— Justement.

— Hé ! mais, dit le roi de Navarre, voilà un assez bel apanage. Continuez, ma cousine. Qui donc régnerait sur le premier de ces deux royaumes ?

— Mon frère de Guise, c'est-à-dire cette maison de Lorraine qui se sent à l'étroit en son palais de Nancy et trouve que l'air qu'on respire au bord de la Meurthe n'enfle pas suffisamment ses poumons.

— Il est certain qu'il est un peu froid, dit Henri, qui avait toujours aux lèvres une fleur de sourire. Mais, pardon ! que Votre Altesse daigne m'apprendre à qui elle destinerait le deuxième royaume.

— A un prince qui s'appellerait à son gré roi de France ou roi de Gascogne.

— Peste !

— Je dis roi de Gascogne, poursuivit la duchesse, parce que, dans ma pensée, la vraie capitale devrait être Bordeaux.

— Et ce prince ?

— Ce serait vous, mon cousin.

Henri se leva à son tour :

— Ma belle cousine, dit-il, les vins qu'on boit au château d'Angers sont trop généreux.

— Pourquoi ?

— Mais parce qu'ils vous inspirent d'aimables plaisanteries.

— Je ne plaisante point, mon cousin.

— Comment ! c'est sérieusement que vous me proposez cela ?

— Sans doute.

— Alors, mille pardons ! Je suis tout oreilles.

— Eh bien ! supposons un moment que la carte d'Europe est ainsi refaite, poursuivit madame de Montpensier.

— La supposition me plaît, du reste, madame.

— Votre royaume se compose d'une moitié de la France qui est aux deux tiers catholique, et de l'Espagne qui l'est tout à fait.

— Oui.

— Vous ne régnez donc plus que sur un petit noyau de sujets huguenots, et vous devez à vos nouveaux peuples d'abjurer la religion réformée.

— C'est-à-dire que je me fais catholique ?

— Justement.

— Après tout, fit Henri d'un ton léger, ce que vous me proposez là n'est pas aussi déraisonnable qu'on pourrait le croire. Je ne hais point le pape si fort que je ne me puisse, un beau matin, réconcilier avec lui. Après ?

— Après, vous m'épousez, dit Anne de Lorraine.

— Ah ! fort bien...

— Et vous posez sur ma tête cette couronne que je vous ai donnée...

— C'est trop juste. Mais...

— Ne m'avez-vous pas dit que vous m'aimiez ?

— Oui, dit Henri.

Et il prit un nouveau baiser à la duchesse.

— Nous aurons pour nous le pape, dit-elle.

— Naturellement, si j'abjure.

— Et les deux maisons de Navarre et de Lorraine seront maîtresses du monde.

— Tout cela est fort bien, mais...

Ce *mais* était gros d'objections et fit froncer les sourcils à madame de Montpensier.

— Expliquez-vous, mon cousin, lui dit-elle.

— Je trouve le partage bien fait, dit Henri ; l'empire de Lorraine n'aura rien à envier au royaume de Gascogne.

— Et le royaume de Gascogne sera content, j'imagine.

— Ravi, madame. J'aime assez Bordeaux pour capitale ; c'est une belle ville où règne un bon air et où luit un beau soleil. Mais que ferons-nous de Paris ?

— Nous l'habiterons l'été.

— Ceci me plaît encore, le Louvre est une charmante demeure. Mais...

Henri s'arrêta un moment, la duchesse attendit...

Ce que voyant, Henri continua :

— Mais comment vous épouser, puisque déjà je suis marié à madame Marguerite de France ?

— J'ai prévu l'objection, mon cousin.

— Ah !

— Quand vous avez épousé Margot, vous étiez huguenot. Le pape cassera votre mariage aussitôt que vous serez redevenu catholique.

— Tiens ! tiens ! voilà une belle idée.

— Eh bien ! avez-vous encore quelque objection à me faire ?

— Oh ! une seule...

— Voyons ?

— Et le roi de France, Henri troisième du nom, que deviendra-t-il en tout cela?

— J'ai acheté tout exprès pour lui une belle paire de ciseaux d'or.

— Ah!

— Pour lui couper les cheveux et l'enfermer ensuite dans un couvent de moines.

— C'est parfait, ma cousine, et vous avez réponse à tout... Mais...

— Comment! dit la duchesse, vous avez encore une objection...

— Pas précisément. Seulement je voulais vous dire que le roi d'Espagne m'avait proposé quelque chose d'approchant.

— En vérité!

— D'abord sa sœur en mariage; il paraît qu'elle est fort belle.

— Après? fit dédaigneusement la duchesse.

— Ensuite Paris et le Louvre... comme vous...

— Et puis?

— Et puis, en échange de ma bicoque de Nérac, de mon château de Pau et de ce pauvre royaume de Navarre, toutes choses que je lui aurais cédées, — il m'offrait les plaines du pays Messin, les vallées de la Meuse et de la Meurthe et votre palais de Nancy, ma cousine.

Madame de Montpensier eut une exclamation de colère et de surprise tout à la fois.

— Mais vous avez refusé! dit-elle.

— J'ai refusé, repondit Henri.

La duchesse retrouva son calme et posa nettement cette question:

— Que vous semble, alors, de mes propositions à moi, mon cousin?

Et elle attendit la réponse du roi de Navarre.

Henri de Navarre était Gascon.

Le Gascon est un cousin direct du Normand.

Le Normand ne répond *oui* ou *non* qu'à la dernière extrémité, et lorsqu'il a épuisé tout le vocabulaire des phrases évasives.

Donc, au lieu d'accepter ou de refuser catégoriquement les propositions de madame de Montpensier, Henri commença par soupirer profondément.

— Pourquoi ce soupir, mon cousin? demanda la duchesse.

— Parce que je songe à cette pauvre Margot.

— A votre femme?

— Hélas! oui : que deviendra-t-elle quand je l'aurai répudiée?

— Elle se consolera avec de nouvelles amours.

— Bah! fit naïvement Henri, vous croyez que Margot...?

— Dame! il a couru plus d'un bruit sur son compte, mon cousin...

— Vraiment?

— Oh! je vous l'affirme.

Henri soupira de nouveau.

— Alors, dit-il, puisque telle est votre conviction, n'en parlons plus.

Et il soupira une fois encore.

— Mais ce pauvre Henri? dit-il.

— Quel Henri? mon frère ou le roi de France?

— Le roi de France, pardieu!

— Eh bien?

— Que fera-t-il au fond de son couvent?

— Il organisera des processions : vous savez que c'est son goût.

— On me l'a dit, en effet.

Henri soupira pour la quatrième fois.

— Eh bien ! quoi ? Qu'y a-t-il encore ? fit la duchesse.

— Et notre cousin François ?

— Le duc d'Anjou ? Oh ! celui-là, il n'a pas un an à vivre.

— En vérité ! ma cousine.

— C'est l'avis de tous les médecins, du moins.

— Alors, laissons-le mourir en paix...

La duchesse crut Henri tout à fait décidé, et elle posa familièrement sa main sur l'épaule du prince.

— Ah ! je savais bien, dit-elle, que vous accepteriez, mon cousin !

— Pardon ! dit Henri, qui se dégagea lestement de cette étreinte, je n'ai pas fini...

— Comment ? fit la duchesse en fronçant le sourcil.

— Savez-vous que le royaume de France, tel qu'il est, est un joli royaume ?

— D'accord.

— Et que, si le roi Henri III mourait et son frère avant ou après lui, le trône serait vacant ?

— Non, puisque mon frère et vous y avez des prétentions l'un et l'autre, objecta madame de Montpensier.

— Avec cette différence toutefois, dit Henri, que mon cousin de Guise est plus éloigné d'un degré...

— Vous croyez ?

— J'en suis sûr. Je sais par cœur mon arbre généalogique et le vôtre.

— Soit ! Mais le roi Henri III vit.

— Ne parliez-vous pas de le supprimer ?

— Sans doute.

— Eh bien ! ma cousine, dit le roi de Navarre, qui se

laissa enfin aller à un franc éclat de rire, supprimez-le, mais je ne m'en mêle pas, moi...

A ces mots, Anne se leva frémissante.

— C'est-à-dire que vous refusez? dit-elle.

— Net, ma belle cousine.

— Et vous n'avez pas songé que vous aviez désormais en moi une ennemie implacable? s'écria Anne de Lorraine l'œil en feu.

— Bah! on ne meurt pas de la haine d'une femme.

— Mais vous êtes en mon pouvoir!

— Provisoirement, oui. Mais, qui sait? Dieu est grand et l'avenir est inconnu.

— Prenez garde!...

— Madame, dit froidement Henri, il me reste à vous remercier de l'honneur que vous m'avez fait en m'invitant à souper.

Et le Béarnais se leva pour faire mieux comprendre à la duchesse qu'il jugeait leur entretien terminé.

La duchesse était pâle de colère, et son œil lançait des éclairs :

— Ah! prenez garde! répéta-t-elle.

— A quoi? demanda Henri avec calme.

— C'est votre arrêt de mort que vous prononcez...

— Il n'y a pas d'arrêt sans appel. Bonsoir, ma cousine!

Elle lui jeta un dernier regard.

Regard sombre et terrible où se confondaient les haines de la femme politique et les fureurs de la femme dédaignée.

Puis elle marcha lentement vers la porte, espérant encore.

Quand elle en eut touché le seuil, elle s'arrêta et attendit.

Elle vit alors Henri qui se versait tranquillement une dernière rasade.

— Décidément, disait-il d'un ton moqueur, le vin de mon cousin François est bon, et je lui fais mes excuses de l'avoir cru empoisonné ! A votre santé, madame !

Anne de Lorraine eut un rugissement de lionne blessée, poussa la porte avec fracas et sortit.

Henri se retrouva seul.

— Ventre-saint-gris ! murmura-t-il, ces cousins de Lorraine sont plaisants, ma foi ! de supposer que je vais me donner tant de mal pour devenir roi de Gascogne, lorsqu'il me suffit de contempler par la croisée une étoile qui brille au ciel, et qui me dit qu'un jour je serai roi de France.

Sur ces mots, il ouvrit la croisée de la salle et se pencha au dehors.

La nuit était lumineuse et froide, et l'étoile du Béarnais planait à l'horizon, vers le nord-est, du côté de Paris.

Henri se prit à la contempler un moment et lui adressa un gai sourire, puis il ramena son regard vers la terre, c'est-à-dire vers le pavé de la cour d'honneur du château d'Angers.

Une demi-douzaine de cavaliers lorrains se promenaient de long en large, l'épée au côté et l'arquebuse sur l'épaule.

Henri referma la croisée et murmura :

— Comment diable sortir d'ici ?

Il alla vers la porte et la poussa.

La porte céda, mais il vit derrière deux autres Lorrains en sentinelle.

Ceux-là avaient chacun un pistolet au poing.

La salle n'avait qu'une porte.

— Ma foi! dit le Béarnais, couchons-nous, la nuit porte conseil.

Et il se jeta tout vêtu sur son lit.

Comme il n'avait plus ni épée ni dague, il jugea prudent de ne point dormir.

— Ils sont gens à m'assassiner, murmura-t-il.

Et, se relevant, il alla placer la table, qui était de chêne massif, devant la porte.

Sur cette table était un flambeau, un flambeau unique, dont la flamme éclairait la salle.

La duchesse avait emporté l'autre.

Henri remarqua, non sans inquiétude, que la bougie qui brûlait dans celui-là ne tarderait pas à être consumée.

— Heureusement, pensa-t-il, que la nuit est avancée... le jour viendra bientôt.

Et il fit des vœux pour que la bougie durât le plus longtemps possible.

Mais Henri s'était trompé. La nuit était moins avancée qu'il ne l'avait supposé d'abord, et la bougie acheva de se consumer avant que le jour parût.

Le prince s'était remis sur son lit, mais sans s'endormir et prêtant l'oreille au moindre bruit; tout à coup il entendit un léger craquement.

En même temps, il lui sembla que son lit s'agitait, et il voulut sauter à terre. Mais tout aussitôt il se sentit maintenu par une force mystérieuse, et des crampons invisibles s'abattirent sur lui et le garrottèrent.

On eût dit que des rassorts cachés jusque-là l'étreignaient.

En même temps le lit fut plus fortement agité, et le roi de Navarre, qui faisait de vains efforts pour se dégager, comprit qu'un abîme s'ouvrait sous lui et que le lit descendait au fond de quelque profondeur mystérieuse.

Cela dura environ dix minutes.

Henri cria; mais ses cris ne rencontrèrent point d'écho.

Il fit des efforts surhumains pour s'arracher du lit, mais ces efforts furent vains.

Enfin le lit s'arrêta et parut reposer de nouveau sur une surface ferme, tandis qu'un bruit se faisait au dessus de sa tête.

Ce bruit fut toute une révélation pour Henri de Navarre, qui se souvint en frissonnant d'un récit qu'il avait entendu dans son enfance.

Ce récit était relatif au château d'Angers.

D'après un gentilhomme gascon que Henri de Navarre, enfant, avait connu à la cour de Jean d'Albret son grand-père, il y avait au château d'Angers une chambre qu'on appelait la chambre verte.

Et, en effet, Henri, rassemblant ses souvenirs de la soirée, se rappela que la chambre où il avait soupé en compagnie de la duchesse était tendue en vert.

La chambre verte était pourvue d'un lit placé sur une trappe mobile.

On donnait cette chambre aux gens dont on voulait se débarrasser, et, à un certain moment, des ressorts d'acier, dissimulés dans la boiserie du lit, se distendaient et saisissaient le dormeur.

Alors la trappe jouait, le lit passait au travers du parquet et descendait jusqu'au fond d'un cachot souterrain.

Puis la trappe se refermait, et le malheureux qui avait eu l'imprudence de coucher dans la chambre verte se trouvait à jamais séparé du reste des humains.

Le gentilhomme gascon en avait fait l'expérience.

Il était demeuré prisonnier trois jours dans le souterrain, et n'avait dû son salut qu'à la générosité d'un seigneur qui s'intéressait à lui et avait obtenu sa grâce.

Le bruit que Henri de Navarre entendit au-dessus de sa tête était celui de la trappe qui se refermait.

En même temps aussi, les ressorts se distendirent, et le prince fut libre de ses mouvements.

Il sauta à bas de son lit, et ses pieds trouvèrent un sol humide et glissant.

Il étendit les mains et ses mains rencontrèrent un mur nu et poli.

— Allons! se dit-il, je suis dans les caves du château et à une profondeur telle que mon étoile aura bien de la peine à y descendre.

Henri soupira à ces mots, mais il ne perdit point courage, et ajouta :

— Après cela, on a vu la chose souvent. Quand une étoile monte à l'horizon, elle arrive parfois à laisser tomber un de ses rayons dans un puits...

XV

Henri se trouva pendant environ une heure sous le coup d'une sorte d'étourdissement.

Où était-il ? que voulait-on faire de lui ?

Ces deux questions se heurtaient dans son cerveau et n'y trouvaient pas de solution. Il se rassit sur son lit et se prit à réfléchir.

— Je comprends bien, pensa-t-il, que l'audace de mes cousins de Guise égale leur haine et qu'ils aient songé fort sérieusement à se débarrasser de moi ; mais ce que je comprends moins, c'est que le duc d'Anjou se fasse leur complice.

Nous avons été bons amis, jadis, avec le cousin François, et je ne vois pas trop l'avantage qu'il a à me faire disparaître.

Moi mort, les Guise le feront assassiner.

Ce raisonnement était si logique, si plein de sens, que la peur de la mort s'en alla du cœur de Henri.

Et comme les gens qui ne tremblent pas n'ont plus aucune raison de veiller en pleine nuit, le roi de Navarre s'étendit sur son lit et ne tarda point à s'endormir.

Son sommeil dura sans doute plusieurs heures, car, lorsque Henri s'éveilla, il aperçut un rayon de jour au-dessus de sa tête.

Ce rayon lumineux passait au travers d'une étroite meurtrière et permit au prince d'examiner sa prison.

C'était une sorte de puits ovale, d'une profondeur de trente à quarante pieds au moins, et dont les murs étaient en pierres de taille liées les unes aux autres par un ciment très-dur.

Le lit qui était descendu sur des chaînes occupait le fonds de ce puits. Verticalement au-dessus de sa tête, le roi de Navarre aperçut la trappe et son infernal mécanisme.

Quant au rayon de lumière qui lui permettait de voir cela, il provenait d'une meurtrière étroite percée un peu au-dessous de la trappe et qui, selon toute apparence, s'ouvrait au niveau du sol.

Un coup d'œil suffit à Henri pour le convaincre que toute tentative d'évasion était inutile.

Le puits où il se trouvait était une véritable oubliette, et on n'y parvenait que par la trappe.

Les murs polis, cimentés, inattaquables, ne dissimulaient aucune porte.

Pour sortir de là, il aurait fallu que les chaînes de la trappe redescendissent, saisissent le lit de nouveau et le fissent remonter dans la chambre verte.

Henri attendit.

— Puisqu'ils m'ont mis ici avec tant de précaution, pensa-t-il, c'est qu'ils ne songent pas à me tuer; car il leur eût été facile de me faire tomber dans l'oubliette, au lieu de m'y descendre avec précaution.

Les heures s'écoulèrent.

Henri n'entendit aucun bruit.

Puis le rayon de lumière alla s'affaiblissant et Henri éprouva un léger tiraillement d'estomac.

— Voici la nuit qui vient, pensa-t-il, et je crois qu'on m'oublie.... Voudrait-on me laisser mourir de faim?

Cette pensée inquiéta le roi de Navarre et prit peu à peu consistance dans son esprit, car le rayon lumineux disparut tout à fait, et l'oubliette se trouva plongée dans les ténèbres.

— Qui dort dîne! murmura-t-il philosophiquement.

Et il se recoucha sur le lit.

Plusieurs heures s'écoulèrent encore.

La pensée qu'on le voulait laisser mourir de faim prenait de plus en plus consistance dans l'esprit du ro de Navarre, lorsqu'il entendit un bruit sourd.

Ce bruit semblait sortir des entrailles de la terre e paraissait être celui d'une pioche entamant un ouvrage de maçonnerie.

Le prince quitta de nouveau son lit, se coucha sur le sol humide de l'oubliette et colla son oreille contre terre.

Le bruit lui sembla se rapprocher.

En même temps il éprouva une légère secousse.

Dès lors il n'eut plus de doute.

Au-dessous de lui s'étendait quelque boyau souterrain, et c'était la voûte de ce boyau qu'on démolissait pour arriver jusqu'à lui.

Dès lors encore son cœur serré se dilata.

Henri comprit que quelque ami inconnu ou mystérieux travaillait à sa délivrance.

Quel était cet ami ?

Était-ce Noë ? étaient-ce les Gascons, ou bien simplement monseigneur François de Valois, duc d'Anjou, complice apparent des princes lorrains ?

Le bruit de la pioche devenait plus distinct et se rapprochait sensiblement.

Henri se leva et alla s'appuyer contre le mur.

Tout à coup la terre commença à sauter comme du blé sur un crible, puis un éboulement se fit, et Henri se sentit entraîné avec le sol qu'il avait sous les pieds.

En même temps un point lumineux brilla au-dessous de lui.

Henri se pencha avidement et aperçut une étroite cavité, au-dessus de laquelle venait de s'ouvrir une brèche.

Au fond de cette cavité étaient deux hommes, dont l'un tenait une lanterne.

L'autre avait encore à la main la pioche libératrice.

Le premier, celui qui tenait la lanterne et paraissait commander à l'autre, portait un masque sur le visage.

L'autre était évidemment un homme de petit état.

Henri s'était accroupi sur le bord de la brèche, assez large, du reste, pour qu'un corps humain y pût passer.

— Monsieur Henri de Navarre, dit l'homme masqué en levant la tête et dirigeant les rayons de sa lanterne de bas en haut, de façon à éclairer le visage du prince, nous sommes des amis qui vous venons délivrer.

Henri tressaillit.

— Où donc ai-je entendu cette voix? se dit-il, interrogeant des souvenirs lointains.

Et il sauta dans la cavité.

C'était un boyau étroit, long, tortueux.

L'homme au masque plaça un doigt sur ses lèvres :

— Ne faites pas de bruit et ne m'adressez pas la parole, dit-il, car au château d'Angers surtout les murs ont des oreilles.

Puis il prit la main du prince, ajoutant :

— Suivez-moi.

Et il éteignit sa lanterne.

Henri se laissa conduire pendant dix minutes environ à travers d'épaisses ténèbres.

Tantôt son guide se penchant à son oreille lui enjoignait de se baiser ; tantôt il lui faisait gravir une ou deux marches. L'homme à la pioche cheminait derrière. Enfin le mystérieux conducteur s'arrêta. Henri entendit de nouveau un bruit sourd, mais ce n'était plus celui d'une pioche attaquant un mur, c'était un grondement lointain comme celui du tonnerre.

— C'est la Loire que vous entendez, dit l'homme au masque.

Alors Henri entendit encore une clef qui grinçai dans la serrure.

Puis une porte s'ouvrit, et soudain une bouffée d'air glacé vint frapper le prince au visage.

En même temps, il vit le ciel et les étoiles, et se trouva en plein air.

Il était au bord de la Loire, sous les murs du château, et à l'entrée de cette poterne par laquelle quelques heures auparavant le duc d'Anjou avait introduit sa mère madame Catherine.

— Suivez-moi! répéta l'inconnu.

— C'est singulier! pensa le prince, j'ai entendu cette voix-là quelque part.

L'inconnu fit suivre un moment le bord de la Loire à Henri, puis il s'enfonça dans un dédale de petites rues tortueuses et sombres.

— Où me conduisez-vous donc? demanda le prince.

— Au salut, Sire.

— J'étais donc en péril, tout à l'heure?

— En péril de mort.

— Ah!

— Savez-vous qu'il était simplement question de vous laisser mourir de faim au fond de cette oubliette?

— Je m'en suis douté, murmura Henri, qui ne put se défendre d'un léger frisson.

— Heureusement vos amis veillaient sur vous, reprit l'homme au masque.

— Quels amis?

Henri vit un éclair saillir du masque de l'inconnu, lequel répondit d'une voix remplie d'amertume :

— Des amis que bien certainement vous ne soupçonniez pas.

— Ah!

L'homme au masque ralluma sa lanterne.

— Et ces amis les verrai-je?

— Oui, tout à l'heure.

Henri et son conducteur se trouvaient alors à la porte d'une maison de peu d'apparence.

— C'est ici, dit l'homme au masque.

Et il s'effaça pour laisser celui qui portait la pioche introduire une clef dans la serrure de cette porte.

— C'est donc ici que sont mes amis inconnus? demanda Henri.

— Oui.

— Mais... vous?...

— Moi, je suis un revenant.

— Que voulez-vous dire ?

— Jugez-en plutôt, monseigneur.

Et l'inconnu approcha la lanterne de son visage et souleva un instant son masque.

Henri jeta un cri mêlé d'épouvante.

— Oh! cela est impossible! dit-il, cet homme est mort!...

L'inconnu laissa retomber son masque, et de nouveau éteignit sa lanterne.

— Monseigneur! dit-il d'un ton amer et railleur, croyez bien que je ne suis pas votre ami de mon plein gré.

— Oh! je m'en doute, dit Henri.

— Mais j'obéis à des ordres.

— Et ces ordres, qui te les a donnés?

— Vous allez le savoir.

Et l'homme au masque poussa la porte que son compagnon venait d'ouvrir.

Henri hésita un moment :

— Ne me tends-tu pas un nouveau piége? dit-il avec défiance.

— Si cela était, répondit tranquillement celui que Henri prétendit être mort, je ne vous eusse point montré mon visage.

— C'est juste.

Et Henri entra dans la maison sur les pas de son guide. Celui-ci lui fit traverser un vestibule et s'arrêta devant une porte sous laquelle on voyait passer un rayon de clarté.

Mais au lieu de pousser cette porte, au lieu de frapper, il se retourna vers Henri.

— Monseigneur, lui dit-il, j'ai été votre ennemi acharné... mais pour le mal que vous m'avez fait...

— Et que tu as provoqué, malheureux.

— Soit! moins pour le mal que vous m'avez fait, et que j'ai provoqué, je l'avoue, que parce que j'étais corps et âme à vos ennemis.

— Eh bien?

— Si ces ennemis dont je parle devenaient vos amis, me pardonneriez-vous?

— Oui, dit Henri.

— Et m'engagerez-vous, dès à présent, votre parole royale que vous ne trahirez pas le secret de ma résurrection?

— Je te le jure.

— C'est bien, monseigneur.

Alors l'homme au masque frappa discrètement à la porte.

— Entrez! dit une voix de femme à l'intérieur.

La porte s'ouvrit, et Henri, stupéfait, se trouva au seuil de la chambre de maître Loisel, barbier-étuviste, occupée par madame Catherine.

Madame Catherine, vêtue de noir, pâle, grave, presque solennelle, était debout.

— Entrez, monsieur mon fils, dit-elle.

Et sur un signe qu'elle fit, l'homme au masque se retira, fermant la porte.

Alors la reine s'assit.

Henri, lui, demeura debout devant elle, son chapeau à la main.

— Monsieur mon fils, dit Catherine, je viens de vous arracher à la mort.

— Madame!

— Voulez-vous oublier le passé, et ne vous souvenir

que d'une chose : c'est que vous êtes le mari d'une fille de France?

Henri avait passé sa vie à se défier de la fille des Médicis; cependant il lui parut, en ce moment, que l'accent de la reine était sincère.

Mais, comme si elle eût deviné ce qui se passait en lui, la reine-mère se hâta d'ajouter :

— Je comprends que vous ne puissiez accorder de confiance qu'à la logique des événements. Asseyez-vous donc près de moi et me veuillez écouter.

Henri obéit.

— Cette nuit même, dit Catherine, un pacte s'est fait au château d'Angers.

— Je m'en doute, dit Henri.

— Un pacte que votre mort devait cimenter.

— Ah ! fort bien.

— Le duc de Guise et ses frères, obéissant aux conseils de leur sœur, ont signé un compromis avec le duc d'Anjou, mon fils.

— Et ce compromis?

— Ce compromis c'est la déchéance du roi de France.

— Bon !

— La proclamation du roi François de Valois, lequel est malade et n'a pas deux ans à vivre.

— Et puis ? dit froidement Henri.

— Et la mort du roi de Navarre.

Alors Catherine raconta à Henri de Navarre, simplement, mais dans tous ses détails, la scène qui avait eu lieu dans le cabinet du duc d'Anjou, scène à laquelle, grâce au miroir d'acier, elle avait assisté invisible.

Et quand elle eut fini, Henri lui dit :

— Ainsi j'étais condamné à mourir de faim ?

— Oui.

— Comment donc Votre Majesté a-t-elle pu me sauver?

— J'ai habité le château d'Angers, répondit Catherine. C'est moi qui ai fait construire une partie des souterrains.

— Ah! ainsi le duc d'Anjou et les Guise ignorent l'existence de ce boyau qui passe au-dessous de l'oubliette?

— Complétement.

— Et les voilà bien tranquilles sur mon sort?

— Au moins pour un jour ou deux. Au bout de ce temps, on fera sans doute descendre quelqu'un dans l'oubliette pour s'assurer de votre mort.

Henri se prit à sourire.

— Madame, dit-il, que Votre Majesté daigne me permette une question.

— Faites, mon fils.

— Votre Majesté m'a, en sa vie, donné tant de preuves de haine que je me demande pourquoi elle n'a pas laissé mes cousins se débarrasser de moi.

— Vous allez le savoir.

Henri attacha son regard clair sur le visage impassible de Catherine.

— J'ai été femme de roi, mère de rois, dit-elle d'une voix grave et triste. Le roi mon époux est mort, deux rois, mes fils, sont morts. Jouet d'une destinée implacable, je suis condamnée à voir mon dernier fils mourir dans quelques mois d'un mal inconnu, mais d'autant plus terrible qu'il frappe sûrement.

— Que voulez-vous dire, madame? fit Henri étonné.

Catherine baissa la voix.

— François de Valois est empoisonné! dit-elle.

Et comme Henri faisait un mouvement:

— Oh ! pas par vous, dit-elle. Je ne vous ai ni soupçonné ni accusé. Vous êtes un homme loyal, vous ; mais les Guise savaient bien ce qu'ils faisaient tout à l'heure en proposant le trône de France à ce malheureux prince.

Henri tressaillit, la reine-mère continua :

— A cette heure, voyez-vous, Henri, la maison de Valois n'a plus qu'un homme, et cet homme est sans postérité. Quand le roi Henri III descendra dans la tombe, il n'y aura pour lui succéder qu'un prince de la maison de Bourbon.

Henri de Navarre eut un frisson par tout le corps, et, involontairement, il songea à son étoile.

— Eh bien ! dit Catherine, j'ai été vaincue peu à peu par la fatalité. Peu à peu, mon âme de fer s'est pliée aux coups du destin ; peu à peu la mère de ces quatre princes qui semblaient ne devoir jamais mourir et rendre éternelle en ce monde la maison de Valois, s'est faite à cette pensée terrible que la maison de Valois s'éteindrait.

Et Catherine courba le front sous le poids d'une énormes douleur qui émut le Béarnais.

Henri lui prit la main et la porta à ses lèvres.

— Ah ! madame, dit-il, mon cousin Henri de France est jeune et fort, il régnera !

— Oui, mais... après lui ?

— Ne peut-il donc avoir un fils ?

Catherine secoua la tête ; puis elle saisit à son tour la main d'Henri et la serra.

— Écoutez, dit-elle, voulez-vous devenir mon allié ?

— Je le veux, madame, répondit Henri.

— Voulez-vous m'aider à défendre ce trône de France

que convoitent les Guise, et, ajouta-t-elle avec tristesse, qui sera peut-être le vôtre un jour ?

— Je le veux, dit Henri.

— Eh bien ! venez alors... venez, en ce cas, et soyez mon fils !

Catherine eut un élan de tendresse pour cet homme qu'elle avait si longtemps poursuivi de sa haine, comme tous ceux qui portaient ombrage au trône de France. Elle lui jeta ses deux bras autour du cou, et lui mit un baiser au front.

— Tu défendras le trône de France, n'est-ce pas ? dit-elle.

Henri se mit à genoux.

— Je vous le jure, madame.

Catherine frappa sur un timbre.

A ce bruit, l'homme au masque entra.

Il avait à la main une épée et une dague qu'il tendit respectueusement par la poignée au roi de Navarre désarmé.

— Madame, dit Henri ému, cette épée se sera brisée dans ma main avant que le roi de France soit en péril.

— Les chevaux sont-ils prêts ?

Ils piaffent tout sellés dans la cour.

— Où allons-nous ? demanda Henri.

— A Amboise, répondit Catherine.

— Et là ?

— Là, nous aviserons, murmura la reine-mère.

Sur ces mots, elle se leva et prit le bras d'Henri.

Dans la cour du barbier-étuviste Loisel était la litière de la reine-mère.

Auprès des mules, le barbier tenait deux chevaux en main.

L'un était destiné à l'homme au masque, l'autre à Henri.

Quant au chevalier d'Asti, il avait sans doute pris les devants, et il précédait la reine-mère sur la route d'Amboise.

Le petit cortége sortit d'Angers sans bruit et au pas. Ce ne fut qu'en dehors des portes qu'on mit les mules au trot.

La nuit était près de finir. Déjà, à l'horizon, glissait cette lueur blanchâtre qui précède l'aurore.

Henri galopait à la portière de la reine-mère, qui se pencha au dehors et lui dit :

— Nous serons à Amboise avant le réveil du duc d'Anjou.

— Lequel, fit Henri en riant, me croit au fond de l'oubliette.

— Certainement.

En cet endroit, la route se bifurquait.

L'homme au masque s'approcha de la reine-mère, et prit silencieusement un parchemin qu'elle lui tendit.

— Qu'est-ce que cela ? demanda Henri.

— Une lettre qu'on va porter à Blois.

— A qui ?

— A Sa Majesté le roi de France.

L'homme au masque s'inclina, salua Henri et mit son cheval au galop, prenant à gauche, tandis que la litière de Catherine inclinait à droite.

— Hum ! pensa Henri qui vit cet homme s'éloigner et prendre la route de Blois, tandis que mes beaux cousins Henri de Guise, François de Valois et Anne de Lorraine s'occupent au château d'Angers de faire mourir de faim et de déposer le roi Henri comme incapable de régner, celui-ci pourrait bien donner l'ordre à Crillon de les venir arrêter tous les trois.

Et sur cette réflexion consolante, Henri continua son chemin, caracolant à la portière de la reine-mère.

XLI

On se souvient de Raoul le page.

Le beau page à l'œil noir et aux lèvres rouges que Nancy aimait follement.

Mais Nancy était coquette, — et Nancy lui avait dit :

— Il ferait beau voir une fille sensée comme moi épouser un damoiseau comme vous! Si vous voulez que je vous agrée, attendez d'avoir quitté votre veste de page pour un pourpoint de gentilhomme.

Or, Raoul n'était plus page, il était devenu écuyer, et, pour lors, il avait sommé Nancy de tenir sa promesse.

Mais Nancy lui avait répondu :

— Le roi de Navarre, notre maître à tous deux, vous veut envoyer en mission. Quand vous serez de retour, nous verrons.

Et précisément le roi Henri avait expédié Raoul en Lorraine avec des instructions secrètes.

Et Raoul s'en était fort bien acquitté sans doute, puisque la duchesse Anne de Lorraine s'était longtemps prise d'un fol amour pour lui.

Or donc, le Raoul qui avait été page du roi Charles IX, puis l'ami du roi de Navarre et l'amoureux de la belle Nancy, était le même que ce jeune et beau cavalier que nous avons vu sur le pont du chaland.

Raoul, on s'en souvient, au moment de la catastrophe, avait gagné le moulin à la nage, puis il avait suivi Henri de Navarre au manoir de Panesterre.

Ensuite il avait été placé par le prince en sentinelle à la porte de mademoiselle Berthe de Mallevin, pendant cette nuit étrange où les Gascons et le roi leur maître dormirent si profondément.

Pendant cette nuit encore, on doit toujours s'en souvenir, Raoul qui ne dormait pas, fit un petit acte de contrition et s'avoua qu'il avait été bien léger envers madame de Montpensier.

A la suite de ce repentir, Raoul avait vu surgir un fantôme devant lui, une véritable apparition, madame de Montpensier, qu'il croyait trépassée et qui venait à lui, marchant lentement, précédée par une lueur étrange et qui paraissait surnaturelle.

La duchesse avait ordonné et Raoul obéi.

Il l'avait suivie, à partir de ce moment jusqu'à cet instant fatal où, plongé dans des ténèbres subites, il avait senti le sol s'entr'ouvrir sous ses pieds.

Un cri d'angoisse, un éclat de rire moqueur, c'était tout.

Depuis lors, l'univers ignorait le sort de l'ex-page Raoul.

Pourtant, Raoul n'était pas mort.

Il était tombé d'une hauteur de près de cent pieds dans un gouffre, — mais au fond de ce gouffre il avait trouvé une surface moitié solide et moitié liquide; c'est-à-dire une épaisse couche de vase dans laquelle il s'était enfoncé sans se briser le crâne et sans se fracturer aucun membre.

Expliquons-nous.

Comme presque tous les châteaux de ce temps, le manoir de Panesterre était pourvu d'oubliettes.

Les oubliettes étaient de larges puits très-profonds, dans lesquels on précipitait les gens dont on se voulait défaire.

Ordinairement, le sol était pavé de rochers, hérissé de pieux, et le malheureux qui touchait ce sol s'y brisait comme verre. Mais l'architecte qui avait construit les oubliettes du manoir de Panesterre avait compté sans la Loire.

La Loire, dont les flots rongeaient les murs du château, et dont le niveau était plus élevé que le fond des oubliettes qu'il creusait.

Il en était résulté, avec le temps, de lentes infiltrations bourbeuses qui avaient fini par former dans certains endroits de l'oubliette plusieurs pieds de vase.

Cette vase sauva Raoul.

Cependant la chute était trop grave pour qu'il ne perdit point connaissance.

Ce ne fut qu'au bout de quelques heures que, revenant à lui, il s'aperçut qu'il était encore au nombre des vivants.

Il agita ses bras et ses jambes et put se convaincre que toutes ses articulations jouaient.

Seulement il était à demi enterré dans la boue.

En outre, d'épaisses ténèbres régnaient autour de lui.

Mais, ce qui arrive rarement en pareille circonstance, Raoul, en revenant à lui, avait retrouvé sa mémoire et toute sa présence d'esprit.

Raoul se souvenait.

Et tout aussitôt, il se rendit un compte exact de la situation.

— Je suis, se dit-il, le jouet de la duchesse. Elle n'était pas morte, et elle s'était vengée.

Là-dessus, il pensa aux oubliettes.

— Bon! se dit-il, la pauvre femme a provisoirement manqué son coup, puisque je ne suis pas défunt. Mais comment sortir d'ici?

Cette réflexion, qui était en même temps une interrogation, rendit Raoul prudent. Il demeura immobile, se disant :

— Peut-être ne suis-je pas au fond; et dans ce cas il serait imprudent de trop remuer. Un pas maladroit me pourrait plonger dans quelque nouvel abîme. Attendons!... il doit être nuit sur la terre, mais il fera jour tôt ou tard.

Et il attendait, après s'être dégagé de la vase et avoir pris pied sur un coin de terrain moins détrempé.

Raoul était glacé sur son lit de vase, et il commençait à avoir la sérieuse appréhension de mourir de froid et de faim, lorsqu'un bruit se fit à ses oreilles.

Ce bruit était un soupir, un soupir qui semblait s'échapper d'une bouche humaine. Et, bien que ce soupir fût douloureux et trahît une souffrance, il résonna, harmonieux, à l'oreille de Raoul.

Mais un homme qui avait été page à la cour de France, en ce temps d'embûches multiples, ne pouvait être que très-prudent.

Aussi Raoul ne cria point, n'appela point à l'aide et ne quitta pas la place où il était.

Seulement, il attendit, l'oreille au guet.

Un nouveau soupir se fit entendre.

Alors Raoul soupira à son tour.

Celui qui avait soupiré le premier était sans doute

moins avisé que Raoul, car il éleva la voix dans l'obscurité et cria :

— Où suis-je donc, mon Dieu?

— Eh! pardieu! pensa Raoul frappé du son de cette voix, on dirait que c'est mon ami Gaston.

Et il soupira plus fort, mais n'articula mot.

— A moi! à moi! répéta la voix.

C'était en effet la voix de Gaston, le gentilhomme gascon qui avait servi d'instrument à la duchesse et qu'elle avait fait précipiter dans l'oubliette une heure avant Raoul.

Pas plus que ce dernier, Gaston n'était mort.

Comme lui, il était sain et sauf, quoique fortement contusionné.

Seulement, son évanouissement avait été plus long.

— Qui donc est là? se décida à demander Raoul.

— Moi, répondit le Gascon.

— Qui... toi?

— Gaston.

— En vérité. dit Raoul

— Raoul! s'écria le gentilhomme gascon, est-ce vous?

— Moi-même.

— Où êtes-vous?

— Là... mais ne bougez pas!

— Pourquoi?

— Parce que je ne sais où nous sommes...

— Ah! quelle chute! murmura le Gascon.

— C'est comme moi.

— Vous êtes tombé?

— Parbleu!

— Mais d'où?... mais comment?

— Comme il est probable que vous étiez ici avant

moi, dit Raoul, parlez le premier. Comment êtes-vous en ce lieu?

— C'est le châtelain qui m'a fait entrer dans un corridor.

— Fort bien.

— J'allais devant lui.

— Et où alliez-vous?

— Voir l'appartement réservé à madame la duchesse Anne de Lorraine.

— Ah! vous étiez avec elle?

— Oui.

— Continuez.

— Tout à coup la terre s'est dérobée sous moi.

— Comme à moi.

— Et je ne me souviens plus de rien.

— Moi non plus, dit Raoul.

Le gentilhomme gascon s'écria :

— Mais où sommes-nous donc?

— Dans les oubliettes du manoir, j'imagine. Avez-vous quelque blessure sérieuse?

— Je ne crois pas, et vous?

— Je ne me sens aucun mal.

— Bon! mais comment sortir d'ici?

— Oh! dit Raoul, attendons; peut-être le jour finira-t-il par pénétrer dans cet abîme.

En effet, les ténèbres de l'oubliette se dissipaient peu à peu, et une clarté vague, indécise, se faisait.

D'où venait cette clarté?

Raoul ne s'en rendit pas compte tout d'abord, mais il aperçut son compagnon d'infortune étendu sur le sol mouvant de l'oubliette.

En même temps, il put constater l'absence de tout autre précipice.

Et alors, comme il était demeuré couché, il se leva et essaya de marcher dans cette boue à laquelle il devait son salut.

Cependant la clarté qui avait permis à Raoul de voir son compagnon d'infortune, était si faible, que le page se contenta d'aller jusqu'à Gaston, qui, plus meurtri que lui, avait de la peine à se relever.

Arrivé là, il s'assit auprès de lui, disant :

— Avant d'essayer de sortir d'ici, causons un peu, cher ami.

— Causer! fit Gaston étonné.

— D'abord, êtes-vous bien sûr de n'avoir rien de brisé?

— Je ressens une vive douleur à ce bras.

— Étirez-le.

Gaston fit jouer les articulations de ses bras.

— Bravo! Et les jambes? demanda Raoul.

Gaston s'étant levé, fit quelques pas.

— Fort bien! Maintenant, causons.

— De quoi voulez-vous donc causer?

— D'une foule de choses, dit Raoul. D'abord, il est évident pour moi que si nous sommes ici tous les deux, ce n'est point par l'effet du hasard.

— Je ne le pense pas non plus, dit le Gascon.

— Et que ceux qui nous y ont fait tomber avaient intérêt à se débarrasser de nous!

— Oh! l'infâme! murmura Gaston, qui vit clair enfin dans la conduite de madame de Montpensier.

— De qui donc parlez-vous, cher ami? demanda Raoul d'un ton naïf.

— De la duchesse.

— Ah! ah!

— Bien certainement c'est elle qui a donné l'ordre au vidame.

— Ouais! dit Raoul, ceci est clair comme de l'eau de roche.

— Ah! vous trouvez?

— Mais il est quelque chose de moins clair pour moi, mon cher ami.

Pour être tombés dans ce puits où nous sommes, il faut que vous ayez gagné le château d'abord.

— Sans doute.

— Comment cela?

— A la nage.

— C'est-à-dire au moment de la castastrophe du chaland...

— Précisément, dit le Gascon avec embarras.

A mesure qu'il recouvrait ses esprits et son sang-froid, le perfide Gascon avait conscience de sa trahison, et déjà il craignait d'en avoir trop dit.

Mais Raoul était un esprit lucide, pratique et d'une logique rigoureuse. Il voulait savoir, et pour cela il ne négligeait aucun détail.

— Expliquons-nous bien, dit-il.

— J'écoute, fit Gaston avec embarras.

— Non point; parlez, au contraire. Vous me disiez donc que vous aviez gagné le château à la nage?

— Oui.

— Que là, en suivant le vidame pour aller visiter un appartement destiné à la duchesse, vous aviez senti le sol manquer sous vos pas?

— Précisément.

— Mais alors la duchesse était au château?

— Sans doute.

— Et comment y était-elle arrivée?

— Je l'avais sauvée. Je suis très-bon nageur.

— Ah ! fort bien... Mais n'étiez-vous pas à la barre lorsque le chaland a heurté les rochers ?

— En effet, bégaya Gaston.

— Allons ! dit Raoul je devine le reste.

— Que voulez-vous dire ? fit le Gascon troublé.

— Que tu es un traître ! dit froidement Raoul.

Et comme le Gascon étouffait un cri de colère, Raoul ajouta :

— Mais je suis de bonne composition, mon gentilhomme ! et ce n'est pas en ce moment que je chercherai à vous passer ma dague au travers du corps, d'autant plus que le terrain est mauvais pour ferrailler, et qu'ensuite autant vaut que nous nous aidions réciproquement à sortir d'ici.

Gaston courba la tête et ne répondit rien.

Raoul continua.

— C'est une fière enchanteresse que madame Anne de Lorraine, duchesse de Montpensier, n'est-ce pas ?

— Oh ! fit le Gascon avec amertume.

— Je vois la chose d'ici, poursuivit Raoul ; elle est montée sur le pont du chaland tandis que vous étiez à la barre.

— C'est vrai !

— Et elle vous a ensorcelé et vous a promis son amour.

— O fou que j'étais ! exclama Gaston.

— En échange de cet amour, elle vous a demandé de trahir votre roi, de faire briser le chaland et couler les tonnes d'or au fond de la Loire... Puis, une fois au manoir, elle s'est débarrassée de vous.

— Hélas ! soupira le Gascon.

Tandis que Raoul parlait, la clarté qui s'était faite dans l'oubliette avait grandi peu à peu.

Et les deux prisonniers purent examiner à loisir leur prison.

L'oubliette était profonde, mais Raoul, en levant la tête, se fut bientôt convaincu que la lumière ne venait pas tout à fait d'en haut, c'est-à-dire de l'ouverture par laquelle lui et Gaston étaient tombés, mais bien d'un trou formant meurtrière et qui était à une demi-douzaine de pieds au-dessus de lui.

— Voyez ! dit-il.

Gaston regarda à son tour, aperçut le trou et le rayon lumineux.

— Je voudrais bien atteindre jusque-là, dit Raoul.

Il examinait les murs de l'oubliette, qui étaient lisses et sans la moindre anfractuosité.

Gaston s'approcha à son tour.

— Montez sur mes épaules, dit-il.

Raoul ne se le fit point répéter. Il sauta sur les épaules du Gascon, qui était de haute taille, et qui s'appuya contre le mur, juste au-dessous du trou.

Raoul était tombé dans l'oubliette avec sa dague au fourreau.

Cette dague était toujours à son flanc ; il la tira et chercha une fissure dans le mur. Un léger joint se trouvait entre deux pierres, Raoul y glissa sa dague et l'y enfonça profondément.

Puis s'appuyant sur la poignée comme sur un levier, il atteignit avec la tête le trou par où venait le jour.

Alors Raoul vit un coin du ciel, des arbres, des collines, et presque de niveau les flots argentés de la Loire sur lesquels resplendissait le soleil.

Dès lors il s'expliqua le fond vaseux de l'oubliette

Quant à la meurtrière, elle était trop étroite pour laisser passer le corps d'un homme ; mais comme elle était en maçonnerie et non en pierre de taille, Raoul se promit de l'élargir avec sa dague. Alors, laissant cette arme dans le mur et abandonnant les épaules du Gascon, il retomba sur le sol de l'oubliette.

— Eh bien? interrogea Gaston anxieux.
— Nous sommes sauvés.
— Ah!
— Mais il faut attendre la nuit.
— Pourquoi donc? demanda le Gascon.

Raoul haussa les épaules.

— Décidément, dit-il, vous êtes un peu naïf, mon cher. Comment! vous êtes tombé ici, vous vous y trouvez en ma compagnie, et vous pensez que madame la duchesse de Montpensier s'est contentée de nous faire à tous deux une plaisanterie?

— Non, certes, dit Gaston, mais...

— Mais, si nous sortons d'ici en plein jour, on nous verra... et les gens du vidame nous attaqueront et se déferont de nous.

— Ceci est assez juste, dit le Gascon. Mais c'est que j'ai horriblement faim.

— Et moi horriblement soif... Mais j'ai toujours entendu dire que, lorsqu'on avait trop parlé, il fallait boire.

— C'est vrai.

— Pourquoi donc alors n'userait-on pas du remède inverse? Quand on n'a pas de quoi boire, il faut causer...

— Soit! causons.

— Il m'est avis, reprit Raoul, que la duchesse a demandé aide et assistance à Angers.

— Et comment?

— Elle aura envoyé des hommes du vidame.

— C'est bien possible, dit le Gascon ; je me souviens même qu'hier soir un petit garçon de quinze ou seize ans est monté à cheval.

— C'est cela : il aura couru à Angers, et le roi de Navarre est tombé dans un piége.

— Le roi de Navarre !

— Parbleu ! dit Raoul, il a couché au manoir.

— Alors, murmura le Gascon d'un air sombre, la duchesse l'aura fait assassiner.

— Peuh ! elle y aura regardé à deux fois.

— Et c'est moi qui l'ai trahi !

— Ah ! mon bon ami, dit Raoul, je vous avoue que si j'étais à votre place...

— Eh bien ?

— Je serais moins pressé de sortir d'ici...

— Pourquoi ?

— Mais parce que, une fois dehors, honteux d'avoir trahi mon roi et déshonoré mon écu, je me passerais mon épée au travers du corps.

Gaston fit la grimace.

— Au reste, acheva Raoul, ceci n'est point mon affaire... quand vous serez dehors, vous ferez ce que vous voudrez... je ne suis ni juge ni grand-prévôt...

Raoul et le Gascon attendirent jusqu'au soir.

Puis, quand le rayon lumineux qui passait par la meurtrière eut presque disparu, Raoul monta sur les épaules de son compagnon de captivité et se mit à attaquer la meurtrière avec la pointe de sa dague.

XLII

Aux portes de Nérac, il y avait alors une jolie maison blanche bâtie à mi-côte, entourée d'arbres et aux fenêtres de laquelle grimpait une vigne sauvage.

Un soir de janvier, le ciel était bleu, et le soleil de ce beau pays qu'on nomme la vallée de Pau se couchait resplendissant dans des nuages de pourpre et d'or.

L'air était tiède comme au printemps, les perceneige étaient fleuris, et sous le gazon qui commençait à reverdir, on voyait poindre des violettes.

Deux jeunes gens, une jeune fille et un beau damoiseau de vingt à vingt-deux ans, se promenaient au bras l'un de l'autre sur la terrasse de la maison blanche.

Ce cavalier était encore vêtu d'un habit de voyage, et la poussière de ses cuissards disait qu'il avait fait une longue route.

Il parlait avec volubilité, et la jeune fille, à demi souriante, l'écoutait avec attention.

— Mon bien-aimé Raoul, dit-elle enfin, si vous vous expliquiez plus posément, je comprendrais mieux peut-être.

— Ma chère Nancy, répondit Raoul, car c'était lui, pardonnez-moi, j'ai tant de choses à vous dire!

— Eh bien! procédons par ordre : donc, le roi de Navarre revient?

— Je le précède de quelques minutes seulement.

— Et Noë? et Lahire ?...

— Noë et Lahire avec lui.

— Et le chaland?

— Le chaland, comme je vous l'ai dit, a fait naufrage, mais les tonnes sont sauvées.

— Voilà justement où votre récit s'embrouille.

— Bah !

— Ne me disiez-vous pas que, tandis que le roi Henri et ses Gascons s'en allaient, en votre compagnie, goûter de la gracieuse hospitalité du vidame de Panesterre, Noë, dans une barque, descendait la Loire jusqu'au château du sire d'Entragues ?

— C'est la vérité pure, Nancy.

— Et que Lahire et le vieil Hardouinot étaient demeurés au moulin ?

— Justement.

— Eh bien ! racontez-moi d'abord comment vous êtes sorti de l'oubliette.

— Il m'a fallu une partie de la nuit pour élargir la meurtrière.

— Enfin vous avez pu y passer ?

— Oui, certes.

— Et votre compagnon aussi ?

— Mon compagnon pareillement.

— Mais j'imagine, dit Nancy, qu'une fois dehors vous n'avez pas eu la fantaisie de remonter au château ?

— Certes, non. Nous sommes jetés à la nage et nous avons gagné le moulin.

— Noë était-il de retour ?

— Noë venait d'arriver et se consultait avec Lahire pour savoir quel parti prendre, car depuis la veille on n'avait entendu parler ni du roi de Navarre, ni des Gascons, ni de moi.

Noë était revenu avec le sire d'Entragues, douze hommes et une grande barque.

— Faisons le siége du château ! s'écria Noë, car bien certainement le roi y est prisonnier.

Nous retraversâmes la Loire dans la barque du sire d'Entragues et nous vînmes frapper à la porte du manoir. Comme on hésitait à ouvrir, nous l'enfonçâmes. La cour était déserte, on ne voyait aucune lumière aux croisées. On eût dit une demeure inhabitée. Enfin, après avoir erré de salle en salle, nous entendîmes des gémissements de femme. Une nouvelle porte fut enfoncée, et nous trouvâmes Berthe de Mallevin qui pleurait.

— Mais... le roi ?

— Le roi était parti au coucher du soleil, sous bonne escorte, pour Angers.

— Ainsi, il n'y avait plus personne au château ?

— Personne, excepté Berthe et le vieil intendant qui, le poignard sur la gorge, avoua tout.

Là, nous tînmes conseil de nouveau.

— Mes amis, dit Noë, aller à Angers sera folie. Le roi de Navarre se sauvera tout seul, j'en suis sûr. Nous, sauvons les tonnes.

— Ce n'était pas chose facile sans doute ? demanda Nancy.

— Il nous fallut deux nuits consécutives pour les retirer de l'eau l'une après l'autre et les charger dans la barque. Comme, au matin de la seconde nuit, la besogne était terminée, nous vîmes sur la Loire une embarcation qui descendait rapidement vers nous.

Un homme était à l'avant et faisait flotter une écharpe blanche.

Noë s'écria :

— C'est lui !

En effet, c'était le roi de Navarre.

— Mais d'où venait-il ? demanda Nancy.

— D'Amboise.

— De chez la reine-mère ?

— Justement.

— Et il avait pu échapper à la duchesse et au duc de Guise ?

— Il le paraît, car il était libre et avait son épée au flanc.

Comme Raoul achevait de donner ces explications à Nancy, un tourbillon de poussière s'éleva à l'horizon.

— Je crois que voilà le roi de Navarre et sa suite, dit-il.

En effet, Nancy vit une demi-douzaine de cavaliers qui dévorait l'espace, et à leur tête elle reconnut le panache blanc du Béarnais.

— Mon petit Raoul, dit-elle alors au page, tout ce que vous venez de me raconter là est extraordinaire, mais vous avez glissé sur un point important de votre récit.

— Lequel, ma mignonne ?

— Qu'avez-vous fait à Nancy, cette ville dont je porte le nom ?

— J'ai rempli ma mission.

— Quelle mission ?

— Chut ! ceci est de la politique.

— Je m'en doute, moi...

Raoul se troubla.

— Et comme, sous prétexte de politique, vous avez un peu oublié vos serments...

— Oh ! jamais !

— Tarare ! j'ai eu de vos nouvelles.

— Mais je vous aime !

— Je veux bien le croire... Seulement j'ajourne encore notre mariage.

— Ah ! mon Dieu ! et jusques à quand ?

— Jusqu'à ce que nous allions à Paris.

En ce moment, le roi de Navarre mettait pied à terre au bas de la terrasse; il entendit les derniers mots de Nancy; il cria à Raoul :

— Ne te désole pas mon mignon, Nancy est une coquette.

— Ah ! Sire ! fit Nancy en rougissant.

— Mais tu n'attendras pas longtemps, acheva Henri de Navarre, car nous serons à Paris avant peu.

Et le roi, toujours galant, mit pied à terre et vint embrasser la jolie Nancy sur les deux joues.

PREMIÈRE PARTIE

L'HOMME AU MASQUE

1

Un matin de l'année mil cinq cent quatre-vingt-quatre, en plein mois d'octobre, le roi Henri III s'éveilla fort tard, entre onze heures et midi.

Le roi était cependant matinal. Il avait suivi les traditions de l'ancienne cour, laquelle, d'après un proverbe du temps :

> Levait à cinq,
> Dînait à neuf,
> Soûpait à cinq,
> Couchait à neuf.

Mais, cette nuit-là, le roi de France avait eu le cauchemar et ne s'était endormi qu'aux approches de l'aube.

Le cauchemar qui avait oppressé la poitrine de Sa Majesté était affreux.

Il s'était vu cheminant par une sombre journée d'hiver les pieds chaussés de sandales, le corps revêtu d'une robe grossière, la tête rasée, un gros chapelet à grains de bois autour du cou et un crucifix à la main.

Il s'en allait par les rues de Paris et nul, seigneur ou bourgeois, homme d'armes ou de métier, ne prenait garde à lui et ne le saluait, lui, le roi de France.

Et comme cet accoutrement inusité lui pesait, comme cette indifférence de la foule lui semblait étrange, il avait adressé la parole à un bourgeois assis au seuil de sa porte et lui en avait demandé la raison.

Le bourgeois l'avait considéré de la tête aux pieds, lui avait ri au nez ensuite et s'était contenté de répondre :

— Comment veux-tu, pauvre moine, qu'on fasse attention à toi aujourd'hui, puisque le roi de France va passer?

A ces mots Henri III, rêvant toujours, avait fait un pas en arrière.

— Le roi! s'était-il écrié.

— Oui, le roi de France, dit le bourgeois.

— Mais... le roi de France, c'est moi...

Le bourgeois haussa les épaules.

— La preuve que ce n'est pas toi, pauvre frocart, c'est que le voilà!

Et en effet, Henri III avait entendu, toujours dans son rêve, un grand bruit de trompettes, de cymbales et de tambours; puis il avait vu de nombreux cavaliers tourner l'angle de la rue, précédant un homme de haute taille, à l'armure étincelante, au port noble et fier, qui marchait en conquérant sur le sol parisien.

— Voilà le roi! lui avait dit le bourgeois.

Et lui, Henri III, le pauvre moine, s'était effacé pour voir passer le cortége royal.

En tête des Suisses, il avait vu Crillon; derrière Crillon marchait d'Épernon, puis M. l'amiral de Joyeuse, puis une douzaine de seigneurs de la cour de France.

Et celui qui avait pris sa place, à lui, Henri III, considérait ces hommes comme siens et leur donnait des ordres qu'ils recevaient avec des marques de respect.

Quel était donc ce nouveau roi?

Henri III ne put le savoir, car il avait la tête couverte d'un casque, et la visière de ce casque était baissée.

Seulement, sur son passage, la foule battait des mains et criait : Vive le roi !

Henri III avait le frisson; son front se baignait de sueur, et sa gorge crispée ne put rendre aucun son, lorsqu'il essaya de crier que cet homme était un imposteur et non point le vrai roi de France.

Il voulut courir, se jeter au-devant de cet homme et arracher la visière de son casque : ses jambes refusèrent de le porter.

Et le cortége passa, suivi de la foule, et Henri III se trouva seul, dans sa robe de moine, cheminant sur la neige durcie et noire qui couvrait le sol, et se dirigeant vers une maison de sombre apparence, aux murs élevés, aux fenêtres étroites protégées par des barres de fer, et qui n'était autre qu'un couvent.

La porte s'était ouverte devant lui, et une voix, à l'intérieur, avait dit :

— Entre, pauvre moine!

Alors Henri III avait fait un effort surhumain pour résister à la force inconnue qui le poussait vers le couvent, et comme il allait en franchir le seuil, il s'était éveillé.

Heureusement ce n'était point dans un couvent que

le roi s'éveillait, mais bien dans sa chambre à coucher au château de Saint-Cloud, où, depuis quelques jours, il avait établi sa résidence et celle de sa cour.

Le roi se hâta de sauter à bas de son lit, comme s'il n'eût été qu'un simple page, ouvrit lui-même ses croisées et plongea sa tête enfiévrée dans l'air du matin.

La matinée était rayonnante, le coup d'œil splendide.

Le roi pouvait voir la Seine dérouler son large ruban argenté entre une double haie de peupliers et dans une vaste plaine de prairies.

Au delà, les chênes séculaires de la forêt de Boulogne ne cachaient qu'imparfaitement Paris à l'horizon.

Le roi promena d'abord son regard au lointain, embrassant ce magnifique panorama qui s'étendait des hauteurs de Sèvres et de Meudon à la butte et au village de Montmartre, puis il ramena son regard à ses pieds, c'est-à-dire sous les murs du château.

M. de Crillon passait les Suisses en revue.

Le digne chevalier allait et venait, donnait des ordres, gesticulait et lâchait parfois un *harnibieu* sonore, son juron favori.

La vue de Crillon acheva de rassurer le roi.

— Hé! Crillon! appela-t-il.

Crillon leva la tête, reconnut le roi, et salua son maître avec respect.

— Montez donc, chevalier, reprit le roi.

Crillon se hâta d'accourir.

Le bon chevalier avait la barbe grise, mais il avait conservé sa belle tournure, sa démarche hardie et ce petit mouvement de tête qui lui était particulier et auquel jadis les belles filles d'Avignon reconnaissaient le galant chevalier.

Crillon entra chez le roi.

— Bonjour, Crillon, dit Henri qui s'était recouché.

— Bonjour, Sire.

— Savez-vous pourquoi je vous ai mandé, chevalier?

— Non, Sire.

— Pour que vous me disiez la vérité.

— Cela me sera d'autant plus agréable, Sire, que je suis le seul qui en sois capable à la cour de France et d'autant plus facile que je n'ai jamais menti.

— Brave Crillon !

— Que désire Votre Majesté?

— Savoir une chose.

— Laquelle ?

— Si je suis encore roi de France.

A ces mots de Henri III, Crillon, stupéfait, se frotta les yeux et les oreilles, puis croyant que le roi plaisantait, il lui dit d'un ton mélancolique :

— Il faut que Votre Majesté soit de bien bonne humeur ce matin; prendrait-elle Crillon pour un de ses mignons.

A ce mot de mignon, le roi soupira :

— Hélas! dit-il, je n'en ai plus; ils sont morts.

Crillon ne répondit pas.

— On me les a tués, murmura Henri III. Pauvre Quélus! pauvre Schomberg! pauvre Maugiron!

— Il vous reste M. d'Épernon, qui est un bien galant seigneur, ricana M. de Crillon.

— Ah! oui... Mais j'aimais mieux les autres, reprit Henri.

— Oserais-je donc demander à Votre Majesté la raison de son étrange question ?

— Étrange est le mot, mais je vous la fais sérieusement.

— Comment?

Henri III prit un air solennel.

— Monsieur, dit-il, répondez-moi franchement : Suis-je roi?

— Oui, Sire.

— Roi de France?

— Oui, Sire.

Et Crillon se demanda si le roi n'était point devenu fou.

Mais Henri III compléta sa pensée :

— Monsieur de Crillon, dit-il, je viens de faire un rêve affreux.

— Qu'a rêvé Votre Majesté?

— Que je n'étais plus roi.

— Bah !

— Que j'étais moine.

— Et qui donc régnait aux lieu et place de Votre Majesté?

— Un inconnu.

Sur ce mot, Henri III raconta son rêve de point en point à M. de Crillon, qui l'écouta attentivement.

Lorsqu'il eut fini, Crillon répondit gravement :

— C'est comme moi, Sire, j'ai fait pareillement un rêve.

— Est-il aussi affreux que le mien?

— A peu près.

— Contez-le-moi, chevalier, dit Henri en frissonnant.

— Sire, j'ai rêvé que deux armées se disputaient Paris, dit Crillon.

— Ah !

— On avait fermé les portes de la ville, tendu les chaînes, barricadé les rues et les maisons.

— Sans mon ordre?

— Oui, Sire.

— Comment cela, chevalier ?

— Parce que Votre Majesté n'était pas dans Paris.

— Ah !

— Elle commandait celle des deux armées qui était dehors.

— Mais Paris était donc rebelle ?

— Oui et non.

— Comment, Paris fermant ses portes à son roi n'était pas rebelle ?

— Paris avait une reine.

— Une reine ?

— Oui, sire.

— Et comment se nommait-elle ?

— Je ne me rapelle pas le nom qu'elle avait dans mon rêve, mais je la vois.

— Comment était-elle ?

— Blonde avec des yeux bleus.

— Et elle portait une épée ?

— Non, Sire.

— Un sceptre ?

— Oui, un sceptre bizarre : une paire de ciseaux, avec lesquels elle avait coupé les cheveux de Votre Majesté.

— Vive Dieu ! Crillon, mon ami, murmura Henri III frémissant : il est heureux que ce ne soit qu'un rêve !

— Il y a des rêves qui se réalisent parfois ! murmura Crillon le sourcil froncé.

Henri III eut peur.

II

— Voyons, mon bon Crillon, dit le roi, qui se mit sur son séant, vous devez être versé en la science des gens qui lisent l'avenir?

— Moi, Sire ?

— N'êtes-vous pas d'Avignon?

— Qu'est-ce que cela prouve?

— Mais j'ai toujours ouï dire, dit naïvement Henri III, que les gens du Midi lisaient dans les astres, prédisaient l'avenir et expliquaient les songes.

— Les Italiens, peut-être, Sire, mais non les Provençaux.

— Ah ! tant pis ! murmura le roi.

— Mais, reprit Crillon, ce matin, précisément, un homme qui se prétend expert en ces matières rôdait aux environs du château.

— Et vous l'avez laissé partir ?

— Il y a de cela, dit Crillon, une heure à peine.

— Ah !

— Et peut-être n'est-il pas bien loin.

— Eh bien, courez, chevalier, courez vite, trouvez-le et amenez-le-moi.

— Je vais faire mon possible pour satisfaire Votre Majesté, dit Crillon.

Et il sortit.

Le roi, demeuré seul, appela ses pages et se fit habiller.

Tandis qu'on procédait à sa toilette, le roi soupirait... et il traduisait chacun de ses soupirs par une phrase.

— Ah ! disait-il, quel métier que celui de roi, mon Dieu !... On est entouré de flatteurs, de menteurs, d'égoïstes ; on perd ses amis un à un, et un matin on se trouve seul avec Crillon... Ouf !

Ici le soupir du roi fut formidable.

— Car enfin, continua-t-il à mi-voix et sans prendre garde aux pages qui l'habillaient, il n'est pas réjouissant, ce bon Crillon, tout brave et tout fidèle qu'il puisse être. Jamais il n'a pu parvenir à me faire rire.

Un des pages, qui avait la hardiesse de son état, entendit cette réflexion du roi et osa risquer ces mots :

— C'est qu'il n'a jamais su s'y prendre, ce bon M. de Crillon.

— Ouais ! fit le roi qui, levant la tête, regarda son page. Tu crois, mignon ?

— Oui, Sire.

Le page qui affirmait ainsi le peu d'habileté de Crillon était un garçon assez bizarre de tournure, de manières et d'esprit. Quel âge avait-il ?

Ses cheveux fauves, ses yeux bleus, son visage blême accusaient quinze ans ou trente, comme on voulait.

Il était grand, un peu bossu, un peu cagneux, et ses jambes maigres ballottaient dans son haut-de-chausses comme la lame d'un carrelet dans un fourreau de claymore.

On le nommait Mauvepin.

Mais Mauvepin n'était qu'un sobriquet dont l'origine était assez difficile à préciser.

Son vrai nom était Maurice d'Uzès ; il était de la maison ducale de ce nom, et devait sans doute à sa naissance d'être page du roi, car le roi n'aimait pas les gens contrefaits.

Henri III le regarda, et, pour la première fois, il

s'aperçut que Mauvepin avait la mine gouailleuse et sardonique et que son regard petillait de malice.

— Tu trouverais donc le moyen de m'amuser, toi ? dit-il.

— Peut-être.

— Comment cela ?

— D'abord, il faudrait que Votre Majesté voulût bien me relever de mes fonctions de page.

— Ah !

— Et m'élever à celles de fou.

— Tu veux être fou ?

— Oui, fou du roi.

— Et quand tu seras fou, tu m'amuseras ?

— Je l'espère.

— Mais comment cela ?

— Que votre Majesté se rassure. Elle verra bien.

Tandis que Mauvepin faisait cette promesse, M. de Crillon reparut.

— Sire, dit-il, le magicien est là... on l'a trouvé tout à l'heure.

— Eh bien, qu'il entre !

Crillon se gratta l'oreille :

— C'est que, dit-il, je lui ait fait une promesse bizarre, Sire.

— On le payera généreusement, chevalier.

— Ce n'est pas cela !

— Qu'est-ce donc ?

— Cet homme est masqué.

— Masqué ?

— Oui, Sire.

— Eh bien, il ôtera son masque.

— C'est qu'il ne veut pas.

— Et pourquoi cela ?

— Il paraît qu'il a fait un vœu... et je lui ai promis, car il ne voulait pas venir sans cela, que Votre Majesté lui permettrait de demeurer masqué en sa présence.

— Eh bien, dit le roi, qu'il vienne comme il voudra; c'est peut-être la figure du diable, et il y a tout profit à ne la point voir.

Crillon souleva la draperie qui séparait la chambre du roi de la salle où il avait laissé l'homme masqué.

— Entrez, signor, lui dit-il.

Le roi ne put s'empêcher de tressaillir à l'apparition de ce nouveau personnage.

C'était un homme de haute stature, tout vêtu de noir, et dont le visage, en effet, était couvert d'un masque.

Mais au travers de ce masque étincelait un sombre regard qui croisa celui du roi et lui donna le frisson.

Cet homme salua avec une aisance noble qui trahissait sinon une grande origine, du moins la fréquentation de hauts personnages.

Puis il demeura debout devant le roi, le chapeau à la main.

— Qui êtes-vous, monsieur? demanda le roi.

— Sire, répondit l'homme masqué, j'ai eu l'honneur de dire à M. le chevalier de Crillon que je n'avais plus ici ni nom, ni visage.

— Ah! vous avez éprouvé de grands malheurs, peut-être?

— Oui, Sire.

— Et vous avez fait un vœu?

— Le vœu de ne montrer mon visage et de ne dire mon nom que le jour où mon but serait atteint.

— Ainsi vous avez un but?

— Un but que je poursuis nuit et jour, sans relâche ni trêve.

— Et... ce but ?

— C'est la vengeance, Sire.

Henri III fronça le sourcil.

— Ceci n'est point un sentiment chrétien, assurément, dit-il.

L'homme masqué ne sourcilla point, et répondit :

— Votre Majesté ne m'a-t-elle point mandé auprès d'elle pour savoir de moi quelque chose ?

— Oui, dit le roi.

— L'explication d'un rêve, je crois ?

— C'est cela même. Vous êtes expert en nécromancie.

— Je lis dans les astres, Sire.

L'homme masqué prononça ces mots avec une conviction qui impressionna le roi.

Henri poursuivit :

— J'ai fait un rêve affreux cette nuit.

— Ah !

— Et M. de Crillon en a fait un pareillement.

— M. le chevalier m'a déjà raconté son rêve, Sire.

— Et le lui avez-vous expliqué ?

— Pas encore.

— Eh bien ! expliquez-le, monsieur, je vous dirai le mien ensuite.

— Volontiers, Sire.

Et l'homme masqué prit la main de Crillon et se mit à en étudier les lignes avec une scrupuleuse attention.

— Sire, dit-il enfin, j'aurais besoin d'être seul avec Votre Majesté et M. le chevalier.

Le roi fit un signe aux pages, qui sortirent.

— Eh bien, demanda-t-il alors, que signifie le rêve de M. de Crillon?

— Une chose fort simple, Sire : la guerre civile.

— En France? dans mon royaume?

— Oui, Sire.

Et l'accent de l'inconnu avait quelque chose de prophétique.

— Mais la moitié de mes sujets se révoltera donc contre moi?

— Oui, Sire.

— Et qui donc osera se mettre à leur tête?

— La femme blonde que M. de Crillon a vue en rêve.

— Ah!

— Le nom de cette femme, je ne puis le dire encore à Votre Majesté.

— Pourquoi cela, monsieur?

— Parce qu'il faut que Votre Majesté daigne à son tour me dire son rêve.

— Eh bien, fit le roi, j'ai rêvé, monsieur, que j'étais vêtu en moine...

— Les cheveux ras et les pieds nus?

— Justement.

L'homme masqué garda un moment le silence.

Ce silence parut au roi de fâcheux augure. Cependant il continua :

— Tandis que j'étais vêtu en moine, un homme richement habillé parcourait les rues avec de nombreux seigneurs.

— Et cet homme? fit l'inconnu.

— Un bourgeois disait que c'était le roi de France.

— Sire, dit l'homme masqué, Votre Majesté me veut-elle permettre de lire dans sa main?

— La voici!

Et Henri III tendit sa main ouverte.

L'inconnu la prit, en examina les lignes, et, après un silence qui parut durer un siècle, il dit au roi :

— Il y a du vrai dans votre rêve, Sire, beaucoup de vrai.

Le roi étouffa un cri d'angoisse.

— Et dans celui de Crillon ?

— Oh ! dit l'homme masqué, celui-ci se réalisera de point en point.

— Ainsi donc, je cesserai de régner ? demanda le roi.

— Oui et non, Sire.

Et l'inconnu reprit dans les siennes les mains du roi.

III

Il eût été difficile de dire si M. de Crillon, qui n'était guère superstitieux, croyait aux paroles de l'homme masqué.

Cependant le bon chevalier était grave et soucieux, et son front s'était imperceptiblement plissé lorsque le nécromant reprit la main du roi.

Ce second examen fut encore plus long que le premier.

— Mais parlez donc, monsieur, dit le roi qui s'impatientait.

— Sire, dit l'inconnu, si Votre Majesté désire savoir l'avenir tout entier, il lui faut de la patience.

— Cet avenir est donc bien sombre ?

— Je ne sais encore.

— Ah ! fit le roi. Que vous faut-il donc pour le savoir, monsieur ?

— Je désirerais un vase rempli d'eau.

Le roi frappa sur un timbre : un page reparut, et, sur l'ordre qu'il en reçut, il alla quérir le vase que demandait l'homme au masque.

Le vase fut placé sur un guéridon, et, toujours grave et sombre, l'homme masqué engagea le roi à y tremper sa main gauche.

Après quoi il prit le vase, tandis que le roi s'essuyait les doigts avec son mouchoir, et il s'approcha de la croisée pour mieux voir.

Le vase était en cristal. L'homme au masque regarda au travers, l'exposant à un rayon de soleil.

— Sire, dit-il enfin, votre rêve n'est pas d'une vérité absolue.

— Ah! fit le roi qui respira bruyamment.

— C'est-à-dire que tout ce que Votre Majesté a rêvé peut se réaliser, mais qu'il est cependant des moyens de prévenir de tels malheurs.

— Expliquez-vous, monsieur.

— J'obéis, Sire, dit l'homme masqué, continuant à regarder au travers du vase de cristal exposé au soleil et qui dégageait ainsi toutes les couleurs du prisme.

— Sire, reprit cet homme bizarre, je vois dans ce vase tout l'avenir du règne de Votre Majesté.

— Sera-t-il long? demanda avidement Henri III.

L'homme masqué ne parut point avoir entendu cette question et continua :

— Je vois les barricades dont a parlé M. de Crillon.

— Et la femme blonde?

— Oui, Sire.

— Avec son sceptre bizarre?

— Oui, Sire! une paire de ciseaux.

— Et cet homme que j'ai vu, moi, et qu'on disait être le roi?

— Je le vois aussi.

— Ah! ah! eh bien, que sont-ils, cette femme blonde et cet homme qui règne à ma place?

— Sire, répondit l'homme au masque, la femme blonde est la plus mortelle ennemie de Votre Majesté.

— Son nom?

— C'est Anne de Lorraine, duchesse de Montpensier.

— Et... l'homme?

— C'est Henri de Lorraine, duc de Guise.

Henri III jeta un grand cri :

— Ah ! je l'avais deviné, dit-il. Oh! ces Guise... oh! ces Lorrains!

Et le roi fut pris d'un accès de fureur et frappa violemment du pied.

— Cela ne sera pas, dit-il, cela ne sera pas!

— J'ai dit à Votre Majesté qu'il se pouvait faire que rien de tout cela ne se réalisât.

— Ah! c'est heureux.

— Si Votre Majesté prend certaines précaution, suit certains conseils.

L'homme masqué agita, à ces mots, l'eau que renfermait le vase, puis la laissant reposer, il regarda de nouveau au travers.

— Je vois, dit-il, une femme dont les conseils peuvent être fort utiles à Votre Majesté.

— Une femme?

— Oui, Sire.

— Comment est-elle?

— Je la vois belle encore, bien qu'elle ait plus de cinquante ans. Elle est vêtue de noir et sa démarche est pleine de noblesse.

— Ma mère ! s'écria le roi.

17.

— Je vois encore un homme qui sera fort utile à Votre Majesté.

— Ah!

— Un homme jeune, brave, fécond en ressources.

— Quel est-il?

— Je ne le connais pas, dit l'homme au masque, mais la femme vêtue de noir le connaît.

— Qui donc cela peut-il être? pensa le roi.

L'homme au masque se taisait.

— Monsieur de Crillon, dit le roi, je crois que cet homme a raison.

— Comment cela, Sire?

— J'ai eu tort de me priver des conseils de madame Catherine, ma mère.

Crillon répondit :

— Harnibleu! Sire, j'ai un bon cheval; en moins d'une heure je serai à Paris, j'entrerai à l'hôtel Beauséjour et je prierai la reine-mère de commander sa litière et de revenir ici avec moi.

— Plus tard,... plus tard,... nous verrons,... dit le roi.

— Puis, se frappant sur le front :

— Mais, dit-il, l'homme qui peut m'être utile ne serait-il point mon bien-aimé frère François de Valois?

— Le duc d'Anjou?

— Oui, certes.

L'homme masqué secoua la tête :

— Non, Sire, dit-il.

— Et pourquoi?

L'homme masqué se tut.

— Il est vrai, murmura Henri III, interprétant ce silence à sa manière, il est vrai que mon frère d'Anjou est un pauvre prince. Il a passé sa vie à chercher une couronne, et, quand il en a trouvé une, il n'a pas su la prendre.

Le roi faisait allusion aux derniers événements des Pays-Bas — lesquels Pays-Bas avaient offert le trône au duc d'Anjou — et le duc d'Anjou avait été battu par les Espagnols, chassé des Flandres et forcé de se réfugier à Château-Thierry où, depuis sa défaite, il vivait dans l'isolement et la tristesse.

Mais l'homme masqué répondit :

— Ce n'est pas à cause de cela que le duc d'Anjou ne pourra être utile à Votre Majesté.

— Pourquoi donc, alors?

— Quand Votre Majesté aura besoin de lui, le duc d'Anjou ne sera plus là.

— Où donc sera-t-il ?

— Il sera mort...

Ce mot arracha une exclamation de douloureuse surprise au roi.

— Mort ! mort ! répéta-t-il.

— Oui, Sire.

— Et de quelle mort, monsieur ?

— On ne le saura jamais... Selon les uns, il aura été empoisonné.

Henri tressaillit.

— Et selon les autres?

— Il sera mort de chagrin, Sire.

Le front du roi s'assombrit de plus en plus.

— Prenez garde ! monsieur, dit-il, prenez garde ! Savez-vous bien que le duc d'Anjou est l'unique héritier du trône de France?

L'homme masqué s'inclina.

— Et qui donc me succèdera, s'il vient à mourir ?

— Je ne vois pas au delà du règne de Votre Majesté.

— Mais ce règne... sera-t-il long?

— Que Votre Majesté ne m'interroge pas sur ce point.

— Et pourquoi cela? fit le roi de plus en plus sombre.

Le roi n'eut pas le temps de forcer l'homme masqué dans ses retranchements, car un bruit se fit dans les salles voisines, qui attira toute son attention.

— Qu'est-ce que cela? fit-il.

Crillon se précipita au dehors et revint presque aussitôt:

— Sire, dit-il, c'est un gentilhomme qui arrive de Château-Thierry à franc étrier.

— Et que veut-il?

— Parler sur-le-champ à Votre Majesté.

— Qu'il entre!

Le gentilhomme, couvert de poussière, fut introduit aussitôt.

Henri reconnut un des officiers de son frère le duc d'Anjou.

On le nommait M. de Nancery, et il avait été jadis le favori de madame Catherine.

— Ah! c'est toi, Nancery, dit le roi. D'où viens-tu mon mignon?

— De Château-Thierry, Sire.

— C'est mon frère François qui t'envoie?

— Hélas! Sire, dit M. de Nancery, je crois bien que je suis le dernier messager de Son Altesse Royale.

— Que veux-tu dire?

— Le duc est mourant.

— Mais cet homme a donc dit vrai! s'écria Henri III.

Et il désignait l'homme au masque.

Celui-ci avait replacé le vase sur un guéridon, et il se tenait discrètement à l'écart.

— Tu dis que mon frère est mourant ?

— Oui, Sire : il m'a chargé de venir supplier Votre Majesté d'aller recueillir son dernier souffle.

— Ma litière ! des chevaux ! ordonna le roi.

Alors l'homme masqué reprit le vase, et une dernière fois l'exposa aux rayons du soleil puis, d'une voix lente et grave :

— Votre Majesté peut remettre ce voyage, dit-il.

— Ah ! fit le roi avec angoisse...

— Votre Majesté arriverait trop tard.

— Trop tard ! exclama Henri III, trop tard !

— Oui, dit l'homme masqué, le prince est mort à cette heure.

Le roi jeta un cri et courba la tête, frémissant et pâle, sous le coup terrible de la destinée.

— Seul ! dit-il, me voilà seul !...

Mais en ce moment la porte s'ouvrit et un être bizarre, presque difforme, vêtu d'étranges oripeaux et coiffé d'un casque en papier, entra en gambadant et s'écria :

— Votre Majesté se trompe, puisque je suis avec elle.

C'était le page Mauvepin qui avait pris au sérieux ses nouvelles fonctions de fou et venait d'en revêtir le costume.

IV.

Crillon et M. de Nancery se regardèrent en fronçant le sourcil.

La plaisanterie de maître Mauvepin était intempestive.

Cependant le roi ne put réprimer un sourire à la vue de son accoutrement bizarre et s'écria :

— Ah! si mon frère François n'était pas mort!

Cette exclamation ne déconcerta point le nouveau fou.

— Votre Majesté, dit-il, ne sait, après tout, la mort du duc d'Anjou que par les révélations d'une carafe, ce qui est bien fragile, et les prophéties d'un soi-disant sorcier, ce qui est bien trompeur !...

Crillon et de Nancery se regardèrent de nouveau.

Il y avait un gros sens sous les paroles du fou Mauvepin.

L'homme masqué demeura impassible. Ses yeux seuls eurent un éclair, et Crillon, qui surprit cet éclair, ne put dire s'il était lancé par la colère.

Quant au roi, esprit faible, et qui avait horreur, se lamentant toujours lui-même, des gens qui se lamentaient auprès de lui, il saisit au vol la réflexion de Mauvepin, et dit :

— Au fait, tu as raison peut-être, mon mignon..

— J'ai raison sûrement, Sire.

— Et rien ne me prouve que mon frère François d'Anjou est mort.

— Sire, dit de Nancery, le duc est fort malade, quoi qu'il en soit.

— Nous le guérirons, dit Mauvepin.

Le roi tressaillit.

— Tu le guériras, toi? fit-il.

— Parbleu! et, s'il est mort, je le ressusciterai.

A ces derniers mots, M. de Crillon, jusque-là silencieux, haussa les épaules.

— Sire, dit-il, je supplierai Votre Majesté de m'accorder une permission.

— Laquelle, chevalier?

— De rappeler à M. Maurice d'Uzès que son père, mon frère d'armes, n'était ni bouffon, ni médecin, ni thaumaturge.

— Ah! ah! ah! ricana Mauvepin. Et si je prouvais le contraire, mon grisonnant et laid chevalier?... poursuivit le fou qui s'enhardissait en voyant le roi sourire.

— Alors, dit froidement Crillon, je supposerais volontiers que le fils du baron d'Uzès, que vous prétendez être votre père, a été troqué en nourrice contre le fils d'un bateleur ou d'un marchand de vulnéraire.

La leçon était rude. Mais Mauvepin ne l'accepta pas.

Au lieu de répondre à Crillon, il lui tourna le dos insolemment et dit au roi :

— Ah! mon pauvre maître, que je plains Votre Majesté!

— Et pourquoi me plains-tu, drôle? demanda Henri III.

— Parce que si vous avez à la cour de France deux frères prêcheurs de la force de M. de Crillon, Votre Majesté mourra avant six mois.

— Mon mignon, dit le roi, chacun son métier; M. de Crillon ne sait point la rhétorique, et Phœbus Apollo, le frère des Neuf Sœurs, ne l'a jamais invité à un rendez-vous; mais comme c'est mon meilleur serviteur et que tu viens de l'offenser gravement, pour peu qu'il me demande la permission de te corriger, je la lui accorderai.

Mais Crillon eut le sourire superbe et le regard

calme du lion qui dédaigne, majestueux en sa force, les cris des autres animaux, tigres ou chacals :

— Mon petit Mauvepin, dit-il, bien que je ne sois pas plaisant d'ordinaire, je le veux être aujourd'hui.

— Ça vous sera difficile, chevalier, dit le bossu.

— Peut-être... puisque vous voilà devenu fou, je veux vous faire un cadeau.

— Vraiment !

— Je veux vous donner des grelots et en attacher un moi-même en un endroit de votre personne qui me plaît infiniment.

— Et où cela ? demanda Mauvepin.

— A l'une de vos épaules...

Mauvepin se mordit les lèvres.

— Oseriez-vous dire que je suis bossu ? fit-il.

— Oh ! pour ça, non, dit Crillon. Un bossu a de l'esprit...

— Et moi... je...

— Vous, dit le bon chevalier, vous n'êtes que contrefait !

— Bravo, Crillon ! s'écria le roi.

Mauvepin jeta sur Crillon un regard louche, mais il ne répondit point.

Seulement, il s'en prit aussitôt à l'homme masqué.

Celui-ci s'était tenu un peu à l'écart, et les bras croisés, il attendait que le roi daignât l'interroger de nouveau.

— Hé ! monsieur le sorcier, lui dit Mauvepin, puisque vous dites si bien la bonne aventure, me voulez-vous dire la mienne ?

— Volontiers, monsieur.

Et l'homme masqué prit la main du page et l'examina.

— Vous aurez une vie agitée, monsieur Mauvepin, lui dit-il.

— Ah! ricana le fou qui était incrédule, mais encore...

— D'abord, vous serez battu...

— Bah! et par qui?

— Battu et fouetté par ceux avec qui vous serez insolent...

Mauvepin était fou de trop fraîche date pour avoir oublié déjà qu'il était gentilhomme.

Il porta la main à son épée et en caressa la garde.

— C'est là ce que nous verrons, dit-il.

— Vous le verrez, monsieur Mauvepin.

— Ah! vous croyez?

— Aussi vrai qu'il se passera dans le fourreau de votre épée la même métamorphose qui s'est opérée dans votre poitrine.

— Je désirerais connaître les deux, maître sorcier.

— La lame de votre épée se changera en batte de danseur de corde.

— En vérité!

— Comme votre âme de gentilhomme vient de se transformer en un cœur de vil bouffon.

Et l'homme masqué tourna à son tour le dos à Mauvepin.

Puis, s'adressant au roi :

— Je crois avoir dit à Votre Majesté tout ce qu'elle désirait savoir. Que Votre Majesté daigne me permettre de me retirer...

— Et qu'elle me paye mes gages de sorcier! ricana Mauvepin.

— Vous vous trompez, dit froidement l'homme au masque, je dis la bonne aventure pour rien.

— Même au roi? fit Henri III.

— Au roi seulement, Sire.

Et il s'inclina profondément par trois fois, puis se dirigea vers la porte et sortit, sans que le roi, rêveur, eût songé à le retenir,

Et lorsqu'il fut parti, Mauvepin s'écria :

— Ouf! on respire... ouvrons les fenêtres... ça sent encore le roussi.

Mais tandis que le page ouvrait les fenêtres, le roi regarda Crillon.

— Eh, bien! chevalier, que pensez-vous de cet homme?

— Rien, Sire.

— Comment! rien.

— Je ne sais s'il a dit vrai ou s'il a menti.

— Il a menti, dit Mauvepin. Et Votre Majesté ferait bien de demander sa litière.

— Pourquoi, mon mignon?

— Mais pour aller à Château-Thierry.

— Ah!

— Voir monseigneur François...

— Mon frère!... murmura Henri III, dont le ton redevint lamentable; si pourtant cet homme avait dit vrai... s'il était mort...

— Eh bien! raison de plus, dit Mauvepin, pour aller à Château-Thierry et ramener son corps en grande pompe.

— Ah! soupira le roi, les belles funérailles ne ressuscitent point...

— Non, mais enfin c'est fort beau... dit le fou, et Votre Majesté, qui s'entend si bien à organiser de belles processions, fera, j'en suis sûr, des merveilles. Nous aurons d'abord des pénitents blancs, cagoule baissée, puis des pénitents bleus, puis des moines gris...

— Tu te trompes, mignon, dit le roi; il faudra mettre les moines avant les pénitents, c'est dans l'ordre.

A ces mots du roi, qui peignaient si bien l'étrange et versatile nature de ce prince, Crillon et M. de Nancery se regardèrent avec un certain effroi.

— Pauvre Sire! murmura le bon chevalier.

Mauvepin reprit :

— Après les moines gris, un peloton de hallebardiers.

— Non, dit le roi, je préfère les suisses; le costume est plus sévère.

— Va pour les suisses, dit Mauvepin; mais après eux nous placerons une centaine de gardes à cheval.

— C'est cela, dit le roi.

— Sire, interrompit Crillon, qui commençait à pâlir de colère, je serais assez d'avis que Votre Majesté, avant de s'occuper des funérailles de M. le duc d'Anjou, daignât au moins s'assurer si le prince est mort ou vivant.

— Vous avez raison, chevalier. Aussi bien je vais partir; m'accompagnez-vous?

— Votre Majesté sait que je ne quitte jamais son auguste personne, dit sèchement Crillon.

Une voix se fit entendre sous la croisée qui était demeurée ouverte :

— La charité, s'il vous plaît! pour le couvent des pauvres dominicains! disait-elle.

Cette voix était jeune et fraîche et trahissait un moinillon plutôt qu'un moine.

Le roi, à qui toute distraction était bonne, se pencha sur l'appui de la croisée et regarda un jeune moine, monté sur un âne déjà chargé d'une besace, et qui s'était arrêté sous les murs du château. Le moine leva les yeux.

Le roi vit luire un regard ardent, aperçut un visage pâle, des lèvres minces et des dents aiguës et blanches comme celles d'un animal carnassier.

— Oh! le vilain moine! dit-il, se rejetant vivement en arrière, et comme s'il eût été assailli en ce moment d'un pressentiment sinistre.

Mauvepin prit la place du roi à la croisée, et regarda le moine à son tour :

— Tiens! tiens! dit-il, je le connais... c'est Jacquot... Bonsoir, Jacquot... Comment va Buridan?

Et il désignait ainsi l'âne gris et noir que montait le moinillon.

Mais le roi, obéissant à un étrange sentiment de répulsion, continua à murmurer :

— Oh! le vilain moine! le vilain moine!

V

Cependant le moine était toujours sous la croisée.

— La charité! répétait-il, la charité pour le pauvre couvent des dominicains!

Sa voix — une voix d'enfant — avait quelque chose de criard et d'aigu qui acheva d'irriter les nerfs du roi.

Il se retourna vers Mauvepin :

— Tiens! drôle, lui dit-il, va porter à ce moinillon d'enfer trois pistoles...

Mauvepin prit les trois pistoles que Henri III sortit de sa poche.

— Et, continua le roi, quand tu lui auras fait l'aumône au nom de son couvent, que je respecte, tu appelleras un hallebardier ou un suisse et tu le feras rosser d'importance.

— Qui ! le suisse ?

— Non, le moine.

Mauvepin regarda le roi avec étonnement, et Crillon et Nancery partageaient sa surprise.

— Il me déplaît horriblement, dit le roi.

Avant que Crillon, le sage ou le juste, eût eu le temps d'intervenir et de représenter au roi qu'il venait de donner un ordre inique, Mauvepin était parti.

Le nouveau fou était méchant.

C'était pain bénit pour lui, aubaine et joie de prince, que faire le mal.

Il descendit donc l'escalier quatre à quatre, et trouva dans le grand vestibule deux hallebardiers qui jouaient aux dés, ayant autour d'eux une galerie nombreuse composée de gardes et de soldats de toutes armes.

La partie était animée. Le hallebardier qui perdait jurait comme un païen. Celui qui gagnait buvait à plein verre d'un petit vin de Suresnes contenu dans une large cruche.

Hallebardiers, suisses, lansquenets étaient en gaieté et quelque peu ébriolés.

— Ça, mes enfants, leur dit Mauvepin, qui jeta une des trois pistoles sur la table, il s'agit d'être agréable à votre maître.

Il y eut un éclat de rire universel provoqué par le nouvel accoutrement de Mauvepin.

— Ne riez pas, dit-il, je suis le fou du roi.

— Oh ! oh ! fit-on à la ronde.

— Et le ministre de ses volontés.

— Eh bien, qu'ordonnez-vous, sire fou? demanda le hallebardier qui gagnait, et qui ne demandait pas mieux que d'abandonner la partie.

— Messeigneurs, il y a un moine à la porte.

— Ah oui, le petit Jacquot, le frère quêteur des dominicains.

— Justement.

— Monté sur un âne?

— C'est bien cela.

— Que faut-il en faire?

— Il faut le rosser, ordre du roi.

— Sérieusement? fit un lansquenet qui n'était pas encore ivre.

— Très-sérieusement, répondit Mauvepin.

Rosser un moine avec l'autorisation du roi n'était pas un mince plaisir pour des gens d'épée.

La partie de dés fut abandonnée, on se rua au dehors, et le moinillon, qui continuait à implorer la charité, se vit entouré d'une dizaine d'hommes avinés qui le regardaient d'un air à la fois menaçant et railleur.

Mauvepin s'approcha de lui.

— Mon pauvre Jacquot, dit-il, voilà ce que le roi t'envoie.

Et il lui mit les deux autres pistoles dans la main.

Le petit moine les prit avec une joie avide et les fit disparaître au fond de sa besace; puis il tira le licou de son âne pour reprendre le chemin de Paris.

Mais deux suisses le prirent à bras le corps et l'enlevèrent de sa selle.

Puis on l'entraîna vers la rivière malgré ses cris d'effroi.

— Faut-il le noyer? demanda un suisse.

— Non, le rosser, dit Mauvepin.

— Mais si on le trempait un peu dans l'eau?

— Trempez! pourvu que vous ne le lâchiez pas.

Le roi s'était remis à la croisée, et il assistait au spectacle.

Il vit d'abord l'âne, effrayé et veuf de son cavalier, qui prit le galop et détala.

Puis le moinillon qu'on avait dépouillé de son froc et sur le dos duquel les soldats, armés de leurs baudriers en guise de fouet, faisaient pleuvoir une grêle de horions.

Le moine criait, pleurait, se débattait.

Le roi riait.

MM. de Crillon et Nancery, silencieux derrière lui, le regardaient avec une sorte de stupeur.

Les soldats, que le grand air achevait de mettre en belle humeur, ne s'arrêtèrent que lorsque les épaules du pauvre moine furent en sang.

Alors un suisse dit:

— Depuis ce matin, j'ai envie de prendre un bain: il faut qu'il me tienne compagnie!

Et il prit le moinillon pantelant et le jeta dans la Seine.

— Malheureux! cria Mauvepin, il va se noyer!

— Non, dit le suisse, je nage bien. Quand il aura bu un coup, je le repêcherai.

En effet, le moinillon se débattait au milieu du courant, et l'eau se rougissait de son sang autour de lui.

Il criait comme un damné et appelait à son aide.

Alors le suisse se jeta à l'eau, le repêcha et le ramena sur la berge.

On força le pauvre moine à remettre son froc pardessus ses épaules en lambeaux, puis on le fit remonter sur son âne. Seulement on l'y assit à l'envers, c'est-à-dire le dos tourné à la tête et le visage du côté de la queue de l'animal.

Puis un lansquenet prit l'âne par la bride, et alors commença une sorte de promenade carnavalesque sous les murs du château.

Le moine pleurait toujours; — le roi, qui n'avait pas quitté la croisée, riait de plus belle.

Mais comme il tournait la tête et abandonnait un moment le moine des yeux, Henri III vit derrière lui le visage austère et pâle de Crillon, et bien que le chevalier ne parlât point, bien qu'il ne se permît aucun geste d'improbation, Henri III eut honte ce qui venait de se passer.

— Je suis fou, murmura-t-il, tous ces rêves, tous ces sorciers m'ont fait perdre l'esprit.

— Je commence à le craindre, Sire, dit Crillon sèchement.

Le roi ne répondit rien, mais il se mit de nouveau à la fenêtre et cria à Mauvepin :

— Assez ! assez !

— Assez ! répéta Mauvepin aux soldats qui avaient contribué à tourmenter le pauvre moine.

Les soldats s'arrêtèrent.

Le roi, qui pensait que tout en ce monde, blessure de corps ou de cœur, se peut guérir avec de l'argent, jeta sa bourse au patient et lui cria :

— Va-t'en !

La victime, enfin délivrée, se remit en selle d'une façon normale.

— Prends donc ! lui dit Mauvepin qui ramassa la bourse jetée par le roi.

Mais le moinillon la repoussa.

Puis, une seconde fois, il leva la tête et regarda le roi.

Et son regard fut si ardent de haine que Henri en tressaillit de nouveau et reprit :

— Oh ! c'est un vilain moine !

Celui-ci, au lieu de prendre la bourse que lui tendait Mauvepin, talonna son âne, le mit au galop et s'enfuit.

. . . .

Un heure après, le roi Henri III s'en allait à Paris, dans sa litière.

Il allait rendre visite à madame Catherine, sa mère, laquelle habitait l'hôtel Beauséjour, pour, de là, se rendre avec elle à Château-Thierry auprès du duc d'Anjou, mort ou vivant.

M. de Crillon et un peloton de suisses galopaient aux portières.

Mauvepin avait pris place sans façon dans la litière royale.

Tout à coup, comme on entrait dans le village de Passy, au bord d'une haie, sur le revers d'un fossé, le roi aperçut un âne qui broutait un peu d'herbe.

A côté de l'âne était le moinillon qu'il avait fait rosser.

Le moinillon, accroupi, mordait dans un morceau de pain.

Comme le roi passait, leurs yeux se rencontrèrent.

Une fois encore, le sombre éclair qui jaillit de ceux de l'enfant impressionna le roi. Il détourna la tête et dit à Mauvepin :

— Oh ! ce moine me fait peur !

Et, tandis que la litière s'éloignait, le moine la suivait du regard avec une expression de haine sauvage.

— Je me vengerai ! murmura-t-il.

Et il remonta sur son âne et reprit, tout meurtri et tout ensanglanté, le chemin de son couvent.

VI

Tandis que le roi Henri III s'acheminait vers Paris, le moinillon, après avoir dévoré son morceau de pain, était remonté sur son âne.

L'âne, quoique vieux, était une bonne bête; il mangeait peu, travaillait beaucoup, n'était guère moins entêté qu'une femme, trottait un amble fort doux et ne cherchait pas à désarçonner son cavalier, pourvu que ce cavalier fût un moine.

Cet âne n'avait jamais pu supporter sur son échine qu'un cavalier portant un froc.

Le moindre moinillon le montait sans difficulté.

Par contre, un soldat, un écuyer consommé n'en pouvait venir à bout.

On savait cela au *Rendez-vous des Béarnais*, le cabaret du Gascon Malican, où plus d'une fois déjà nous avons introduit nos lecteurs.

Le cabaret de Malican avait quelque peu modifié sa clientèle, à dater de la Saint-Barthélemy et de la mort du roi Charles IX.

La belle Myette n'y était plus, depuis, qu'elle était devenue madame de Noë, — et il était tout simple qu'une femme de qualité ne demeurât point derrière un comptoir d'étain chargé de brocs de vin.

Mais Malican, en dépit de la belle alliance contractée par sa nièce, était demeuré humble et voulait mourir cabaretier.

Il était un peu vieilli, partant plus indulgent, et, tout dévoué qu'il fût au roi de Navarre, il ne méprisait pas absolument les écus des catholiques.

Or, il était advenu que les gens du duc de Guise, catholiques ardents, pour ne pas dire effrénés, s'étaient aperçus que ce Gascon avait de bon vin.

D'abord ils étaient venus un à un, puis deux par deux, puis quatre par quatre.

Un soir, un peu avant le couvre-feu, ils s'y étaient pris de querelle avec des gens du roi. On s'était battu; il y avait eu des morts et des blessés.

Le lendemain, les gens du duc en avaient fait a tant, de telle façon que ces derniers étaient demeurés victorieux et maîtres du champ de bataille.

Dès lors, peu à peu, les gens du roi avaient cédé la place aux gens du duc, et, en cette bonne année mil cinq cent quatre-vingt-quatre, le cabaret était devenu franchement ligueur.

Malican en gémissait tout bas; mais, comme après tout, les Lorrains buvaient sec et payaient en beaux écus, il n'osait pas gémir tout haut. Or, une clientèle en amène souvent une autre.

Malican fut fort étonné de voir un jour un moine entrer chez lui et demander à boire. Le lendemain il vint deux moines, le jour suivant trois moines; au bout d'un mois, les moines pullulaient et grouillaient dans le cabaret.

La chose était toute simple, et Malican se l'expliqua tout de suite.

Les moines et les Lorrains avaient le même étendard : le catholicisme; ils haïssaient à l'unisson les huguenots, et recherchaient mutuellement la compagnie les uns des autres. D'ailleurs, les mœurs des couvents, gagnés par l'anarchie et la corruption générales, étaient alors fort relâchées, et c'était même là un des principaux griefs des protestants contre le catholicisme.

Du reste, Malican, qui était observateur de sa nature, eut bientôt remarqué qu'il existait une différence notable entre les deux clientèles ; elle était tout à fait à l'avantage des moines.

Les moines buvaient plus sec, payaient mieux et se querellaient moins.

Malican admit donc les moines, et finit par aller à l'église, bien qu'il ne fût pas très-sûr de n'être pas huguenot.

De tous les monastères qui avaient alors à Paris pignon sur rue, celui qui envoyait le plus de pratiques au cabaret de Malican était à coup sûr le couvent des dominicains. Les dominicains buvaient mieux encore que les génovéfains, lesquels, cependant, avaient une assez jolie réputation.

Il n'était pas un dominicain qui n'eût vidé la bouteille, un jour ou l'autre, au *Rendez-vous des Béarnais*, de telle façon que, jusqu'aux moines quêteurs, tout le couvent y avait passé.

Les moines quêteurs étaient au nombre de sept, — un par chaque jour de la semaine, — et chacun d'eux s'appelait du nom du jour pendant lequel il était chargé d'aller mendier pour le couvent.

Mais s'il y avait sept moines quêteur, il n'y avait qu'un âne quêteur, et c'était toujours le même,

On le nommait Balthazar.

Pourquoi ? c'est ce qu'on n'a jamais su, bien que les mauvaises langues eussent prétendu que c'était par ironie pure, attendu que le pauvre baudet n'avait jamais fait hélas ! le moindre festin de Balthazar, et n'avait jamais vu la couleur de l'avoine, laquelle est grise quand elle est mauvaise, et noire quand elle est bonne.

Malgré cela, qu'il portât dom Basile qu'on appelait frère Dimanche, dom Antoine, qui répondait au nom de frère Jeudi, ou le pauvre petit moinillon Jacquot, qu'on désignait sous celui de frère Vendredi, le bon âne s'arrêtait deux fois par jour à la porte de Malican, une fois le matin, une fois le tantôt.

Le matin, sa besace était vide et son cavalier à jeun.

Vers le tantôt, la besace était pleine, et le moine était en gaieté.

Donc, ce ne fut pas précisément Jacquot le moinillon qui, une fois entré dans Paris, se dirigea vers le cabaret de Malican.

Jacquot n'avait pas soif.

Le coup qu'il avait bu dans la Seine, à Saint-Cloud, lui avait ôté l'envie de boire.

Ce fut Balthazar qui voulut y aller.

Nous avons dit que Balthazar n'était guère moins entêté qu'une femme, mais à coup sûr il l'était beaucoup plus qu'un homme.

Et la preuve en est que Balthazar conduisit le moinillon au *Rendez-vous des Béarnais*.

Une fois à la porte, Jacquot céda tout à fait ; il mit pied à terre et attacha Balthazar à l'anneau de fer scellé dans le mur extérieur.

Comme on était alors en été et qu'il faisait aussi frais dans le cabinet que chaud dans les rues, la compagnie était nombreuse.

Une douzaine de Lorrains buvaient et chantaient.

Huit ou dix moines à une autre table chantaient et buvaient.

Les moines souhaitaient les flammes de l'enfer aux

huguenots et parlaient de faire bouillir dans l'huile ce parpaillot de roi de Navarre.

Les Lorrains ne se gênaient pas pour médire du roi de France, qu'ils traitaient de prince sans courage, de mignon à l'essence de rose, de frocard en herbe.

Le moinillon Jacquot s'arrêta un moment sur le seuil.

De cette place il entendit jaser et hurler tour à tour les moines et les soldats.

Les moines disaient du mal du roi de Navarre, que lui, Jacquot, ne connaissait pas.

Les soldats insultaient le roi de France, que Jacquot connaissait trop bien depuis quelques heures; d'où il suit qu'au lieu de s'aller asseoir avec les moines, ce qui, à première vue, était beaucoup plus naturel, Jacquot s'attabla avec les soldats et paya sa bienvenue par ces mots :

— Il n'est personne parmi vous, mes gentilshommes, qui haïsse autant que moi le roi Henri III.

— Oh! oh! exclama-t-on de toutes parts.

A ces paroles, les moines dressèrent l'oreille tout comme les soldats.

Un vieux Lorrain à barbe grise et à regard sombre considéra un moment le moinillon et lui dit :

— Ah! tu hais le roi de France?

— Oui, dit Jacquot.

Et il avisa sur la table un grand couteau de boucher, à lame plate affilée, à pointe meurtrière, et qui avait servi à couper un jambonneau.

Il s'en empara, le saisit dans sa main crispée, et dit:

— Je le hais à tel point, le roi de France, que, si je le pouvais, je lui planterais ce couteau dans le ventre!

— Hé morbleu! dit un autre Lorrain, voilà qui est parler.

— Et pourquoi le hais-tu? demanda celui qui avait la barbe grise.

Jacquot se dépouilla de son froc et mit à nu ses épaules ensanglantées.

Et, comme on se récriait, il raconta son aventure du matin. Les moines hurlèrent de fureur.

Car les moines étaient tous venus s'asseoir à la table des soldats et avaient écouté le récit du moinillon.

Les soldats lorrains, qui étaient avinés, proposèrent d'assiéger le Louvre.

Mais un homme, silencieux jusque-là, leur imposa silence.

C'était un cavalier vêtu de noir, d'aspect sévère, presque sinistre, et qui sans doute jouissait d'une autorité sans bornes sur ses compagnons, car le silence se fit.

— Comment t'appelles-tu? demanda-t-il au petit moine.

— Jacques.

— D'où es-tu?

— De Paris.

— Comment se nomme ton père?

— Clément.

— Pourquoi t'es-tu fait moine?

— Parce que j'étais paresseux.

On rit alentour, mais le regard sévère de l'homme vêtu de noir éteignit le rire.

Celui-ci continua :

— De quel ordre es-tu?

— De l'ordre des dominicains.

— Quelles sont tes fonctions au couvent?

— Frère quêteur.

L'homme vêtu de noir jeta un coup d'œil au dehors et aperçu le pauvre Balthazar chargé de la besace du couvent.

Puis, promenant son regard dans la salle :

— Y a-t-il un domicain ici? demanda-t-il.

Trois moines se levèrent parmi les autre moines, et chacun d'eux répondit :

— Moi !

— Eh bien ! dit l'homme vêtu de noir, chargez-vous de ramener l'âne à votre couvent.

Puis, comme Jacquot le regardait étonné :

— Toi, dit-il, viens avec moi...

— Mais... balbutia Jacquot.

— Viens !

L'inconnu prononça ce mot avec un tel ton d'autorité que Jacquot s'inclina.

Il reprit son froc et dit :

— Je vous suis, messire.

L'homme vêtu de noir sortir du cabaret; Jacquot le suivit.

Où allait-il ?

Le moinillon l'ignorait, mais une force mystérieuse le poussait sur les pas de cet homme, qu'il voyait pour la première fois, et il n'essaya point de lutter contre cette invincible attraction.

Tous les deux s'enfoncèrent dans un dédale de rues sombres et tortueuses, puis ils arrivèrent dans une rue plus large.

Là, l'inconnu s'arrêta devant la grande porte d'un hôtel d'assez belle apparence.

— C'est ici ! dit-il.

Et il souleva le marteau de bronze de la porte.

VII

L'hôtel dont l'homme vêtu de noir sollicitait l'entrée était d'aspect silencieux et triste : on eût dit une demeure inhabitée.

Cependant, au premier coup de marteau, la porte s'ouvrit, et le moinillon Jacquot fut tout étonné de voir que la cour était occupée par une troupe assez nombreuse.

Mais une troupe de gens qui parlaient bas, marchaient sans bruit et ressemblaient plutôt à des fantômes qu'à des êtres vivants.

Ils se promenaient deux par deux ou quatre par quatre, gesticulant avec animation, à la manière des sourds-muets.

Les uns étaient des soldats; la croix blanche de Lorraine se détachait sur leur cuirasse d'acier poli.

Les autres vêtus comme gens de petit état, se mêlaient aux soldats.

C'étaient des bourgeois de Paris, des maîtres de confréries, des compagnons de diverses professions manuelles.

Au milieu d'eux il y avait un moine.

Ce moine était ventru, pansu, étourdissant de bonne santé.

Il avait une mine rubiconde, bourgeonnée comme un pommier au commencement d'avril.

Le moinillon tressaillit à sa vue, car il reconnut en lui dom Grégoire.

Dom Grégoire était le supérieur des dominicains, et par conséquent, du moinillon Jacquot.

Tous ces gens-là allaient, venaient et semblaient attendre un mot d'ordre ou un signal.

L'homme vêtu de noir entraîna le petit moine jusqu'au perron et le fit entrer dans l'hôtel.

Jacquot traversa d'abord un vestibule plongé dans l'ombre, puis une vaste pièce tendue d'étoffes sombres.

Ce fut là que s'arrêta son conducteur.

— Attends-moi là, dit-il.

Et il souleva une portière derrière laquelle il disparut.

Cette portière séparait la pièce où demeurait le moinillon Jacquot d'un petit oratoire dans lequel entra l'inconnu.

L'ameublement, les tentures de cet oratoire, contrastaient étrangement par leur coquette harmonie avec l'aspect sévère du reste du l'hôtel.

Une femme s'y trouvait, à demi couchée sur un lit de repos.

Au bruit des pas de son visiteur, elle leva la tête et sembla sortir de la rêverie profonde où elle était plon-

— Ah ! c'est vous, Éric? dit-elle.

— C'est moi, madame.

— Et l'inconnu salua avec un respect qui n'était point exempt d'un certain dédain.

La duchesse Anne de Lorraine — car c'était elle — fit signe au comte Éric de Crèvecœur, l'homme vêtu de noir, de prendre un siége.

Mais il refusa en s'inclinant et demeura debout.

— D'où venez-vous, Éric? demanda la duchesse.

— Du cabaret de Malican, madame.

— Ah ! Y médit-on toujours des huguenots ?

— Toujours.

— Et du roi de Navarre ?

— Plus que jamais.

— Et du roi Henri III?

— Oh ! celui-là est honni, madame. Moines et soldats ne parlaient de rien moins tout à l'heure que d'assiéger le Louvre.

— Contez-moi donc cela, Éric, dit la duchesse dont le visage devint joyeux.

Le comte Éric de Crèvecœur, raconta alors l'arrivée du petit moine et le récit qu'il avait fait des mauvais traitements qu'on lui avait infligés à Saint-Cloud.

— Et vous dites qu'il est furieux ? fit la duchesse.

— Si furieux, madame, reprit le comte Éric, que j'ai cru devoir vous l'amener, à vous qui recrutez tous les mécontents, tous les gens animés contre le roi de France.

Ces mots firent jaillir un éclair des beaux yeux bleus de la duchesse.

— Ah! dit-elle, c'est que je hais violemment cet homme qu'on nomme le roi de France.

Le comte Éric continua :

— Je vous l'ai amené, ce moinillon, parce que j'ai pensé qu'il pourrait servir utilement Votre Altesse.

— Où est-il ?

— Là... dans la pièce voisine.

— Chut! fit Anne de Lorraine en posant un doigt sur ses lèvres.

Alors elle souleva imperceptiblement la lourde draperie et jeta un regard rapide au dehors.

Ce fut l'affaire d'un moment, et la duchesse eut le temps de voir le petit moine, de surprendre son regard étrange, de remarquer sa pâleur nerveuse et son sourire crispé glissant sur des lèvres minces et incolores.

Comme avait tressaillit le roi Henri III, la duchesse Anne de Lorraine tressaillit à son tour.

Mais ce ne fut point d'épouvante comme le roi ; ce fut au contraire, sous l'influence d'un pressentiment joyeux.

— Oh ! cet homme ! dit-elle en regardant Éric de Crèvecœur.

— Je gage, dit le comte en souriant, que la duchesse lui a déjà trouvé un emploi dans l'avenir ?

— Peut-être...

Et la duchesse frappa sur un timbre qu'elle avait à la portée de sa main.

. . . .

Cependant le moinillon attendait.

Il avait vu dom Grégoire, son supérieur, se promener avec des bourgeois, des soldats et des gentilshommes.

Tous ces gens-là s'étaient inclinés profondément devant l'homme vêtu de noir, dom Grégoire lui-même.

Et cependant dom Grégoire n'était pas un mince seigneur, et il ne saluait pas tout le monde, ayant coutume de prétendre que les gens d'Église devaient tenir le haut du pavé.

Ceci amena le moine à se demander chez qui il pouvait bien être et quel était ce gentilhomme.

Il s'écoula près d'une heure avant que l'homme vêtu de noir reparût.

Pendant cette heure, Jacquot se livra à tous les commentaires, à toutes les suppositions, mais il ne put parvenir à deviner où il était.

Cependant il n'osait bouger, et commençait à croire qu'on l'avait oublié, lorsqu'enfin son guide mystérieux reparut,

Il était suivi, cette fois, par deux jeunes gens, deux pages vêtus de soie écarlate et dont les riches manteaux brodés d'or firent une telle impression sur le pauvre moinillon, qu'il prit aussitôt en pitié son méchant roc de laine grise.

Les deux pages, dont sans doute la leçon était faite, le saluèrent avec courtoisie.

— Mon petit frère, lui dit l'inconnu en les lui montrant, voici deux bons compagnons que je t'amène.

— Deux... compagnons...? balbutia le moinillon étourdi et regardant tour à tour le comte Éric de Crèvecœur et les deux pages.

— Sans doute, car on va te donner à dîner, mon ami. Suis-les... ils tâcheront de te faire oublier tes mésaventures de Saint-Cloud.

Le frère regardait toujours les pourpoints rouges à carrés blancs et les manteaux soutachés d'or des deux pages.

C'étaient deux jeunes gens fort beaux, aimables et avenants, et dont l'un prit familièrement le moinillon par le bras.

— Comment t'appelles-tu? lui dit-il.

— Jacques.

— Quel âge as-tu?

— Vingt ans.

— C'est comme moi, dit l'autre page; je me nomme Amédée, et mon ami Séraphin.

— Vous connaissez vos instructions dit le comte Éric aux deux pages.

Et comme ils s'inclinaient, il entra dans l'oratoire.

Alors le moinillon se trouva seul avec les deux pages.

Celui qui se nommait Amédé lui dit :

Le soupir était un acte de contrition et voulait dire :
« Je sais bien que je me suis grisé, et, en cela, je suis coupable... »

Le sourire signifiait :

« Je me suis grisé comme la plupart de mes frères, et je ne suis pas une exception dans le couvent des dominicains. »

Enfin, le regard levé sur le corregidor disait fort clairement :

« Comment pouvez-vous songer à me punir d'une faute que tout le monde commet et qui est passée ici à l'état d'habitude ? »

Sans doute le corregidor comprit à la fois le regard, le sourire et le soupir, car il se hâta d'ajouter :

— Se griser n'est rien, mais compromettre les intérêts du couvent est un crime impardonnable !

— Et en quoi donc ai-je compromis les intérêts du couvent ? dit le moinillon effaré.

— Écoutez, répondit le corregidor. Vous êtes allé hier à Saint-Cloud.

— Bon !

— Le roi vous a fait donner deux pistoles.

— C'est vrai, dit Jacquot, qui jugea inutile de parler des horions qu'il avait reçus. Après ?

— Sur votre route, en votre qualité de frère quêteur, vous avez recueilli les aumônes destinées au couvent.

— Oh ! dit Jacquot, de belles aumônes, en vérité ! huit deniers à Auteuil, quelques croûtes de pain à Passy et un cervelas rance à Chaillot.

— Eh bien ! qu'est-ce que tout cela est devenu ?

— Mais... je ne sai‹... le frère Ambroise, qui était au cabaret de Malican, a reconduit Balthazar...

— C'est faux !

Et il le força à vider son verre, qu'il emplit ensuite de nouveau.

— Je serai vêtu comme vous... ? répéta le moinillon avec un sourire hébété.

— Comme nous.

— Et je ne serai plus moine?

— Non.

— Mais que faut-il donc faire pour cela ?

— Il faut haïr le roi de France d'abord.

— Oh ! dit le moine avec colère. Et puis ?

— Et puis... nous verrons... Mais d'abord, jette ton froc aux orties.

— Oh ! de bien bon cœur, murmura le moine, qui commençait à se sentir étourdi.

Alors Séraphin se leva, ouvrit une porte et appela.

A sa voix, un valet se hâta d'accourir. Ce valet apportait sur un coussin de velours des habits de page et un toquet à plume bleue, en tout semblables à ceux que portaient Amédée et Séraphin.

— Bien certainement, je rêve ! murmura le moinillon Jacquot, dont la langue s'épaississait.

VIII

Le vin jaune et le vin vermeil que les deux pages versaient au moinillon ne procuraient point cette ivresse banale et grossière qui alourdit la tête et fait perdre la raison.

Loin de là, ils procuraient une ébriété agréable, une douce folie qui montrait bientôt la vie en rose.

Jacques, le pauvre moine, à partir du moment où le valet entra, se crut transporté dans le pays des rêves et des chimères.

On lui fit quitter son froc, on le lava avec des essences, on lui parfuma la tête, et les deux pages se mirent à l'habiller avec soin.

Quand ce fut fait, ils le conduisirent devant un grand miroir d'acier et lui dirent :

— Regarde !

Jacques ne se reconnut pas.

Il vit un joli seigneur vêtu de soie et de velours, ayant une épée au côté, au cou une fine collerette.

Les pages souriaient de sa stupeur.

Ils le firent remettre à table et continuèrent à le griser.

Jacques buvait comme un lansquenet, et plus il buvait plus il était gai.

Les deux pages étaient de charmants compagnons, ayant le mot pour rire et la chansonnette égrillarde.

Ils chantèrent ; Jacques les imita.

— Ah ! quel affreux rêve j'ai fait jusqu'ici ! dit-il.

— Quel rêve ? demanda Séraphin.

Jacques était ivre pour tout de bon.

— Mes bons amis, dit-il d'un ton dégagé, j'ai rêvé que j'étais moine.

— En vérité !

— Alors que, vous le savez bien, je suis un galant seigneur, morbleu !

Et il posa la main sur la garde de son épée et se contempla de nouveau dans le miroir d'acier.

Les pages échangèrent un regard.

Puis celui qui se nommait Amédée frappa sur un timbre.

— Que faites-vous ? demanda Jacquot.
— J'ordonne le bal.
— Le bal ?
— Oui, nous allons danser.

En effet, tout aussitôt les portes du fond de la salle s'ouvrirent, et le rêve que le pauvre moine faisait éveillé prit des proportions colossales.

Une douzaine de femmes vêtues à l'orientale, les bras et les jambes nus, entrèrent en dansant, au bruit d'un orchestre invisible, mais si harmonieux que Jacques se crut transporté en paradis.

Bayadères de l'Inde ou almées d'Égypte, elles entrèrent en faisant résonner des cymbales et des tambours à grelots, firent le tour de la table, se tenant tantôt par la main et tantôt s'enlaçant, se penchant sur le moine et les deux pages, offrant ou se laissant ravir un baiser.

Ce fut pendant dix minutes une danse vertigineuse, affolée, fantastique.

Pendant dix minutes le moinillon s'abreuva d'harmonie et de parfums, s'enivra de regards et de sourires.

Puis le cercle vivant qui entourait la table, se rompit, et les bayadères s'enfuirent en se tenant par la main.

Et les portes se refermèrent derrière elles et le moine s'écria :

— Il me semble que je deviens fou !
— Non pas, dit le page Amédée, mais puisque te voilà des nôtres, il faut que nous te divertissions.
— Ah ! je suis des vôtres !
— Oui.

Jacquot passa la main sur son front :
— Je n'en ai donc pas toujours été ? dit-il
— Non.

— Cependant... il me semble... Oh! je perds la tête pour sûr.

— Tu as été au couvent, dit Amédée en riant.

— Au couvent!

— Oui... voilà ton froc.

Et il montrait à Jacquot sa robe de moine dédaigneusement jetée dans un coin.

— Ah! c'est vrai... je me souviens...

Et Jacquot soupira.

— Pourquoi soupires-tu? dit Séraphin : n'es-tu pas devenu un galant seigneur?

Un éclair de raison traversa le cerveau du moinillon et sa présence d'esprit lui revint pour un moment :

— Vous vous êtes moqués de moi, dit-il, et je sens bien que vous m'allez reprendre tous ces beaux habits.

— Mais non pas, dit Amédée. Te voilà cavalier.

— Et je ne serai plus moine!

— Cela dépend de toi... attends...

Amédée frappa une seconde fois sur le timbre.

— Que faites-vous donc? demanda encore le frater.

— Tu vas voir.

Une porte opposée à celle par laquelle les bayadères étaient parties s'ouvrit alors et livra passage à un personnage singulier.

Il était vêtu d'une longue robe de couleur sombre, portait une grande barbe blanche et tenait à la main une baguette.

— Quel est cet homme? demanda le moinillon métamorphosé en cavalier.

— Un homme qui prédit l'avenir.

— Un sorcier?

— Oui.

Le sorcier salua Jacquot et vint se placer devant lui.

— Veux-tu savoir ta destinée? lui dit-il.

— Si je le veux ! dit le frère, qui essaya de secouer les torpeurs de l'ivresse.

Le sorcier prit la main du moine et l'examina attentivement.

— Tu seras noble, dit-il.

— Noble ! fit Jacques joyeux.

— Riche...

— Riche ! Oh !... et quoi encore ?

— Tu seras aimé...

— Par qui ?

— Par une femme belle et puissante.

Jacquot tressaillit, il regarda le sorcier.

Celui-ci ajouta :

— Et cette femme t'élèvera jusqu'à elle.

Jacquot prit son front à deux mains comme pour y fixer les pensées tumultueuses qui l'assaillaient.

— Mais cette femme ? dit-il enfin.

Et sa voix tremblait d'émotion, et quelques gouttes de sueur coulaient sur ses joues.

— Tu veux la voir ? dit le sorcier. Eh bien, je puis en évoquer l'image.

— L'image ? fit le moine étonné.

— Oui, car elle est encore loin d'ici... et tu ne dois pas la voir réellement de sitôt.

— Mais de quelle image parlez-vous donc ? par quel moyen magique... ou de sorcellerie... balbutia Jacquot, pourriez-vous me montrer cette femme ?

Le sorcier fit un signe aux deux pages.

Les deux pages sortirent, et Jacquot se trouva seul avec celui qui lui prédisait l'avenir.

Alors celui-ci décrivit avec sa baguette quelques

cercles magiques, il prononça plusieurs paroles mystérieuses, et tout aussitôt la salle où ils se trouvaient fut plongée dans l'obscurité.

Une obscurité profonde, opaque, et qui ne permit même plus au moine devenu tout tremblant de distinguer la silhoutte du sorcier.

— Prends garde, dit alors celui-ci, prends garde, Jacques... peut-être as-tu tort de sonder l'avenir?

— Pourquoi donc aurais-je tort? demanda le moinillon.

— Parce que cette femme que je vais te montrer est belle.

— Vous me l'avez dit.

— Et que sa beauté fera sur toi une impression profonde et terrible.

— Ne m'avez-vous pas dit qu'elle m'aimerait?

— Oui.

— Alors pourquoi craindrais-je cet amour?

— Moine, dit le sorcier, tu seras plus heureux peut-être de reprendre ton froc et de retourner à ton couvent.

— Non, je veux la voir! murmura Jacques d'une voix enfiévrée.

— Eh bien! sois satisfait, dit le sorcier, et il prononça de nouveau quelques mots d'une langue inconnue.

Tout aussitôt les ténèbres se dissipèrent, une vive clarté leur succéda, et le fond de la salle s'entr'ouvrit comme si le mur se fût effondré.

Jacquot le moinillon poussa un cri et tomba à genoux, les mains jointes, étreint par une admiration sans bornes.

Une femme jeune et belle, les cheveux épars sur ses

épaules demi-nues, venait de lui apparaître au milieu d'une sorte de brume transparente ressemblant à un nuage d'or.

— La voilà ! dit le sorcier.

L'apparition eut la durée d'un éclair.

Jacquot eut à peine le temps de contempler cette créature merveilleuse de beauté, de surprendre son regard, de s'enivrer de son sourire.

Le sorcier fit tourner sa baguette, décrivit de nouveau quelques cercles mystérieux, et tout rentra dans les ténèbres.

Alors l'ivresse du moine, un moment dissipée, se reprit à l'étreindre de plus belle, et il s'affaissa sur le parquet de la salle et perdit connaissance.

. . . .

Quand Jacqnot revint à lui, il jeta un cri lamentable.

Ses beaux habits avaient de nouveau fait place à son froc et il était couché sur son lit de sangles, dans la cellule de son couvent.

— Aurais-je donc rêvé ? se demanda-t-il éperdu.

IX

Jacquot se frotta les yeux, étira ses membres, fit jouer ses articulations, se palpa le corps en tous sens et alla appuyer à la fenêtre de sa cellule, afin d'exposer son visage à l'air frais du matin, car il était à peine huit heures.

Tout cela dans le but de savoir s'il veillait ou s'il dormait.

Quand il se fut bien convaincu de son état de veille, il voulut savoir s'il avait rêvé.

Mais ses membres endoloris lui rappelaient l'épreuve qu'il avait subie à Saint-Cloud. Jacquot se dit :

— Je n'ai pas rêvé. Je suis bien entré dans une maison sur les pas d'un seigneur. Là, on s'est moqué de moi, et, à la suite de mon ivresse, on m'aura rapporté au couvent.

Ceci était fort logique, et Jacquot, comme on le voit, raisonnait en homme de bon sens.

Il se prit donc à soupirer, car il songeait à l'apparition rayonnante qui était venue clore la série de ses étonnements.

— Quelle est cette femme ?

Telle fut la question qu'il se posa tout d'abord.

Et comme il ne pouvait la résoudre, il finit par se décider à descendre dans le préau.

Le préau du couvent était une vaste cour plantée d'arbres, sous lesquels, à cette heure matinale, se promenaient quelques moines, frères convers pour la plupart.

Les pères, gens à large panse, à mine trognonnante, à face émerillonnée, avaient depuis longtemps renoncé à voir lever l'aurore. Aimables disciples du dieu Bacchus, ils buvaient tard et se levaient de même.

Seuls, les frères convers, gens taillables et corvéables à merci, occupés à laver, à balayer et à remplir les fonctions indignes, comme on disait, étaient depuis longtemps sur pied.

Jacquot, le moinillon, appartenait à cette catégorie maltraitée du sort.

Aussi, en descendant au préau, croyait-il se mêler à des amis, à des frères en Dieu et en infortune, et comptait-il sur un bon acceuil. Mais Jacquot se trompait.

A sa vue, les frères convers s'éloignèrent comme s'il eût été pestiféré, et Jacquot demeura tout interdit.

On le fuyait.

Quel crime avait-il donc commis ? Aurait-on lancé contre lui une bulle d'excommunication ?

Mais, comme il cherchait la cause de cette réprobation générale qu'il paraissait inspirer, un sévère personnage se montra sous les arceaux gothiques du couvent.

C'était le frère censeur, le corregidor, c'est-à-dire le moine chargé de la police du monastère.

A sa vue, le moinillon se prit à trembler et une vague angoisse l'envahit.

Le corregidor vint à lui, les sourcils froncés, et lui dit :

— Mon frère, vous avez manqué à tous vos devoirs.

— Moi ? fit Jacquot épouvanté.

— Et vous allez être puni. La volonté de dom Grégoire, notre vénérable abbé, est que vous soyez enfermé dans la prison du couvent pour un mois, et tenu au pain et à l'eau.

— Mais quel crime ai-je donc commis ? s'écria le moinillon.

— En outre, continua le corregidor, on vous donnera la discipline soir et matin.

— Vierge Marie ! exclama le pauvre moine, ai-je donc péché si fort qu'on me châtie si cruellement ?

— Vous avez péché, mon frère.

— Mais quel est donc mon péché ?

— Vous vous êtes enivré.

Le moinillon Jacquot soupira, mais il ne put réprimer un sourire et s'empêcher de lever un naïf regard sur le corregidor.

— Viens avec nous là-bas, dans la grande salle à manger ; nous souperons et nous boirons de bon vin.

Le frère se laissa entraîner.

Quelques minutes après, il était en présence d'une table toute servie sur laquelle fumaient des mets exquis et tels que Jacquot n'en avait jamais rêvés.

Aux quatre coins étincelaient des flacons emplis d'un vin plus jaune que l'ambre ou vermeil comme la groseille.

Le moinillon fut ébloui ; il crut faire un rêve.

— Mais où suis-je donc ? s'écria-t-il enfin.

— C'est ce que tu sauras plus tard, répondit le page Séraphin.

Et il le poussa vers la table et l'y fit asseoir.

Le frère continua à se croire le jouet d'un rêve.

Il but et mangea, et, au fur et à mesure que son estomac vide s'emplissait, les vins généreux dont on lui versait d'amples rasades lui montaient à la tête.

Les pages riaient, et leur gaieté, le vin aidant, avait gné le sombre moinillon. Cependant cette gaieté ne fut point exempte de mélancolie, car il vint un moment où il s'écria :

— Ah ! quel vilain métier que le mien !

— Celui de moine ? fit le page Amédée.

— Hélas ! oui.

Et Jacquot regarda son froc d'un air piteux.

— Je gage, dit Séraphin, que tu préférerais être page.

— Oh ! certes, fit le moinillon avec un gros soupir.

— Hé bien ! cela ne tient qu'à toi...

— Hein ?

— Tu seras vêtu comme nous...

— Que dites-vous ? balbutia le moine tout tremblant.

— Bois, dit Amédée.

— Hein? fit Jacquot, qui aimait le pauvre âne et crut qu'il lui était arrivé malheur.

— C'est faux! répéta le corregidor d'un ton sévère, et la preuve en est que vous êtes arrivé ici hier soir, ivre mort, et vous tenant à peine sur Balthazar; quant à la besace, elle avait été volée...

— Mais tout cela est absurde! s'écria le moinillon.

— Ah! vous croyez? fit le corregidor d'un ton railleur.

— Si je le crois! Ce n'est pas moi qui ai reconduit Balthazar.

— C'est vous.

— Je ne suis pas rentré hier soir.

— Quand donc, alors?

— Je ne sais plus.

Et Jacquot passa la main sur son front et se répéta cette étrange question :

— Aurais-je donc rêvé?

Le corregidor reprit :

— Du reste, notre vénérable abbé dom Grégoire a ordonné que vous fussiez conduit en sa présence.

— Ah! je le veux de tout mon cœur! dit Jacquot, car Sa Grâce pourra témoigner...

— De quoi?

— De ma présence dans une maison où nous nous sommes rencontrés.

— Qui? vous... et dom Grégoire?

— Dom Grégoire et moi, répondit Jacquot avec l'accent de la conviction.

Le frère corregidor haussa les épaules, mais il prit Jacquot par la main, l'entraîna dans l'intérieur du couvent et le conduisit chez le supérieur.

Dom Grégoire était un gros homme encore jeune, à

large abdomen, à figure benoîte, et dont les belles mains blanches et rebondies étaient toujours jointes.

— Voici le coupable, dit le corregidor.

Dom Grégoire regarda Jacquot de travers et lui dit :

— C'est donc vous qui avez laissé voler la besace du couvent?

Jacquot se récria ; puis, comme le supérieur ne l'interrompait point dans ses dénégations énergiques, il se décida à tout raconter, — c'est-à-dire ses mésaventures de Saint-Cloud, son entrée au cabaret de Malican, ses pérégrinations dans les rues de Paris, à la suite de l'inconnu vêtu de noir, et enfin son arrivée dans ce mystérieux hôtel où il avait vu dom Grégoire se promener dans la cour d'honneur, mêlé à des soldats lorrains et à des bourgeois des confréries.

Mais là dom Grégoire l'interrompit en lui disant :

— Mon frère, vous êtes fou !

— Moi ! exclama Jacquot.

— Oui, dit froidement l'abbé, car il y a plus de huit jours que je n'ai franchi les grilles de mon couvent.

— Mais, balbutia le moinillon, j'ai bien vu cependant Votre Grâce.

— Vous avez mal vu, dit froidement le supérieur des dominicains.

Puis s'adressant au corregidor :

— Ce pauvre frère, dit-il, n'a point encore cuvé son vin. Faites-le conduire au cachot et mettez-le au pain et à l'eau.

. . . .

Une heure après, Jacquot était enfermé dans le cachot du couvent, un réduit privé d'air et de lumière, avec un pain noir et une cruche d'eau pour toutes provisions.

Rien n'altère comme l'ivresse.

Le moinillon Jacquot s'était trop bien grisé la veille pour n'avoir pas le lendemain une soif presque inextinguible.

Après avoir longtemps réfléchi aux misères de sa situation et avoir vainement cherché la clef de cette énigme qui semblait l'envelopper, le pauvre petit frère quêteur obéit à la soif ardente qui le dominait, et il se prit à boire à longs traits à même la cruche.

Il lui parut bien que l'eau avait un goût étrange et un peu salé, mais gosier altéré n'y regarde pas de si près, et frère Jacques continua de boire; puis, quand il eut bu, il se coucha philosophiquement sur la paille de son cachot et se mit à rêver de cette femme divine dont le sorcier lui avait promis l'amour et qu'il lui avait montré enveloppée dans un nuage.

Soit fatigue extrême, soit reste d'ivresse, soit enfin que l'eau de la cruche eût été mélangée d'une substance soporifique, Jacquot ne tarda point à s'endormir.

Mais presque aussitôt après il fut éveillé en sursaut par une vive clarté.

Un homme venait de pénétrer dans son cachot.

Cet homme avait un flambeau à la main; il portait un paquet sous le bras.

A la vue de cet homme, Jacquot jeta un cri :

— Ah! dit-il, je n'ai donc pas rêvé?

Il venait de reconnaître dans le visiteur qui venait jusqu'à lui un des beaux pages vêtus de soie et d'or avec qui il avait soupé la veille.

Ce page était celui qui répondait au nom d'Amédée.

Il posa la main sur l'épaule de Jacquot et lui dit :

— Allons, quitte ton froc et réveille-toi, mon mignon, car tu fais un bien vilain rêve.

Et il développa le paquet qu'il avait sous le bras, et Jacquot, étourdi, reconnut le costume éclatant, les galants habits de gentilhomme qu'il avait revêtus la veille.

Rien n'y manquait, ni le manteau brodé d'or, ni le pourpoint de velours écarlate, ni la fine épée d'acier damasquinée à Milan, ni le toquet à plume bleue.

— Allons, répéta le page Amédée, habille-toi, mon camarade, et apprête-toi à me suivre, car nous avons bien des choses à faire cette nuit.

X

Jacquot ne se fit point répéter l'injonction du page Amédée. Il s'habilla lestement, retroussa son manteau sur son épaule, inclina son chapeau sur l'oreille gauche, posa la main sur la garde de son épée, et dit :

— Me voilà prêt. Aussi bien, j'ai hâte de m'éveiller !...

Le page le prit par la main et ouvrit lui-même la porte du cachot.

Un silence profond régnait dans les corridors du couvent; la nuit était avancée et les moines dormaient.

Jacquot en fit la remarque en disant :

— Le couvent est bien silencieux ce soir.

— C'est que tu dors mieux que d'habitude, répondit le page Amédée.

— Je suis donc endormi? fit Jacquot.

— Sans doute. Seulement tu vas t'éveiller.

— Cependant je vais et je viens, j'ai les yeux ouverts et je parle.

— Tu te figures tout cela dans ton rêve, mais il n'en est rien.

— Comment cela?

— Mon ami, dit le page Amédée, comment crois-tu t'appeler?

— Jacques.

— Quel est ton père?

— Un pauvre homme du nom de Clément.

— Et quel est ton état?

— Jusqu'à présent j'ai été moine.

— Voilà où tu es dans l'erreur, c'est-à-dire dans le rêve, mon pauvre ami.

— Bah!

— D'abord tu ne te nommes pas Jacques.

— Ah bah!

— Ni ton père Clément.

— Mais...

— Et tu n'as jamais été moine...

— Cependant... tout à l'heure...

— Mon bon ami, reprit le page Amédée, tu te nommes Amaury, ton père est gentilhomme, tu es page au service de madame la duchesse de Montpensier.

— Comment se nomme mon père, en ce cas, demanda Jacquot ahuri?

— Le sire de Pontarlier.

— Voici la première fois que j'entends ce nom, et quant à la duchesse de Montpensier...

— Chut! fit Amédée qui frappa au carreau du frère portier.

La porte du couvent s'ouvrit, et Amédée poussa Jacquot dehors.

La nuit était fraîche, une bouffée d'air vint frapper le moinillon au visage.

Ses yeux encore gonflés du sommeil de l'ivresse s'écarquillaient, et il se prit à respirer à pleins poumons.

— Voilà que tu t'éveilles tout à fait, dit le page Amédée.

Mais Jacquot avait un certain bon sens :

— Mon camarade, dit-il, je crois que vous vous moquez de moi.

Amédée ne répondit pas, mais il pressa le pas et entraîna le moinillon transformé en cavalier dans un dédale de rues obscures et tortueuses.

Tout à coup Jacquot jeta un cri : le pied venait de lui manquer et il fit une chute.

Il venait de sauter les cinq marches de l'impasse de la Vieille-Lanterne, et se trouvait dans une sorte de cul-de-sac bordé de maisons noires et hideuses d'aspect.

La chute fut si rude que le moinillon en demeura tout étourdi et un moment immobile sur le sol de l'impasse.

Puis enfin il se releva et fit quelques pas en avant.

Le page Amédée avait disparu.

Jacquot eût beau appeler, regarder, avancer et reculer tour à tour, il s'aperçut qu'il était seul.

En même temps sa tête s'alourdit de nouveau, ses jambes fléchirent et il se laissa tomber sur une borne.

Alors il se passa pour lui une chose étrange. L'ivresse mystérieuse qui s'était emparée de lui lorsqu'il avait bu à longs traits cette eau légèrement acidulée qu'on lui avait apportée dans son cachot, cette ivresse le reprit.

Ses yeux se fermèrent, il s'affaissa sur une borne et s'y endormit.

En même temps aussi un singulier phénomène se produisit.

Jacquot qui, cette fois, rêvait tout de bon, se retrouva moine dans son rêve, affublé de son froc, enfermé dans son cachot, et en présence du morceau de pain noir qui était l'unique pitance des moines condamnés à la prison.

Alors aussi le rêve devint pour lui la veille, et, dans cette prédisposition d'esprit, il se dit :

— Quel rêve bizarre je viens de faire ! Moi, pauvre frère quêteur du couvent, je me suis vu accoutré en gentilhomme, un toquet sur l'oreille, un manteau sur l'épaule, une épée au côté.

Et le rêve du moinillon continua.

Il quêta de nouveau pour le couvent, monta sur le docile Balthazar, reçut une sévère admonestation de dom Grégoire, son supérieur, et se laissa administrer la discipline et mettre au cachot pour infraction à la règle.

Cela dura plusieurs heures.

Au bout de ce temps, il éprouva une rude secousse et s'éveilla.

Le jour commençait à poindre, un rayon de lumière blanche irisait la cime des toits voisins.

Jacques se leva tout debout et se trouva face à face avec un archer à casaque jaune et à chausses bleues.

Cet archer lui dit en souriant, tandis qu'il se frottait les yeux.

— Vous dormez bien en plein air, messire Amaury.

— Amaury ! exclama Jacquot.

— Dame ! fit l'archer naïvement, je ne me trompe pas, vous êtes le page Amaury.

Jacquot, après avoir regardé son interlocuteur, jeta

un regard sur lui-même et se vit habillé de velours, avec l'épée au côté.

— Ah çà! s'écria-t-il, suis-je moine ou bien page? Ai-je toute ma raison, ou bien suis-je fou?

L'archer répondit :

— Je ne sais pas si vous êtes encore fou, messire Amaury; mais à coup sûr, vous l'avez été.

— J'ai été fou, moi !

— Fou à lier.

Jacquot ouvrit de grands yeux.

— Mais enfin, dit-il, me nommé-je Amaury ou bien Jacquot? Suis-je page, ou bien moine?

— Vous êtes page.

— Page de qui?

— De madame la duchesse de Montpensier.

— Je ne la connais pas, je ne l'ai jamais vue.

— Eh! mon Dieu! fit l'archer, c'est justement celle qui cause votre folie, mon cher sire. Vous êtes devenu amoureux de la duchesse, une belle et blonde créature.

A ces mots Jacquot se frappa le front et se souvint de la radieuse apparition qui s'était manifestée à lui. L'archer continua:

— Cet amour vous a rendu fou. Vous vous êtes imaginé que vous étiez moine, le petit moine quêteur du couvent des dominicains, et chaque soir, quand votre accès de folie vous prenait, vous jetiez loin de vous les vêtements qui conviennent à votre naissance et vous vous affubliez d'un froc de moine.

L'archer parlait d'un ton naïf et avec un accent si sincère, que Jacquot eût perdu la tête à moins.

— Ainsi donc, dit-il, je ne suis pas moine?

— Non.

— Je suis gentilhomme?

— Oui.

— Je me nomme Amaury?

— Vous n'avez jamais eu d'autre nom.

— C'est étrange!

— Mais non... puisque vous avez été fou...

— Mais enfin, dit Jacquot qui se débattait au milieu de ce fouillis de pensées bizarres et de révélations inattendues, il est une chose que je n'ai pas rêvée.

— Laquelle?

— C'est que j'étais la nuit dernière au couvent.

— Bah!

— Et que c'est un page du nom d'Amédée qui est venu m'y chercher.

— Je ne sais pas, dit l'archer, si vous avez été la nuit dernière dans un couvent, mais je sais bien que le page Amédée n'a pu vous y aller chercher.

— Et pourquoi?

— Parce qu'il n'est pas à Paris.

— Où donc est-il?

— Il est allé à Nancy voici quinze jours, et il doit en revenir aujourd'hui ou demain.

Jacquot prit son front à deux mains et chercha à se convaincre qu'il rêvait.

— Voyons! dit l'archer, je devine ce que vous avez fait. Votre accès de folie vous a pris hier, et vous avez quitté l'hôtel de madame la duchesse de Montpensier, notre maîtresse à tous deux, pour aller courir la ville. Vous serez entré dans quelque cabaret où vous aurez trop bu; puis, en sortant, surpris par le grand air, vous vous serez endormi sur cette borne où je vous ai trouvé en passant par-là par hasard.

— Mais j'étais avec le page Amédée.

— Je vous affirme qu'il est absent de Paris.

— Mais enfin...

— Tenez, dit l'archer, venez avec moi, je vais vous conduire dans un cabaret où vous trouverez vingt soldats lorrains qui vous salueront de votre vrai nom.

— Du nom d'Aumaury?

— Sans doute, et qui vous prouveront que vous avez rêvé.

Sur ces mots l'archer prit le moinillon par le bras et l'entraîna hors de l'impasse.

A cent pas plus loin, il poussa la porte du cabaret dont il avait parlé et qui avait pour enseigne :

AU GRAND SAINT ÉLOI.

Quatre soldats lorrains y jouaient aux dés.

— Tiens! dit l'un d'eux, c'est messire Amaury.

Et il posa son cornet sur la table et ôta son chapeau.

— Bonjour messire Amaury, dit un des autres joueurs, vous étiez joliment gris hier soir.

— Moi? fit Jacquot.

— Oui, messire.

— Comment le savez-vous?

— Vous êtes sorti d'ici bien après le couvre-feu, et vous ne teniez pas sur vos jambes.

— Mais... c'est... impossible!...

Jacquot, en parlant ainsi, surprit un geste de l'archer.

L'archer frappait avec son index sur son front et clignait de l'œil, ce qui voulait dire :

— Ce pauvre garçon, il est toujours fou!

Le pas d'un cheval se fit entendre dans la rue, et vint s'éteindre à la porte du cabaret.

En même temps un *Eh là! quelqu'un!* fut prononcé

d'un ton impérieux, et un cavalier mit pied à terre et entra dans le cabaret.

Jacquot demeura abasourdi.

Le cavalier était couvert de poussière et paraissait avoir fait une longue route.

Jacquot reconnut le page Amédée.

XI

— Tiens! Amaury, dit le page en courant au moinillon Jacquot.

Et il le prit dans ses bras, le baisa tendrement sur les deux joues et lui dit :

— Mon Dieu! qu'il y a longtemps que nous ne nous sommes vus.

— Comment! dit Jacquot, qui était tenace dans ses idées, nous ne nous sommes pas vus la nuit dernière?

Le page Amédée prit une mine stupéfaite :

— Tu l'as rêvé, dit-il...

— Cependant...

— La nuit dernière j'étais à Château-Thierry. Ne vois-tu pas que j'arrive de voyage?

— Tout cela est bizarre, murmura Jacquot. Je ne puis pourtant pas avoir rêvé que j'étais moine.

— Hé! mon pauvre ami, dit le page, la folie n'est-elle pas un rêve?

— Ainsi j'ai été fou?

— Mais... certainement...

— Et longtemps?

— Près d'un an. Mais que fais-tu ici d'aussi bon matin?

— Ma foi! dit l'archer, messire Amaury ne le sait guère. Il a passé la nuit sur une borne de l'impasse de la Vieille-Lanterne.

— Singulier logis! dit Amédée en riant.

— Il y dormait cependant de bien bon cœur, reprit l'archer, il a fallu le secouer pour l'éveiller.

— Ce pauvre Amaury, murmura le page Amédée; voilà pourtant où conduit l'amour!

A ces mots, Jacquot tressaillit et songea à la femme blonde.

Ce souvenir, du reste, donnait dans son esprit un côté de vraisemblance à tout ce qu'on lui racontait touchant sa qualité de gentilhomme, son amour malheureux et sa folie.

— Veux-tu déjeuner avec moi? dit le page.

Jacquot avait passé la journée de la veille au pain et à l'eau, et il avait de terribles tiraillements d'estomac.

— Volontiers, dit-il.

Amédée commanda à déjeuner, se fit apporter du bon vin, convia l'archer et les quatres soldats, et on se mit bravement à table.

Le page raconta son voyage à Nancy, l'émailla de quelques aventures galantes, et se montra si gai et de si vaillante humeur que, le vin aidant, Jacquot sentit se dissiper au contact de cette gaieté les papillons noirs qui bourdonnaient autour de son front.

Au premier verre de vin, il doutait encore ; au sixième, il fut de l'avis des soldats, — à savoir qu'un grand désespoir d'amour l'avait rendu fou.

Peu à peu, il s'habitua à parler de sa noblesse, du manoir des sires de Pontarlier, ses ancêtres, dont il n'avait nulle souvenance et dont le complaisant Amédée lui fit une description.

Quand il quitta la table, il était un peu ivre, ce qui, depuis deux jours, du reste, était son état normal, mais son ivresse cette fois était de bon aloi et le vin n'avait pas été sophistiqué.

Or, l'ivresse sans narcotique était jeu d'enfant pour un domicain, et Jacquot avait beau se croire page, il était moine, et portait par conséquent fort gaillardement le vin.

Seulement, quand il avait bu, son caractère ordinairement sombre s'éclaircissaient et devenait communicatif.

Lorsqu'il fut arrivé à cette heureuse situation d'esprit, Jacquot, désormais convaincu qu'il était gentilhomme, voulut obtenir quelques confidences touchant cette femme qui l'avait rendu fou d'amour.

Aux premiers mots qu'il prononça, Amédée cligna de l'œil et lui dit :

— Les femmes ne rendent fous que les hommes qui ne savent point se faire aimer.

— Comment cela ? fit Jacquot.

— Tu es un petit gentillâtre, n'est-ce pas ?

— Oui, dit Jacquot.

— Madame de Montpensier est une haute et puissante princesse...

— Hélas ? soupira Jaquot.

— C'est-à-dire que tu te trouves au pied de l'échelle et elle tout en haut...

— Eh bien ?

— Eh bien ! dit le page Amédée avec un fin sourire, tu n'as pas su grimper d'échelon en échelon jusqu'au premier.

— Était-ce possible ?

— Tout est possible en ce monde...

Cette réponse plongea le moinillon Jaquot dans une rêverie profonde, mais il ne tarda point à en être tiré par l'arrivée d'un nouveau personnage dans le cabaret.

C'était un homme d'environ cinquante ans, chauve, ventru, et qui suait comme un bœuf sous sa cuirasse.

Il avait des gants de peau de buffle, un casque à la main et des épernons à ses bottes.

Mais Jacquot ne s'en écria pas moins :

— Frère Antoine !

En effet, dans cet homme d'armes dont la longue rapière labourait les dalles du cabaret, Jacquot avait reconnut ou cru reconnaître dom Antoine, un frère quêteur du couvent.

Les quatre soldats lorrains et l'archer, tout au contraire, se levèrent respectueusement et saluèrent en disant :

— Bonjour, capitaine.

— Capitaine ! s'écria Jacquot, capitaine ? vous êtes donc capitaine, à présent, frère Antoine ?

Le gros homme se prit à sourire :

— Je l'ai toujours été, mon pauvre Amaury, dit-il.

— Mais vous étiez moine !

— Pauvre garçon ! dit tout bas l'archer à l'oreille du page Amédée, mais de telle façon que Jacquot l'entendit, il voit des moines partout.

— Je ne me trompe pourtant pas, murmura Jacquot, qui fut de nouveau rejeté dans le monde des suppositions étranges et du doute le plus fantastique : vous êtes bien dom Antoine, le frère Dimanche, comme on vous appelle.

— Mon pauvre enfant, répondit l'homme à la cuirasse, tu as raison. J'ai été moine... mais pour toi seulement... c'est-à-dire que je suis ton oncle, le propre frère de ton père...

— Ah !

— Que je me nomme Hector de Pontarlier, et que je suis capitaine au service de la maison de Lorraine.

— Mais...

— Désolé de te voir fou, j'ai employé tous les moyens pour te rendre la raison... et, pour satisfaire tes fantaisies, je suis allé jusqu'à endosser parfois une robe de moine.

— Mais enfin...

— Chut! dit dom Antoine, on t'expliquera tout cela quand ta raison sera revenue.

— Cependant...

— Pour le moment, boucle ton ceinturon, mets ton manteau et viens avec moi.

— Où allons-nous ?

— A l'hôtel de la duchesse, pardieu !

— La duchesse... madame de Montpensier ?...

— Hé ! oui.

— Celle pour qui ?...

— Chut! dit Amédée, je vais aller avec toi, et je te donnerai de bons conseils.

Jacquot sortit du cabaret, donnant le bras au page Amédée.

Dom Antoine, transformé en capitaine, marchait en avant et faisait sonner ses éperons sur le pavé.

Nous ne savons trop de quelle nature furent les conseils que reçut du page Amédée le moinillon Jacquot, mais il se sentit tout ragaillardi.

Le moine devenu capitaine s'arrêta devant la porte de l'hôtel, où deux jours auparavant l'homme vêtu de noir avait conduit Jacquot.

Jacquot reconnut cette porte, qui s'ouvrit devant lui.

Dans la cour il vit une litière dont les brancards étaient supportés par des mules harnachées à l'espagnole.

Auprès des mules piaffaient deux jolis chevaux de main richement équipés.

— Madame la duchesse va donc faire un voyage ? dit le page Amédée.

— Oui, répondit dom Antoine.

— Où va-t-elle ?

— Je l'ignore.

— Qui l'accompagne ?

— Le page Séraphin.

— Et puis ?

— Et Amaury, s'il n'est plus fou.

Jacquot tressaillit à ces mots; puis il poussa un cri, car une femme venait d'apparaître au haut du perron.

Et Jacquot reconnut la femme blonde qui avait fait une si grande impression sur son cœur. Il sentit ses jambes fléchir, sa tête bourdonner, sa vue se troubler, et le page Amédée fut obligé de le soutenir dans ses bras.

Madame de Montpensier descendit les marches du perron et vint à la rencontre du moinillon Jacquot :

— Eh bien ! mon pauvre Amaury, lui dit-elle, as-tu recouvré la raison?

C'était la première fois que la voix de la duchesse résonnait à l'oreille du pauvre moine. Il crut entendr une harmonie céleste.

Elle lui mit la main sur l'épaule et ajouta :

— Viens, je vais faire un voyage, et tu galoperas à la piètrore de ma litière.

Jacquot, éperdu, sauta, d'un seul bond, sur l'un des deux chevaux que les valets tenaient en main.

XII

Maintenant, revenons sur nos pas, et disons ce qui s'était passé durant la nuit à l'hôtel de la duchesse de Montpensier.

Cet hôtel était une vaste demeure bâtie vers le milieu de la rue des Lions-Saint-Paul, non loin des ruines du palais qu'avait affectionné Louis XI.

Il n'appartenait point à la maison de Lorraine, mais bien au comte Éric de Crèvecœur.

Le comte Éric descendait de ce Crèvecœur fameux qui avait été le compagnon et le serviteur fidèle de Charles le Téméraire, dernier duc de Bourgogne.

Le comte Éric avait cédé cet hôtel à madame de Montpensier.

La duchesse l'habitait depuis environ deux mois et en avait fait le centre de mystérieuses intrigues, le foyer de conspirations nébuleuses dont elle gardait le secret.

Chaque soir, à la nuit tombante, les portes s'entr'ouvraient sans bruit et livraient passage à des bourgeois, à des moines et à quelques gentilshommes fanatiques qui accusaient tout haut le roi Henri III d'hérésie.

Il s'y tenait, la nuit, des conciliabules touchant les intérêts de la religion, qu'on disait être menacés, — et les conspirateurs, en se séparant, au jour, petit ne manquaient pas de dire tout haut que le roi qu'il fallait à la France, ce n'était pas Henri de Valois, mais Henri de Guise.

Or, cette nuit-là, la réunion avait été plus chaude encore, plus animée que de coutume.

On y avait prononcé le mot de *barricades*, et madame de Montpensier n'avait parlé de rien moins que de fermer les portes de Paris au roi.

Comme l'aube allait paraître, on s'était séparé suivant l'usage.

Mais deux personnages étaient restés auprès de la duchesse :

Le premier était le comte Éric de Crèvecœur, l'autre dom Crégoire, le supérieur du couvent des dominicains.

— Maintenant, mon cher comte, fit la duchesse, donnez-moi des nouvelles de Saint-Cloud.

— Madame, répondit Éric, le roi n'est plus à Saint-Cloud.

— Que dites-vous ?

— La vérité.

— Et où est-il donc ?

— A Paris depuis hier.

— Qu'y vient-il faire ?

— S'entendre avec madame Catherine au sujet des funérailles de monseigneur le duc d'Anjou, car le duc est mort, bien mort.

— Et depuis qu'il a rendu le dernier soupir, dit Anne de Lorraine, mon frère Henri a fait un pas de plus vers le trône.

— Le roi, continua Éric, doit partir pour Château-Thierry.

— Quand ?

— A onze heures du matin, après son déjeuner.

— Seul ou avec madame Catherine ?

— Voilà ce que je ne sais pas encore.

— Eh bien ! dit la duchesse, il me trouvera sur sa route.

Le comte de Crèvecœur, étonné, regarda madame de Montpensier.

— Je compte, poursuivit-elle, avoir un entretien avec Sa Majesté.

— Et cet entretien ?

— Ah ! mon cher comte, dit la duchesse, cet entretien est mon secret.

— Votre Altesse se plaît à entasser mystères sur mystères.

— Vous croyez ?

— Dame ! fit dom Grégoire, je suis de l'avis de messire de Crèvecœur.

— Vous aussi, dom Grégoire ?

— Sans doute, madame.

Anne de Lorraine ne put réprimer un sourire.

— Vous voulez parler du moinillon, n'est-ce pas ?

— Justement.

— Et vous vous demandez ce que signifie le rôle que je lui fais jouer.

— Il est certain, dit dom Grégoire, qu'il commence à être un peu timbré.

— Tant mieux ! mais il ne l'est point encore assez : je veux le rendre tout à fait fou.

— Comment ? demanda le comte Éric.

— D'après les ordres que j'ai donnés, et qu'on a dû exécuter cette nuit, Jacquot va demeurer persuadé toute la journée qu'il est gentilhomme.

— Bien ! Et ce soir ?

— Ce soir, il redeviendra moine.

— Et demain?

— Demain on lui rendra son épée et ses habits de gentilhomme.

— Mais tout cela dans quel but? demanda le comte Éric : car, jusqu'à présent, madame, j'ai obéi en aveugle.

— Mon cher comte, dit la duchesse, écoutez-moi bien, je vais vous faire une comparaison.

— J'écoute, madame.

— Quand on veut rendre un chien méchant, que fait-on?

— D'abord on l'affame.

— Bien. Ensuite?

— Puis on le met à la chaîne.

— Parfait !

— Après? dit le comte Éric.

— Après, on le lance contre celui qu'on veut faire dévorer. Comprenez-vous?

— Pas encore.

— Eh bien ! dit la duchesse, j'entrevois le jour, peut-être lointain du reste, où j'aurai besoin d'un fanatique d'un illuminé semblable à ces séides du prince musulman appelé le *Vieux de la Montagne*, et qui se faisaient tuer en échange de la promesse du paradis. Ce fanatique, cet illuminé...

— C'est Jacquot, n'est-ce pas?

— Ce sera lui. Car, ajouta la duchesse, en le soumettant pendant quelques jours encore à ce régime, un moment viendra où il ne saura plus s'il est moine ou gentilhomme.

— Et alors?...

— Alors... c'est mon secret.

Dom Grégoire et le comte Éric de Crèvecœur se regardèrent en frissonnant.

Mais la duchesse ne leur voulut donner aucune explication et se borna à dire :

— Avez-vous exécuté mes ordres, dom Grégoire ?

— Oui, madame.

— Le frère Antoine est-il métamorphosé en capitaine ?

— Il semble avoir eu toute sa vie une épée au côté.

— Et l'archer ?

— L'archer a dû se diriger vers l'impasse de la Vieille-Lanterne, où, comme est venu nous le dire le page Amédée, il a laissé Jacquot endormi sur une borne.

— C'est bien, dit la duchesse.

Puis, s'adressant au comte Éric :

— Vous, dit-elle, faites préparer ma litière.

— Quand donc Votre Altesse veut-elle partir ?

— Ce matin, vers huit ou neuf heures.

— Serai-je du voyage ?

— Non. Assez, mon cher comte.

Et la duchesse congédia Crèvecœur et le moine et sonna ses camérières.

. . . .

Trois heures après, la litière de madame de Montpensier était sur la route de Château-Thierry. Elle était sortie de Paris au grand trot de ses quatre mules, précédée par un écuyer et dom Antoine, devenu le capitaine Hector de Pontarlier.

Le page Séraphin et le moinillon Jacquot galopaient aux portières.

Ces quatre hommes et les conducteurs des mules composaient toute l'escorte.

L'archer était bon cavalier; Séraphin montait à cheval comme un ange, c'était le cas de le dire.

Quant à dom Antoine, sa tournure équestre laissait à désirer.

Habitué à l'allure placide de Balthazar, le pauvre âne du couvent, il se cramponnait de temps à autre à la crinière et roulait sur sa selle comme un gros navire sur une mer orageuse.

Mais, par contre, le moinillon Jacquot, de plus en plus persuadé qu'il était gentilhomme, avait une mine superbe, et maniait son cheval avec une grâce et une souplesse qui eussent émerveillé le couvent des dominicains.

L'œil fixé sur la duchesse qui lui souriait tendrement, Jacquot sentait son cœur battre à outrance, il se disait parfois :

— Je comprends bien maintenant que j'aie été fou, et que dans ma folie j'aie cru être moine.

On voyagea jusqu'à deux heures de l'après-midi.

La chaleur était devenue accablante, et les mules étaient harassées de fatigue.

Madame de Montpensier ordonna de faire halte à la première auberge qu'on rencontrerait.

Peu après, on trouva une maison isolée au bord de la route, à deux lieues de la ville de Meaux.

— Nous allons prendre ici quelque nourriture, dit la duchesse, et nous laisserons passer la grande chaleur. Ce soir, à l'entrée de la nuit, nous nous remettrons en route.

On fit halte.

Jacquot but et mangea de bon appétit. Comme il n'était point habitué à des courses aussi longues, et que, d'ailleurs, la duchesse s'était enfermé dans la seule chambre de l'auberge pour y prendre un peu de repos. Jacquot, brisé de fatigue, s'endormit sur une botte de foin à l'entrée de l'écurie, et de nouveau il rêva qu'il était moine; mais un bruit de grelots l'ayant éveillé, il s'aperçut avec satisfaction qu'il avait toujours son pourpoint de gentilhomme.

Le bruit de grelots qu'il avait entendu et qui troublait son sommeil retentissait sur la grande route.

Jacquot vit un nuage de poussière doré par les derniers rayons du soleil couchant; à travers ce nuage étincelaient des casques et des cuirasses.

Puis au bruit des grelots se mêla le piétinement de plusieurs chevaux sur la route sonore.

Enfin un cavalier qui marchait en avant du nuage de poussière apparut, monté sur un cheval blanc d'écume.

Ce cavalier portait les couleurs du roi de France.

En même temps, une des fenêtres de l'auberge encadra le visage de madame de Montpensier, qui murmura :

— Ah ! enfin !

XIII

Revenons au roi Henri III.

Nous avons laissé Sa Majesté en compagnie du page Mauvepin, élevé à la dignité de fou, et de M. de Crillon, s'en allant de Saint-Cloud à Paris, trouvant de nouveau le moinillon Jacquot assis sur la route, et éprouvant, comme le matin, un sentiment de répulsion profonde. Mais chez le monarque, les sensations physiques ou morales étaient de courte durée.

Henri III eut bientôt oublié le frocard, et il entra dans Paris, fort léger d'esprit, grâce à la bonne humeur de Mauvepin.

Mauvepin avait connu à la cour du roi Henri III un gentilhomme gascon appelé Chicot, qui avait beaucoup d'esprit et qui avait su se mettre en faveur par sa hardiesse de langage.

Chicot avait disparu, — et Mauvepin se promettait de le remplacer dans les bonnes grâces du roi.

Pour ce faire, Mauvepin avait tout de suite pris son franc parler.

Il avait raillé M. de Crillon, au mépris de ses cheveux grisonnants et de son renom de bravoure chevaleresque; il avait consolé le roi de la mort probable de son frère en lui parlant de la cérémonie des funérailles.

Enfin, — familiarité inouïe, — au lieu de monter à cheval et de galoper à la portière, Mauvepin s'était, sans façon, installé dans la litière à côté du roi.

Et le roi ne s'était point fâché.

Le roi songeait à bien autre chose qu'à l'étiquette, vraiment! Le roi songeait à trois événements qui le préoccupaient beaucoup

D'abord son rêve et celui de M. de Crillon.

Ensuite la prédiction de l'homme au masque...

Enfin la mort probable de M. le duc d'Anjou, son dernier frère, — son frère unique maintenant.

Mais Mauvepin était un homme de ressource; il avait battu tour à tour en brêche les deux premières préoccupations du roi; il avait commencé par citer le proverbe : « Tout songe est mensonge, » et conclu du rêve qu'avait fait le roi que le contraire arriverait, c'est-à-dire que M. de Guise se ferait moine un beau matin.

Ensuite il avait prouvé, clair comme le jour, que M. le duc de Crillon était un vieux fou qui avait été *toqué* dans une bataille.

Puis enfin il avait démontré au roi que cet homme au masque était un charlatan fieffé, un charlatan achevé, et que lui, Henri III, avait été d'une patience évangélique en ne le faisant point jeter par les fenêtres.

Mais, ces deux besognes accomplies, il en restait une troisième, consoler le roi de la mort du duc d'Anjou.

Et cette besogne était difficile.

Cependant Mauvepin s'en chargea.

Le roi disait :

— Et si mon frère est mort, qui donc me succédera?

Mauvepin répondit :

— D'abord la chose n'est pas certaine...

— Mais l'homme au masque... l'a dit...

— Il a menti peut-être...

— Mais enfin, si cela était... qui donc me succéderait?

Le roi fit cette question d'un ton lamentable.

Mauvepin répondit en riant :

— Votre Majesté a gagné ce matin un coup de soleil, attendu qu'un roi de trente ans ne se doit point préoccuper de sa succession.

— Mais... la reine n'a pas d'enfants...

— Elle en aura.

— Qui sait? fit Henri III en soupirant.

Mauvepin reprit :

— Ensuite, mieux vaut régner sans héritier présomptif que régner avec la peur d'être détrôné quelque jour

— Que veux-tu dire?

— Heu! heu! fit Mauvepin, il avait de l'ambition, monseigneur le duc d'Anjou.

Henri III fronça le sourcil et se souvint que sept ou huit ans auparavant le duc d'Anjou avait été sur le point de faire alliance avec la maison de Lorraine, laquelle lui offrait son concours pour le détrôner, lui, Henri III.

Aussi les quelques minutes de silence qu'il garda apprirent-elles à Mauvepin qu'il avait frappé juste.

— Mais enfin, dit Henri III, j'ai beau n'avoir que trente ans, et, par conséquent, un long règne devant moi, il me faut un héritier. La couronne ne peut rester sans maître; le trône, après moi, ne peut rester vacant.

— Sire, dit Mauvepin, j'aurais bien des choses à répondre à Votre Majesté sur ce chapitre.

— Eh bien! réponds...

— Votre Majesté a été fort mal entourée pendant longtemps.

— Tu crois?

— Le roi se plaisait en la société de courtisans sans mœurs.

Henri III tressaillit et songea à ses pauvres mignons tués en duel.

— M. de Quélus, M. de Maugiron et M. de Schomberg, poursuivit Mauvepin, avaient si bien absorbé les loisirs de Votre Majesté, que le roi fuyait la société de la reine son épouse.

— Heu!... heu!... c'est bien possible!... murmura le roi.

— Je sais bien, continua Mauvepin, que le roi n'en était pas moins attaché à ses devoirs, qu'il suivait, pieds nus, les processions, et se macérait durant le carême; mais Dieu ne lui demandait pas tout cela.

— Ah! tu crois? dit Henri III. Que me demandait-il donc?

— De ne pas abandonner madame Louise de Savoie, reine de France.

— En vérité!

— Sire, dit Mauvepin d'un ton convaincu, que Votre Majesté me daigne considérer un moment.

— Tu n'es pas beau, dit le roi avec un mauvais sourire.

— Je suis même bossu, sire.

— Et n'es-tu pas un peu bancal?

— C'est bien possible.

— Alors, pourquoi veux-tu que je te regarde?

— A la seule fin que Votre Majesté se persuade d'une chose...

Laquelle?

— C'est que je n'aspire point à jouer auprès d'elle le rôle brillant de M. de Quélus... ni celui de feu M. de Maugiron... non plus que celui de défunt ce pauvre M. de Schomberg.

— Tu as raison, Mauvepin, dit le roi.

— Donc, je ne suis auprès de Votre Majesté qu'un simple donneur d'avis, un fou, c'est-à-dire un homme qui prêche la sagesse.

— Voyons ton prône, demanda le roi.

— Il sera court, Sire.

— Comment l'intitules-tu?

—*La femme.*

— Ah! fit le roi pensif.

Mauvepin poursuivit :

—Voici huit années que je suis entré comme page au service du roi... Il y avait quinze jours que j'étais en fonctions, lorsque Votre Majesté s'en alla tenir les États de Blois.

— Après? fit Henri III.

— Je me souviens que la veille de l'ouverture des États, Votre Majesté, dans un accès d'humeur, s'écria que la femme était un être de perdition et que tous les maux qui accablaient l'homme lui venaient de la femme.

— Avais-je donc tort? demanda le roi.

— J'oserai braver la colère de Votre Majesté en lui affirmant qu'elle se trompait, dit Mauvepin.

— Pourquoi cela?

— Mais parce que, depuis que le monde est monde, la femme a toujours réparé le mal que l'homme avait fait.

— En vérité! Mais on oublie l'histoire de la pomme du paradis terrestre.

— Peuh! dit le fou moralisant en riant, ainsi que le voulait son rôle, Adam était désœuvré dans le paradis terrestre, et puis il gelait l'hiver et cuisait l'été, vu qu'il était tout nu. Grâce au caprice de madame Ève, il songea à s'habiller.

Le roi se mit à rire.

— Je ne parlerai à Votre Majesté ni de la reine Didon, ni de Sémiramis, ni de Cléopâtre...

— Passons à des temps plus modernes, dit le roi.

— Mais je citerai Agnès Sorel et Jeanne Darc, qui ont sauvé la monarchie.

— Et puis?... fit le roi.

— Sans compter madame Catherine, la mère de Votre Majesté, qui a empêché la France de devenir huguenote.

— Mais, interrompit le roi, où veux-tu donc en venir ?

— A ceci : c'est que Votre Majesté gagnerait beaucoup à se rapprocher de la reine, sa femme.

— Bah !

— D'abord l'agrément d'une société aimable et caressante.

— Bon ! fit le roi d'un ton sceptique.

— Ensuite l'oubli d'une préoccupation.

— Ah !

— D'une préoccupation qui a souvent troublé le sommeil de Votre Majesté.

— Et cette préoccupation ?...

— Celle d'avoir un héritier.

Comme Mauvepin achevait et que le roi se montrait tout pensif, la litière royale franchissait les portes de Paris.

Le roi ne descendit point au Louvre.

Depuis longtemps Henri III avait pris le Louvre en aversion, sous le prétexte que ses mignons y avaient été transportés morts après le combat.

M. Crillon donna l'ordre aux gens de l'escorte de se diriger vers l'hôtel Beauséjour.

L'hôtel Beauséjour était, on s'en souvient, cette fastueuse demeure que la reine-mère avait fait bâtir derrière l'église Saint-Eustache.

Longtemps exilée à Amboise, madame Catherine avait fini par revenir à Paris, et c'était à l'hôtel Beauséjour qu'elle s'était installée après sa rentrée en grâce. Le roi mit pied à terre dans la cour de l'hôtel et tressaillit en voyant au seuil du perron deux gentilshommes vêtus de noir.

— Qu'est-ce que cela ? s'écria-t-il.

Un page s'approcha et dit :

— C'est le deuil de monseigneur le duc d'Anjou.

— Ah! fit le roi, mon frère est donc mort?

Un vieil écuyer de la reine-mère se présenta à son tour et dit :

— Son Altesse a rendu le dernier soupir, la nuit dernière, à Château-Thierry,

Le roi passa sur son front une main convulsive :

— L'homme au masque avait dit vrai, murmura-t-il.

Puis, se redressant, il demanda d'une voix brève et maîtresse de toute émotion :

— Où est ma mère ?

— Madame la reine est partie pour Château-Thierry, lui fut-il répondu.

Mauvepin dit à son tour :

— Votre Majesté ne peut se dispenser d'aller à Château-Thierry.

— Pourquoi cela, mignon?

— Mais pour régler les funérailles du duc.

— Tu a raison... mais pas aujourd'hui, il fait trop chaud... et je suis las. Nous nous mettrons en route demain.

Et le roi entra dans l'hôtel Beauséjour, et, tout en soupirant, demanda un verre d'orangeade à la glace, ce qui était, en été, sa boisson favorite.

XIV.

Donc le duc d'Anjou était mort, et bien mort; les pages et les officiers de madame Catherine portaient son deuil, et la reine-mère elle-même était partie pour Château-Thierry.

Henri III appartenait à cette école de philosophes qui veut qu'on prenne son parti de ce qu'on ne peut empêcher.

Donc, après avoir essuyé une larme, poussé quelques soupirs et bu coup sur coup deux verres d'orangeade à la glace, le roi se résigna.

— Puisqu'il n'est point en mon pouvoir de le ressusciter, se dit-il, songeons au moins à lui faire des funérailles dignes d'un fils de France.

Et comme la chaleur était accablante, le roi fit une sieste, en se disant que le sommeil rafraîchit l'imagination et donne de bonnes idées.

Puis, sa sieste terminée, il demanda le supérieur des génovéfains.

Les dominicains, moines farouches, étaient franchement ligueurs, disaient tout haut que le roi de France était un hérétique et affichaient en tous lieux leur prédilection pour la maison de Lorraine.

Les génovéfains, au contraire, tenaient encore pour le roi.

C'étaient des moines tolérants, un peu relâchés, grands buveurs, qui n'observaient qu'imparfaitement le carême, et ne dédaignaient point, à l'occasion, de faire raison, le verre en main, à un huguenot.

Les génovéfains avaient un jeune supérieur.

Dom Basile était un homme de naissance, cadet d'une grande maison de Bourgogne. Il avait trente-deux ans, un visage épanoui, une fort belle prestance, et faisait l'admiration du peuple et des bourgeois quand il courait les rues de Paris, monté sur une grande mule richement caparaçonnée. Dom Basile passait pour le plus terrible buveur de la gent encapuchonnée.

Son verre, au couvent, contenait deux litres de vin, et pour le vider, il s'y prenait rarement à deux fois.

En outre, au pays Latin, que dominait son monastère, il avait la réputation du plus galant des frocards.

Un écolier, ivre de jalousie, l'avait un soir, disait-on, frappé d'un coup de poignard dans le dos.

Mais dom Basile portait une cotte de maille, et le poignard s'était brisé.

Ces mérites mondains à part, dom Basile était un excellent supérieur ; il administrait fort convenablement son couvent, et les processions des moines de Sainte-Geneviève étaient les plus belles processions.

C'est pour cela que le roi Henri III l'avait envoyé chercher.

La conférence du roi et de l'abbé dura plusieurs heures.

M. de Crillon, esprit sévère et chagrin, en avait été exclu.

Par contre, Mauvepin y assistait.

Lorsque tout fut bien convenu, bien réglé, lorsque le roi eut arrêté que le cercueil du prince serait précédé par des pénitents noirs, des pénitents bleus et des pénitents jaunes, qu'il serait suivi de pénitents de couleurs semblables et que les psaumes seraient chantés avec accompagnement d'instruments de cuivre ; quand enfin on fut d'accord sur le nombre de cierges et sur leur grosseur, le roi dit à dom Basile :

— Savez-vous, mon père, que vous avez une mine de prospérité qui me fait envie ?

Dom Basile s'inclina modestement.

Mauvepin répondit pour lui.

— Sire, dit-il, dom Basile a un secret bien simple pour être ainsi fleuri et de belle humeur.

— Ah ! dit le roi, il a un secret ?

— Peut-être, fit dom Basile qui salua de nouveau.

— Et ce secret... peut-on le savoir ? demanda le roi.

— Je vais le révéler à Votre Majesté, répliqua Mauvepin.

— Voyons ! fit Henri III.

— D'abord, dit le fou, dom Basile aime le bon vin.

— Et puis ?

— Il dort la grasse matinée.

— Ah !

— Et il ne se fait pas faute à l'occasion de conter fleurette à quelques bachelettes du quartier Latin.

Henri fronça le sourcil.

— Si Votre Majesté imitait dom Basile, poursuivit Mauvepin, avant trois mois elle serait rubiconde. fleurie et de belle humeur comme lui.

La belle mine du supérieur et les conseils du fou Mauvepin eurent pour résultat de plonger le roi en une rêverie profonde.

Il soupa seul, trompant ainsi l'espérance de M. de Crillon et de Mauvepin, qui espéraient être invités.

Puis, après avoir annoncé qu'il se mettrait en route le lendemain pour Château-Thierry, il se coucha, se disant :

— En attendant que je sois devenu buveur et que l'amour me trouble la tête, commençons à pratiquer la seconde partie du programme de dom Basile : essayons ne bien dormir.

-dLa chose parut facile au roi ; il souffla sa bougie, ma les yeux et s'endormit bientôt d'un profond sommeil.

La nuit précédente, Henri III avait fait un rêve affreux, on s'en souvient. Il s'était vu chaussé de sandales, affublé d'un froc de moine et assistant au passage d'un roi de France qui n'était pas lui.

Cette nuit-là, Henri III fit un rêve beaucoup plus agréable.

Cependant il n'était pas roi non plus, mais bien un simple damoiseau de noblesse, ayant éperon tapageur, dague bruyante et verbe haut.

Dans son rêve, le roi était amoureux, amoureux comme à vingt ans, et l'objet de sa flamme était une créature blonde, parfumée, céleste, aux yeux d'azur, aux lèvres roses comme les cerises de juin.

La mignonne se laissait prendre la taille et le roi y trouvait grand plaisir. Le rêve se prolongea jusqu'au jour, et quand un rayon de soleil vint l'éveiller, le roi se surprit soupirant et regrettant cette fillette qui n'avait existé pour lui qu'en songe. Ce fut en ce moment que Mauvepin entra. Le roi lui conta son rêve.

— Hé ! hé ! ricana le fou, je disais bien hier à Votre Majesté que la galanterie a du bon, et la preuve en est que, grâce à elle, Votre Majesté a bien dormi...

— Oh ! très-bien, dit le roi avec satisfaction.

— Votre Majesté a ce matin la mine réjouie et fraîche d'un écolier.

— Vraiment ! dit le roi, qui se mit sur son séant et se jeta un coup d'œil dans un miroir voisin.

— Ah ! ce n'est plus comme au temps où Votre Majesté passait les nuit à jouer et à deviser avec tous ses affreux courtisans.

Henri III fronça bien un peu le sourcil, mais il n'osa imposer silence à Mauvepin qui continua :

— Si Votre Majesté me le voulait permettre, j'expliquerais peut-être beaucoup mieux que cet homme au masque le rêve de M. de Crillon.

— Explique, mon mignon.

— Cette reine que M. de Crillon a vue dans Paris, c'est la femme blonde du rêve de Votre Majesté.

— Comment ! s'écria le roi, elle songerait à me détrôner ?

— Non, mais elle régnera sur le cœur du roi et gouvernera avec lui.

Cette réponse rendit le roi tout pensif, et il murmura :

— C'est singulier ! mais je ne croyais pas qu'il me fût désormais possible de devenir amoureux.

— Qui vivra verra ! dit tout bas Mauvepin.

. . . .

Quelques heures après, le roi Henri III, accompagné d'un nombreux cortége, quittait Paris et se dirigeait vers Château-Thierry.

M. de Crillon commandait l'escorte. Mauvepin avait repris sa place dans la litière royale.

Le roi voyagea tout le jour, s'entretenant avec Mauvepin, tantôt des funérailles du duc d'Anjou, tantôt de la femme blonde dont il avait rêvé.

Mauvepin entretenait le roi dans ces excellentes dispositions.

Il vint un moment où le roi eut soif. Précisément le cortége royal arrivait près de cette hôtellerie isolée sur la route où madame de Montpensier s'était arrêtée.

En voyant le fagot de houx pendu à la porte, le roi donna ordre de faire halte.

Le moinillon Jacquot, on s'en souvient, était au seuil de l'écurie, couché sur une botte de litière, quand le cortége royal s'était montré à l'horizon.

Bien que devenu gentilhomme, Jacquot, qui ne discernait plus bien le rêve de la veille, et ne savait plus trop, quand il ouvrait les yeux, s'il était moine ou homme d'épée, fut pris d'une vraie peur de frocard, et il se réfugia dans l'écurie.

Ce qui fit que le roi ne le vit point.

Mais une des muletiers de la duchesse était sur le seuil, et la litière était rangée sous le hangar.

Le roi dit au muletier :

— A qui cette litière?

— A ma maîtresse.

— Et... quelle est ta maîtresse?

— Un grande dame.

— Maroufle! dit Mauvepin, ne devines-tu donc pas que tu parles au roi?

— Si fait, dit le muletier.

— Alors apprends-nous le nom de ta maîtresse.

— C'est ce qu'il m'est impossible de faire.

Le roi sortit de sa litière et leva sa canne sur le muletier.

— Et pourquoi cela, maître drôle?

— Parce que je ne le sais pas, dit le muletier.

Cette réponse naïve calma la colère du roi qui leva la tête et jeta un cri.

Il venait d'apercevoir la blonde tête de madame de Montpensier penchée à la fenêtre du premier étage de l'auberge.

— Ah ! dit-il, c'est la femme de mon rêve !

Mauvepin n'eut pas le temps de voir la duchesse qui s'était vivement rejetée en arrière.

Mais, à tout hasard, le fou dit au roi :

— Eh bien ! Sire, voilà une fameuse occasion de mettre en pratique les préceptes de dom Basile.

— C'est ce que nous verrons, dit le roi.

Et Sa Majesté Henri troisième du nom entra dans l'auberge d'un pas conquérant.

XV

Il y avait longtemps que le roi Henri III n'avait vu madame la duchesse de Montpensier, huit années au moins.

Cependant la duchesse n'était point changée ; le temps n'avait aucune prise sur elle, et, quoiqu'elle eût trente ans bien sonnés, elle en paraissait vingt-deux à peine.

Un poëte de la cour de Nancy avait dit en vers fort galants qui ne nous sont point, hélas ! parvenus, que la duchesse avait une jeunesse éternelle.

Le roi la prit donc pour quelque femme de noblesse des environs, assez riche pour voyager en litière avec une escorte de pages et de valets.

Dans la grande salle de l'auberge, le roi trouva l'hôtelier.

L'hôtelier était un ligueur ardent, dévoué aux princes lorrains et prêt à embrasser le parti de la révolte, car la révolte était dans l'air depuis quelques mois.

Il ne s'inclina donc que tout juste devant le roi et dit au monarque :

— Votre Majesté fait grand honneur à mon auberge, mais elle n'y trouvera qu'un peu de lard rance et de mauvais vin.

— Eh bien ! dit le roi, que les conseils de Mauvepin et la vue de la femme blonde avaient mis en belle humeur, je me croirai au matin de la bataille de Jarnac. Çà ! donne-moi de ton mauvais vin, j'ai soif.

L'hôtelier descendit à la cave d'un air de méchante humeur auquel le roi ne prit pas garde.

Le roi venait d'apercevoir le page Séraphin en un coin de la salle.

— Qui es-tu, mon mignon ? lui dit-il.

Séraphin avait une jolie figure espiègle et moqueuse.

— Je suis page, dit-il.

— Au service de qui ?

— Sire, dit Séraphin, ma maîtresse désire voyager incognito.

— J'ai le droit de savoir qui voyage sur les terres de mon royaume.

— C'est vrai, Sire, mais ma maîtresse me chassera si je révèle son nom.

— Peste ! dit le roi.

— Et je suis un pauvre cadet sans sou ni maille, dit Séraphin.

— Eh bien ! répondit le roi, si elle te chasse, je te prendrai à mon service.

Séraphin parut réfléchir et peser la proposition, mais il n'eut pas le temps de se décider, car l'attention du roi fut attirée par les éclats de rire du fou Mauvepin, qui fit irruption dans l'auberge en poussant quelqu'un devant lui.

— Ah ! la bonne plaisanterie! disait Mauvepin. Voilà-t-il pas le moinillon quêteur en gentilhomme !

Mauvepin était entré dans l'écurie et il y avait trouvé Jacquot tout tremblant, en dépit de son pourpoint brodé d'or et de sa fine épée damasquinée.

Et, le reconnaissant, il s'était mis à rire, puis l'avait pris par les oreilles, et le poussait devant lui en lui administrant force horions et force coups de pied dans ses chausses.

Le roi vit entrer le moinillon ahuri.

Il vit ce visage pâle et bouleversé par la crainte, cet œil farouche et hagard, et il le reconnut !

— Le moine ! dit-il, le vilain moine !

— Le moine devenu page, Sire, répondit Mauvepin.

— Chassez-moi ce moine ! dit le roi, qui obéissait à un sentiment de répulsion irrésistible.

— Pourquoi donc n'es-tu plus moine? lui demanda Mauvepin, qui le traîna dehors.

— Je ne l'ai jamais été. C'est un rêve... répondit Jacquot, qui crut que le sommeil le reprenait.

— Ah! tu as été moine en rêve seulement ? ricana Mauvepin.

— Oui.

— Eh bien ! tu le seras en réalité... tu vas voir.

Et Mauvepin arracha son toquet à Jacquot, et le jeta loin de lui.

Mais Jacquot se souvint qu'il avait une épée au coté ; la fureur le rendit courageux, il dégaîna et se rua sur Mauvepin.

Mauvepin fit un saut en arrière et se mit en garde.

Les gens du roi, qui ne reconnaissaient pas le moinillon sous sa nouvelle défroque, et qui, d'ailleurs, étaient demeurés sur la route et n'avaient point pénétré dans l'auberge, les gens du roi, disons-nous, habitués à semblables querelles, ne jugèrent pas opportun d'intervenir.

Ils firent cercle autour de Jacquot et de Mauvepin, qui s'escrimaient.

Le roi lui-même se montra au seuil de l'auberge, oubliant pour un moment la femme blonde, et concentrant toute son attention sur le combat.

— Tue! tue! cria-t-il, tue, Mauvepin, mon mignon, tue-moi ce vilain moine!...

Mauvepin était un joli tireur, mais le moinillon se défendait avec énergie et partout l'épée du fou rencontrait celle de Jacquot.

Le combat fut long.

Jacquot, les yeux injectés de sang, les lèvres cripées, se fendit deux fois, et deux fois Mauvepin fut touché.

Le fou jetait des cris de rage.

Le roi continuait à l'exciter en disant : — Tue! tue!

Alors Mauvepin se souvint d'un coup que le roi lui avait appris, et il l'exécuta.

L'épée du moine se trouva liée tierce sur tierce, et Mauvepin le désarma d'un vigoureux coup de poignet.

En même temps il appuya sa pointe à lui sur la poitrine du moine.

— Tue! tue! dit le roi.

Mais Mauvepin n'eut pas le temps d'obéir.

Un homme avait pénétré dans le cercle formé autour des combattants, et d'un coup du plat de sa propre épée abattit celle Mauvepin.

Cet homme était M. de Crillon, qui osa dire à Mauvepin :

— Ne voyez-vous pas que le roi plaisante! Le roi sait bien qu'on ne frappe point un homme désarmé!

Crillon avait sauvé la vie du moinillon Jacquot.

Henri III se mordit les lèvres.

— De quoi vous mêlez-vous, chevalier? dit-il.

— Sire, répliqua Crillon avec une respectueuse fermeté, j'ai fait mon devoir.

Le roi ne répondit rien, mais il tourna le dos à Crillon.

Puis, s'adressant à l'un de ses gardes :

— Çà! dit-il, qu'on me prenne en croupe ce vilain moine qui a osé ceindre une épée et qu'on me le réintègre dans son couvent!

. . . .

Les ordres du roi furent exécutés.

Un garde du roi, nommé Baumers, sorte d'Allemand épais et brutal, prit le moinillon dans ses bras robustes, l'enleva de terre et le posa, tout meurtri de cette rude étreinte, devant lui, sur sa selle.

Puis il éperonna son cheval, et tandis que le roi rentrait dans l'auberge, il le lança au galop sur la route de Paris.

Trois heures après, le cavalier, le cheval et Jacquot arrivèrent devant la grille du couvent des Dominicains.

Jacquot, étourdi, brisé, commençait à croire qu'il était bien réellement moine et qu'on s'était joué de lui.

Mais sa conviction fut bien plus grande encore lorsqu'il aperçut se promenant dans le préau le frère quêteur dom Antoine.

Or, dom Antoine, le matin précédent, s'était manifesté à Jacquot le dos couvert d'une cuirasse, la tête coiffée d'un casque.

Le matin, dom Antoine était capitaine et il avait été du voyage de madame de Montpensier; Jacquot l'ait vu descendre comme lui dans cette auberge du bord de la route, à deux lieues de Meaux.

Comment dom Antoine pouvait-il se trouver au couvent, vêtu de son froc, un chapelet à la main?

Baumers, le garde du roi, jeta rudement à terre le moinillon, et le remit aux mains de frère Antoine en lui disant :

— Voilà un de vos moines qui s'est avisé de s'habiller en homme d'épée.

— Je le reconnais, dit dom Antoine.

— Ah! fort bien! fit le soudard.

— C'est Jacquot, notre quêteur.

— Eh bien! dit Baumers, donnez-lui les verges et mettez-le au cachot : c'est l'ordre du roi.

Et Baumers tourna bride et s'en alla.

Mais son programme fut suivi de point en point; dom Grégoire se fit amener Jacquot; on le dépouilla de ses habits de page.

Puis on lui passa de nouveau son froc et on le conduisit au cachot.

Cette fois, Jacquot se mit à pleurer et demanda à mourir ou à s'éveiller, car il croyait encore faire un rêve affreux...

Et comme toutes ces émotions l'avaient brisé, il finit par s'endormir...

Et lorsqu'il s'éveilla...

O miracle!

Jacquot n'était plus moine, Jacquot n'était plus au couvent, et les sombres murs du cachot avaient disparu.

Jacquot était couché sur une botte de foin, à l'entrée de l'écurie de cette auberge où madame de Montpensier était descendue.

Le soleil allait se coucher.

Les muletiers de la duchesse devisaient sur le pas de la porte, le page Séraphin jouait aux dés avec dom Antoine, redevenu capitaine, et dont la cuirasse étincelait aux derniers rayons du soleil.

En le voyant s'éveiller, dom Antoine vint à Jacquot et lui dit :

— Sais-tu que tu as le sommeil dur, monsieur mon neveu, car voici trois grandes heures que tu dors!

Jacquot se leva, se regarda et se revit habillé comme la veille, et toujours l'épée au côté.

— Ah! je suis fou! murmura-t-il.

— Comment cela? demanda dom Antoine.

Et le bonhomme redevenu capitaine prit un air naïf.

— Je vous dis que je suis fou! répéta Jacquot avec désespoir.

Comme il parlait ainsi, un moine passait sur la route.

XIV

Faisons encore un pas en arrière et reportons-nous à cet instant où le roi venait de donner l'ordre de réintégrer Jacquot dans son couvent.

Le garde Baumers, qui emportait le moinillon posé devant lui sur sa selle, une fois parti, le roi en revint à sa première préoccupation, la femme blonde de son rêve, la femme entrevue à la fenêtre, et dont il voulait savoir le nom.

Il rentra donc dans l'auberge et prit Séraphin par l'oreille :

— Ah ! petit drôle, dit-il, tu ne me veux point confier le nom de ta maîtresse ?

— Il y avait une providence pour la discrétion de Séraphin ; il n'eut pas, cette fois encore, la peine de répondre, car la porte intérieure de la salle d'auberge, celle qui fermait l'escalier, s'entrebâilla doucement, et le roi jeta un nouveau cri...

Pendant dix secondes, la porte entr'ouverte avait encadré le joli visage de l'inconnue.

Et le roi l'avait vue poser un doigt sur ses lèvres, ce qui était une manière de recommander la discrétion à Séraphin.

Or, comme M. de Crillon, Mauvepin et les autre gens du roi étaient demeurés au dehors, sur la route, le roi seul avait aperçu l'inconnue.

La porte s'était refermée sur-le-champ, et Henri III en était demeuré légèrement déconcerté.

— Votre Majesté voit bien, dit alors Séraphin, que je ne puis désobéir à ma maîtresse.

— C'est juste, répondit Henri, qui fut pris d'un accès de galanterie. Mais, si tu ne veux ni ne peux me dire son nom, tu te chargeras bien d'un message.

— Pour ma maîtresse ?

— Oui.

— Les volontés du roi sont pour moi des ordres, répondit Séraphin en s'inclinant.

— Eh ! Mauvepin, cria le roi.

A cet appel, Mauvepin accourut. Il s'était fait panser à la hâte l'écorchure que le moinillon Jacquot lui avait faite au bras.

— Tu es un petit clerc, lui dit Henri III, et tu dois écrire rapidement.

— Oui, Sire.

— Es-tu muni d'encre, de plumes et de parchemins ?

— J'ai tout cela dans mon aumônière.

Et Mauvepin frappa du revers de sa main sur un petit sac de cuir qui pendait à sa ceinture.

— Mets-toi là donc, et écris sous ma dictée.

Mauvepin s'assit devant une table, étala son parchemin, sa plume et son écritoire, et attendit.

Le roi commença alors à se gratter le front.

— Hum ! hum ! hum ! fit-il par trois fois.

— Faut-il écrire cela ? demanda Mauvepin.

— Imbécile ! dit Henri III haussant les épaules.

Et le roi se gratta le front plus fort et murmura :

— Ma sœur Margot, la reine de Navarre, aurait déjà trouvé un volume, et feu le roi Charles IX, mon frère, n'eût point été embarrassé, lui.

Mauvepin s'approcha du roi et lui dit :

— Votre Majesté me pourrait-elle confier de quoi il s'agit ?

— Je voudrais envoyer un doux message...

— Ah ! ah ! fit Mauvepin, je vois que mes avis ont germé dans l'esprit du roi.

— Oui, certes.

— Et pour qui ce message ?

— Pour la femme blonde qui est là-haut et qui ne veut point me confier son nom.

— Fort bien, dit Mauvepin, qui se mit à écrire.

— Dans ce message, poursuivit le roi, je voudrais lui peindre...

— Bien ! bien ! fit Mauvepin, qui continua d'écrire.

— Et, ajouta le roi, obtenir d'elle, si faire se peut, un rendez-vous.

Mauvepin écrivait rapidement pendant que le roi parlait.

— C'est fait, dit-il enfin.

— Ah ! fit le roi. Voyons !

Il n'y avait toujours, dans la salle d'entrée, que Séraphin, le roi et le fou.

Le fou lut :

« Madame et ravissante inconnue, pour la première fois de ma vie, en vous voyant, j'ai remarqué l'humilité de ma condition... »

— Que chantes-tu là ? interrompit Henri III.

— Attendez, Sire, vous allez voir...

Et Mauvepin continua sa lecture :

« Être roi n'est rien, si l'on n'est aimé, et j'estime que le plus simple gentilhomme de mes États serait bien plus haut placé que moi, s'il pouvait parvenir jusqu'à votre cœur. »

— Très-bien ! très-bien ! dit le roi.

« Je serais le monarque le plus fier de la terre, poursuivit Mauvepin lisant toujours, si vous daigniez m'octroyer le droit et la permission de vous aller voir.

» Permettez-moi, madame et belle inconnue, de me dire

» Le plus humble et le plus fidèle de vos sujets.

» Henri. »

— Pâques Dieu ! comme disait le roi Louis XI, s'écria Henri III, tu aurais fait un joli procureur, mon drôle ! e trouve ton billet galant à ravir.

— Je suis heureux d'avoir si bien saisi les pensées de Votre Majesté, répondit modestement Mauvepin.

Le roi prit le billet, le plia, y apposa son sceau et le donna à Séraphin.

— Tiens, va, dit-il, et reviens avec une bonne réponse: tu ne t'en repentiras point...

En parlant ainsi, le roi fit sonner l'escarcelle qu'il avait au côté.

Séraphin gagna l'escalier qui conduisait à l'étage supérieur et disparut.

— Vrai Dieu! Sire, dit Mauvepin, vous me voyez tout aise de cette métamorphose qui s'opère en Votre Majesté.

— Oh! dit le roi avec un enthousiasme d'écolier, c'est qu'elle est si belle!

— Vraiment?

— Tu la verras... et tu jugeras toi-même...

— Hé! hé! ricana Mauvepin, depuis longtemps la France attend une vraie reine. Qui sait?

Le roi demeura pensif quelques minutes, et oublia de vider la bouteille que l'hôte, devenu tout à coup respectueux, avait posée devant lui.

Séraphin revint.

Il était porteur d'un message, un petit billet parfumé qui était une réponse au billet du roi.

Henri s'en empara avec empressement, l'ouvrit et lut:

« Sire,

« C'est un grand et suprême honneur que daigne faire Votre Majesté à une femme d'humble qualité comme moi que lui parler d'amour et l'avoir remarquée, alors qu'il y a tant de femmes jeunes et belles à la cour de France. »

— Peste! dit le roi, elle se trompe, la belle dame! Depuis longtemps il n'y en a plus...

Et le roi continua de lire:

« Le roi Henri troisième, le petit-fils du roi chevalier, ne voudra pas oublier qu'il est le premier gentilhomme de France, et qu'à ce titre il doit respecter le mystère, sinon le malheur. »

— Oh! oh! fit Henri s'interrompant encore et fronçant le sourcil.

— Continuez, Sire, dit Mauvepin, qui lisait sans façon par-dessus l'épaule du roi.

Le roi poursuivit:

« Je supplie votre Majesté de continuer sa route sans chercher, aujourd'hui du moins, à savoir qui je suis...

» Votre Majesté se rend, dit-on, à Château-Thierry.

» C'est la ville que j'habite. »

— Ah! ah! dit encore le roi, ceci est bon à savoir.

« Si demain, continuait l'inconnue dans son message, Votre Majesté ne m'a point oubliée, sa curiosité sera satisfaite. Le page qui m'a apporté le billet de Votre Majesté se présentera au château, le soir, vers la brune, et remettra à Votre Majesté un nouveau message de celle qui se dit

« L'HUMBLE SUJETTE DU ROI. »

— Mais, dit Mauvepin, c'est un rendez-vous cela!

— Tu crois!

— Et je ne m'étonnerais pas, continua le fou, qu'avant quarante-huit heures Votre Majesté n'eût gagné une bataille autrement sérieuse que celle de Jarnac.

— L'impertinent! dit le roi.

Puis il se leva, alla au seuil de la porte et appela Crillon.

— Eh! chevalier mon ami, lui dit-il, faites remonter vos hommes à cheval.

— Le roi s'est-il assez reposé? demanda Crillon.

— Oui, nous repartons...

— Comment! fit Mauvepin, nous abandonnons la partie?

— Nullement.

— Votre Majesté part sans savoir à qui elle a eu affaire?

— Oui, car je ne saurais résister à la prière qui m'est faite.

— Ah!

— Et puis, vois-tu, Mauvepin, dit le roi, le mystère du bon...

— C'est juste.

— Et, d'ici à demain, je me vais bercer de mille rêves.

Mauvepin se mordit les lèvres et pensa tout bas.

— Ma parole d'honneur! je crois que le roi a complétement oublié qu'il allait à Château-Thierry pour autre chose que pour un rendez-vous d'amour...

Dix minutes après, le roi était en litière, et l'escorte royale continuait son chemin vers Château-Thierry.

Alors madame la duchesse de Montpensier entr'ouvrait les persiennes de sa chambre et suivait des yeux le roi qui s'éloignait.

— Allons! murmura-t-elle, tout va pour le mieux, et la querelle que ce vilain gentilhomme, affublé de grelots, à cherchée à Jacquot, tournera à mon profit.

XVII

Le roi coucha à Meaux.

Il s'entretint fort longuement avec Mauvepin de la femme blonde, avant de se mettre au lit ; il rêva derechef durant toute la nuit, et comme il avait donné l'ordre qu'on l'éveillât de bonne heure, il se remit en route un peu après le lever du soleil.

M. de Crillon n'avait pas desserré les dents pendant tout le voyage, mais on voyait à son visage que la bonne humeur du roi lui faisait un sensible plaisir, tout en lui causant quelque étonnement.

Vers midi, on n'était plus qu'à quelques lieues de Château-Thierry.

Le roi s'arrêta dans une auberge, pareillement isolée, pour déjeuner, et son maître d'hôtel, qu'il emmenait toujours avec lui, lui prépara du chocolat.

Puis, après déjeuner, il fit une courte sieste, ce qui permit à Mauvepin d'aller trouver M. de Crillon et d'échanger quelques mots avec lui.

M. de Crillon s'était assis sous un arbre ; il avait ôté son casque et épongeait sa tête un peu chauve, d'où la sueur ruisselait.

— Eh bien ! monsieur le chevalier, lui dit Mauvepin, comment trouvez-vous le roi ?

Crillon n'aimait pas beaucoup Mauvepin et lui gardait rancune de ses impertinences de Saint-Cloud : — mais Crillon était un homme juste, avant tout, et il ne niait jamais les succès des autres.

— Je trouve, monsieur Mauvepin, dit-il, que vous avez fait un miracle.

— Bah !

— Voici dix années que le roi règne, et depuis dix années je ne l'ai jamais vu d'aussi bonne humeur.

— Mais savez-vous le résultat que j'ai obtenu ?

— Je m'en doute...

— Le roi est amoureux.

— Peuh ! fit Crillon nous verrons bien.

— Il est amoureux d'une femme dont il a rêvé et qu'il prétend être la même que celle qu'il a vue hier.

— Mais vous, dit Crillon, l'avez-vous vue ?

— Cette femme non.

Et Mauvepin ajouta en riant :

— Je m'en rapporte au goût du roi.

Crillon fronça le sourcil.

— C'est peut-être quelque intrigante... quelque aventurière payée par les Guise ?

— Bah ! les Guise ne peuvent pas supposer que le roi a changé d'humeur en toutes choses, et puis nous verrons.

La conversation de M. de Crillon et de Mauvepin fut interrompue par le réveil du roi, qui se voulut remettre en route sur-le-champ.

— C'est singulier ! dit Henri III à Mauvepin, lorsque ce dernier eut repris sa place dans sa litière ; j'ai encore rêvé... et rêvé d'elle...

— Décidément, répondit Mauvepin, Votre Majesté est bel et bien enamourée.

— Je le crois.

— Et elle a hâte d'arriver à Château-Thierry.

— Ah ! diable ! fit le roi, je n'y pensais plus... mais ce n'est pas pour elle que je vais à Château-Thierry... c'est pour les funérailles du duc d'Anjou, mon frère.

— Le devoir, dit Mauvepin, n'a jamais empêché de songer au plaisir,

Cette maxime mit Henri III à son aise.

— Tiens, dit-il, figure-toi que depuis hier je crois avoir vingt ans.

— Un assez bel âge, Sire.

— Et je voudrais qu'il m'arrivât des aventures ni plus ni moins qu'à un cadet de Gascogne.

— Comment cela? fit Mauvepin, qui prit un air naïf.

— Ça me gêne, en ce moment, d'être roi, dit Henri III.

Mauvepin se mit à rire.

— Vrai Dieu! dit-il, cela ne me gênerait pas, moi, au contraire.

— Mais si, reprit le roi, et voici pourquoi : je ne pourrai pas prendre mes ébats à mon aise à Château-Thierry; je serai toujours plus ou moins suivi.

— Bah! dit Mauvepin, si Votre Majesté s'en veut fier à moi, nous nous divertirons comme des lansquenets.

— Seuls?

— Tout seuls. Je gage que la dame blonde qui tient si fort au cœur de Votre Majesté a pour amie quelque jolie brune...

— Chut! dit le roi. Voici M. de Crillon qui se rapproche de la portière. Soyons graves devant lui, mon fils, car M. de Crillon ne plaisante jamais.

Crillon n'entendit point ou feignit de ne point entendre : Mauvepin se mit à rire, et le roi arriva à Château-Thierry dans ces mêmes dispositions d'humeur folâtre qui ne l'avaient pas quitté depuis sa rencontre avec la femme blonde.

Cependant, quand les mules de sa litière piétinèrent

le pavé inégal et pointu de la ville, et qu'on approcha du château, le roi jugea convenable de prendre une mine allongée et de dire tristement à Mauvepin :

— Veux-tu réciter avec moi les prières des Morts ?

— Soit, dit Mauvepin; mais Votre Majesté a tort de se tant désoler de la mort du duc d'Anjou.

— C'était mon frère... murmura le roi.

— Oh ! d'accord... et c'est même pour cela...

— Eh bien !

— Qu'il songeait à régner et trouvait que Votre Majesté jouissait d'une trop bonne constitution.

Ces mots de Mauvepin rendirent au roi sa belle humeur, et il ne fut plus question de prières des Morts.

On arriva au château.

Les gens du duc d'Anjou, officiers, pages, valets, suivants encombraient la cour, l'escalier et les salles.

Tous étaient en grand deuil, et les murs des corridors étaient tendus de noir.

— Comme tout cela est triste ! fit le roi, c'est à donner envie de mourir soi-même.

Et s'appuyant sur l'épaule de Mauvepin, il entra dans la chambre mortuaire.

Madame Catherine, la reine-mère, était agenouillée au pied du lit de parade sur lequel on avait exposé le duc mort et revêtu de ses habits de cérémonie.

La reine-mère pleurait.

Derrière elle se tenaient quelques gentilshommes muets et contristés, qui s'inclinèrent en voyant entrer le roi.

Henri III vint droit à sa mère, lui prit les mains et lui mit un baiser au front.

Puis il s'approcha du lit, trempa ses doigts dans une aiguière remplie d'eau bénite et aspergea le mort.

Après quoi il se mit à genoux et récita une prière.

Madame Catherine s'était remise à prier, et ses larmes continuaient à couler le long de ses joues.

Le roi se releva, et la peur de la mort le prit en présence de ce cadavre.

— Oh! j'étouffe ici...! dit-il.

Et il sortit sans que personne l'osât suivre, personne, excepté Mauvepin, qui ne le quittait désormais non plus que son ombre, et le conduisit aux appartements que la reine-mère avait fait préparer dans le château.

Le roi s'y enferma avec lui.

L'humeur folâtre avait disparu, le sourire avait fui des lèvres du monarque, et le dernier Valois venait de reprendre ce front chargé de nuages que les princes de sa race s'étaient transmis fidèlement de l'un à l'autre.

Mauvepin donna des ordres à voix basse et commanda le soupes du roi.

— Ah! dit Henri III, je n'ai pas faim...

— Votre Majesté fera bien de manger cependant.

Le roi ne répondit pas, mais il laissa dresser la table et servir les vins et les mets.

Le maître d'hôtel s'était surpassé: il avait confectionné lui-même une certaine bisque qui flatta le palais du roi.

Le roi se sentait appétit; puis il eut soif, et il but...

— Nous voilà sauvés! pensa Mauvepin.

Peu à peu le roi se dérida; puis il parla des funérailles, et Mauvepin l'aida à se remémorer tout ce qui avait été convenu entre dom Basile et lui.

Il s'étendit complaisamment sur les plus petits détails en annonça son intention de suivre lui-même le cortége funèbre.

— Car, hélas! soupira-t-il en regardant Mauvepin,

sais-tu bien que je suis maintenant le dernier de ma race!...

— Bah! dit Mauvepin, si Votre Majesté pouvait revenir aux bonnes inspirations qu'elle avait hier et ce matin...

— Quelles inspirations!

— Je parierais bien d'ici à six ans, acheva Mauvepin, pour une demi-douzaine de petits Valois qui finiraient par grandir avec le temps.

Le roi soupira de nouveau, mais il mangea de meilleur appétit.

Insensiblement ses idées devinrent moins noires... puis la mémoire lui revint :

— Hé! pardieu! fit-il, j'oubliais mon inconnue...

— En effet, dit Mauvepin, c'est ce soir que Votre Majesté doit avoir de ses nouvelles...

— Justement.

On souleva une portière dans le fond de la salle, et le roi eut un geste de joyeux étonnement.

Un page venait d'entrer, et le roi reconnut Séraphin.

Séraphin salua trois fois, selon l'usage, puis il posa un billet sur son toquet, et vint fléchissant un genou présenter son toquet au roi.

Le roi prit le billet, l'ouvrit et lut :

« Si Votre Majesté ne m'a point oubliée, qu'elle suive
« mon page. »

— Pardieu! fit le roi. J'y vais.

— Seul? dit Mauvepin.

— Non, avec toi.

Et le roi demanda son manteau et son épée, ajoutant :

— Tâchons de sortir sans bruit ni trompette, et comme de simples gentilshommes.

Dix minutes après, le roi et Mauvepin, le nez dans leurs manteaux, couraient par les rues tortueuses et sombres de la ville, guidés par Séraphin, le page de celle que Henri III appelait la *belle inconnue*.

Le page marchait en avant; Henri III et Mauvepin le suivaient.

Chez le monarque, nature nerveuse, fantasque, inégale, les réactions étaient rapides.

A une tristesse voisine de la prostration succédait une humeur gaie et presque folle.

Henri avait éprouvé un sentiment mêlé de douleur et d'épouvante en voyant son frère mort; sentiment égoïste, du reste, que dominaient l'orgueil de race et la crainte du trépas pour son propre compte.

La bonne humeur de Mauvepin l'avait réconforté, l'arrivée du page de la belle inconnue l'avait mis en liesse.

Aussi s'en allait-il, à cette heure, par les ruelles de Château-Thierry, comme un *escholier* du pays latin à la conquête d'une bachelière.

— Vrai Dieu! disait-il à Mauvepin, je suis alerte et dispos, mon mignon, comme si j'avais encore vingt ans.

Le petit page marchait d'un pas rapide.

Il eut bientôt atteint l'extrémité de la ville et gagna le faubourg. Henri et Mauvepin suivaient.

A l'extrémité du faubourg, à la lisière des champs, le page s'arrêta devant une petite maison dont les volets étaient clos, d'où ne sortait aucun bruit et qui paraissait abandonnée.

— C'est ici, dit-il.

— Peste! fit le roi bas à Mauvepin, je vois que la belle m'attend en grand mystère...

Séraphin se planta devant Mauvepin, et lui dit :

— Je ne puis introduire que le roi.

— Ah bah ! fit Mauvepin.

Le roi se mit à rire.

— Eh bien ! dit-il, promène-toi au clair de lune, mon mignon, jusqu'à ce que je sorte.

— Mais, Sire, dit tout bas Mauvepin, si vous alliez courir quelque danger.

— Et quel danger veux-tu que je coure ? fit Henri dédaigneusement. Suis-je pas le roi ?

Puis il frappa de la main sur la garde de son épée :

— Et voici ma compagne fidèle, dit-il.

Séraphin introduisit une clef dans une serrure, et la porte s'ouvrit, mettant à découvert un corridor à demi plongé dans l'obscurité.

Nous disons à demi, car un point lumineux brillait dans l'éloignement.

On devinait un filet de clarté passant sous une porte close.

— Sire, dit le page Séraphin, vous pouvez aller droit devant vous.

— Bien, dit le roi, qui s'engagea dans le corridor.

— Sire, fit une dernière fois Mauvepin, vous ne voulez donc pas que je suive Votre Majesté ?

— Ce n'est pas moi qui ne le veux point, comme tu vois, dit le roi en souriant, c'est elle. Reste, mon mignon, la nuit est belle, tu débiteras des vers aux étoiles.

— Sire, ajouta Séraphin, marchez toujours jusqu'à ce que vous rencontriez une porte.

— Bon !... et là ?...

— Vous frapperez deux coups...

Le page Séraphin prit Mauvepin par le bras et le tira

hors du corridor où le fou s'était pareillement engagé.

— Que faites-vous ? demanda Mauvepin.

— Je vous emmène.

— Où cela ?

— Mais... où... vous voudrez.

Et Séraphin referma la porte.

Mauvepin entendit le bruit sec d'un ressort de serrure, et se trouva désormais séparé du roi par l'épaisseur de cette porte, dont le page remit tranquillement la clef dans sa poche.

— Moi, je reste ici, dit Mauvepin, qui s'assit sur une pierre à vingt pas de la porte.

— A votre aise, dit Séraphin : et moi, je vais vous demander la permission d'aller frapper à cette maison que vous voyez là-bas.

— Qu'est-ce que cette maison ?

— Un cabaret où l'on vend du bon vin.

— Ma foi ! s'il en est ainsi, dit Mauvepin, je vous accompagne.

Et tous deux se remirent en route et firent ouvrir le cabaret à grands coups de pommeau d'épée.

Le cabaretier accourut en chemise ; on l'entendit grommeler et jurer derrière la porte, en homme qui n'aime pas à être réveillé.

Mais il se calma subitement à la vue du page Séraphin et salua avec respect.

— Oh ! oh ! pensa Mauvepin, il paraît que le jeune homme boit sec et paie bien.

Séraphin déboucla le ceinturon de son épée, qu'il plaça dans un coin, puis il vint se placer en face de Mauvepin, lequel s'était établi déjà à califourchon sur un escabeau.

Quant à l'hôte, connaissant bien certainement les habitudes et les goûts de Séraphin, et supposant que

Mauvepin les partageait, il était descendu à la cave pour y chercher trois bouteilles du vin affectionné par le page.

— Jouez-vous? demanda Séraphin, qui tira de sa poche son cornet et ses dés.

— Pardieu! répondit Mauvepin.

Et le fou imita le page.

L'hôte remonta, posa des gobelets et les bouteilles sur la table et dit :

— Excusez-moi, monsieur Séraphin, mais c'était avant-hier la fête des tireurs d'arc : mon cabaret était plein de monde, et je ne me suis pas couché de la nuit.

— Eh bien! va dormir.

— Vous connaissez le chemin de la cave, reprit l'hôte; si vous manquez de vin, vous irez en chercher.

— C'est bien, dit le page. As-tu des voyageurs chez toi?

— Peuh! j'ai un moine... je l'ai fait souper par charité, et je l'ai envoyé coucher là dans l'office.

L'hôte montrait une porte dans le fond de la salle d'auberge.

Puis il alla se coucher en souhaitant bonne chance à Séraphin.

Séraphin versa du vin dans les gobelets et but le premier.

Alors Mauvepin l'imita.

— Que jouons-nous? dit-il.

— L'écot d'abord.

— Et... après?

Séraphin tira de sa poche une bourse assez rondelette.

— Après, nous jouerons un écu en douze points, si vous voulez...

— Soit! dit Mauvepin jetant les dés dans son cornet. Sept!

— Huit! riposta Séraphin. J'ai gagné l'écot.

— Peste! dit Mauvepin, vous avez l'escarcelle bien garnie, mon camarade.

— Heu! heu! fit modestement Séraphin.

— Il paraît que votre maîtresse est riche.

— Mais... oui... assez...

— Et de haute condition, sans doute?

— Monsieur Mauvepin, dit le page, tout en ayant la galanterie de perdre à son tour, vous savez que la discrétion est le premier des devoirs d'un gentilhomme...

— Oh! c'est selon...

— Si ma maîtresse dit son nom au roi, je n'aurai plus de secrets pour vous. Mais, en attendant, souffrez que je sois muet.

— Ouais! pensa Mauvepin, nous verrons bien si le vin ne te délie pas la langue.

Ils se remirent à jouer, et la chance, qui d'abord avait favorisé le page, tourna en faveur de Mauvepin.

Il gagna écus sur écus; par contre, Séraphin but à lui seul deux bouteilles sur trois.

— Quand je t'aurai grisé, pensait Mauvepin, j'irai rôder aux alentours de la maison où j'ai laissé le roi.

Tout à coup un bruit se fit au fond de la salle, et la porte de l'office s'ouvrit brusquement.

Mauvepin, étonné, se fit un abat-jour de sa main, au-dessus de la chandelle qui brûlait sur la table, et il regarda.

Il vit alors un moine qui se frottait les yeux et s'approcha de la table en maugréant:

— Au diable! dit-il, les gens d'épée qui passent la nuit à boire et à jouer! Il n'y a pas moyen de dormir.

— Eh bien! dit Séraphin, buvez un coup avec nous.

— Non, c'est jour de jeûne ; il est plus de minuit?

— Je le crois, répondit Mauvepin.

Le moine soupira, en homme qui ne renonce pas aisément à un verre de vin.

— Ah! fit-il, la règle de mon couvent est sévère... et il faut l'observer.

— Et où est-il, votre couvent?

— A six lieues d'ici. Je vais me mettre en route, il fait bon voyager par la fraîcheur. Bonsoir, messeigneurs.

— Bon voyage, mon père! dit Mauvepin, qui porta son verre à ses lèvres. A votre santé.

— Dieu vous garde! répondit le moine en se dirigeant vers la porte.

Mais, comme Mauvepin buvait, il surprit un regard rapide et furtif que le moine échangea avec Séraphin.

— Oh! oh! pensa-t-il, je flaire quelque chose d'extraordinaire... il faut voir...

Le moine était déjà dehors. Mauvepin se leva.

— Où allez-vous donc? dit Séraphin.

— Voir le chemin que prend ce moine.

— Qu'est-ce que cela peut vous faire?

— J'ai mon idée...

— Ah! pardon! dit Séraphin, vous m'avez gagné assez d'argent : il me faut une revanche.

— Je vous la donnerai demain.

— Non pas... tout de suite...

— Pardon... je suis pressé... insista Mauvepin, qui voulut sortir.

Mais Séraphin se mit devant la porte.

— Place! cria Mauvepin.

Et il tira son épée hors du fourreau.

— Ma revanche, d'abord! dit le page, qui dégaîna pareillement.

XVIII

Mauvepin comprit, à un éclair qui jaillit des yeux de Séraphin, qu'il lui faudrait passer sur son corps s'il voulait sortir.

Et Mauvepin flairait un danger, un danger que bien certainement courait le roi qu'il avait hâte de rejoindre.

— Place! répéta-t-il.
— Ma revanche! dit le page.
— Je vous la donnerai tout à l'heure.
— Non, sur-le-champ.
— Une dernière fois, place! répéta Mauvepin.

Et il porta la pointe de son épée au visage du page.

Pour toute réponse, le page dégagea et para le coup.

— Mais tu veux donc que je te tue! s'écria Mauvepin.

— Je veux ma revanche, voilà tout. Je suis entêté.

Et Séraphin para une nouvelle botte.

— Tu connais ce moine? dit Mauvepin, qui se mit à attaquer le page avec vigueur.

— Non.
— Je te dis que tu le connais!
— Après ça, la chose est possible... ricana Séraphin.
— Ah! tu railles!
— Peut-être... Voyons, une dernière fois, ma revanche.

Mauvepin se fendit à fond, le page fit un bond de

côté, et l'épée de Mauvepin pénétra profondément dans la porte et y demeura engagée.

En même temps, Séraphin appuyait la sienne sur la poitrine du *fou :*

Mauvepin se vit perdu.

— Mon cher seigneur, dit Séraphin, je vous puis tuer, et je le ferai si nous ne pouvons nous entendre...

— Ah ! dit Mauvepin, ivre de colère.

— D'abord, dit Séraphin, je trouve votre épée très-bien dans cette porte... laissez-l'y.

Mauvepin fut obligé de lâcher son épée, car celle de Séraphin menaçait sa poitrine.

— Ensuite, reprit Séraphin, venez donc vous asseoir par-là, et donnez-moi ma revanche.

— Allons, dit Mauvepin qui parut se résigner ; entre deux hommes dont l'un est désarmé et dont l'autre tient une épée, la chose est claire : le premier est à la merci du second.

Mauvepin, qui avait laissé son épée enfoncée dans la porte, était donc à l'entière discrétion de Séraphin qui avait la sienne au poignet.

Aussi obéit-il aux volontés et même aux caprices de Séraphin.

Il plut à ce dernier de mettre la table entre eux, et Mauvepin n'y vit pas d'inconvénient.

Il lui plut encore de garder son épée de la main droite et d'agiter le cornet de la main gauche.

Mauvepin n'y trouva pas à redire,

Seulement, de temps à autre, il jetait un regard de convoitise à sa pauvre épée plantée dans la porte et soupirait.

En même temps, il perdait et restituait un à un les écus du page.

— C'est singulier, disait Séraphin, comme je suis adroit de la main gauche ! Décidément je ne veux plus jouer de la droite.

Et, parlant ainsi, il amena un point superbe.

— Monsieur Séraphin, lui dit Mauvepin avec calme, quand vous m'aurez repris tout ce que je vous ai gagné, me laisserez-vous partir ?...

— C'est que je me plais fort en votre compagnie, monsieur Mauvepin.

— Oui... mais j'ai affaire...

— Dans tous les cas, reprit le page, nous avons le temps. Vous me gagnez encore au moins une dizaine de pistoles.

— Voulez-vous que je vous les rende tout de suite ?

— Non pas, je veux jouer.

— Mais, alors, buvons, dit Mauvepin.

— Il n'y a plus de vin...

— J'ai soif cependant.

— Eh bien ! dit Séraphin, qui ne lâchait pas son épée et se tenait toujours entre Mauvepin et la porte, soulevez la trappe de la cave et allez chercher du vin.

En parlant ainsi, il alluma une deuxième chandelle et fit signe à Mauvepin de la prendre.

Mauvepin descendit à la cave.

— Tu ne t'échapperas pas ! pensait Séraphin, la cave n'a pas d'autre issue.

Mauvepin ne tarda pas à remonter, mais, au lieu de porter des bouteilles sous son bras, il avait un immense broc qu'il tenait à deux mains.

— Tudieu ! dit Séraphin, comptez-vous donc boire tout cela ?

— Peut-être, fit Mauvepin.

Et il passa de l'autre côté de la table, de façon à se mettre hors de la portée de Séraphin.

Mais alors, eu lieu de poser le broc sur la table, Mauvepin, rapide comme l'éclair, le souleva, l'agita, prit son élan et en jeta le contenu au visage de Séraphin.

Le page, aveuglé, étourdi, poussa un cri et lâcha son épée, souple comme un chat, Mauvepin fit un bond posa son pied sur l'épée, ses deux mains autour du cou de Séraphin, l'étrangla à demi et le renversa sur le parquet.

Tout cela avait été fait si rapidement que le page n'eut pas le temps de se reconnaître et de se débattre.

Mauvepin lui passa un mouchoir dans la bouche, afin de l'empêcher de crier, puis, avec son ceinturon, il lui lia les mains et le poussa sous la table.

— Tu ne m'empêcheras plus maintenant, dit-il, de savoir ce qu'est devenu le moine.

Et, l'épée de Séraphin à la main, il s'élança au dehors.

Cependant le roi était entré dans la maison dont le page Séraphin avait refermé la porte sur lui.

Nature efféminée et molle, à ses heures, craignant la mort, ayant peur de tout ce qui lui paraissait être surnaturel, Henri III retrouvait cependant, à un moment donné, cette bravoure chevaleresque de sa race, ce mépris profond du danger, qu'il avait hérité du roi François Ier, son aïeul.

Donc, lorsqu'il fut seul dans ce corridor obscur, sans autre guide que ce mince filet de lumière qui brillait dans l'éloignement, Henri III se demanda s'il n'avait pas été attiré dans un piége et si on n'en voulait pas à sa vie.

Mais il n'hésita pas néanmoins.

Il marcha droit devant lui, une main sur la garde

de son épée, et il atteignit cette porte dont lui avait parlé le page Séraphin. Il frappa.

— Entrez! dit une voix harmonieuse à l'intérieur.

Le roi poussa cette porte et se trouva au seuil d'un petit oratoire à demi plongé dans une pénombre voluptueuse.

Un doux parfum s'en exhalait; meubles et tentures étaient d'un goût féminin exquis.

A demi couchée sur une ottomane, une femme attendait, un loup de velours noir sur le visage.

Henri s'arrêta au seuil de cet oratoire, ému tremblant comme cet *eschólier* auquel il s'était comparé tout à l'heure.

La femme au masque lui fit un signe de la main, un signe qui voulait dire : — Approchez!

Et le roi, fermant la porte, vint jusqu'à elle et fléchit galamment le genou.

La femme au masque lui abandonna une de ses mains, qu'il porta à ses lèvres, puis elle ôta son loup...

Alors Henri reconnut la femme blonde dont la beauté l'avait si fort impressionné.

— Vous ne m'aviez donc pas oubliée, Sire? lui dit-elle.

— Madame, répondit Henri, vous êtes de ces femmes qu'il suffit de voir une fois pour ne les oublier jamais.

Et il lui baisa la main une seconde fois, murmurant :

— Je vous aime !

— Oh! fit-elle d'un air de doute, voilà une parole bien imprudente, Sire !

— Elle est sincère...

— Mais comment le pourrais-je croire ? dit-elle. Vous m'avez à peine vue; et puis, savez-vous bien qui je suis?

— Vous êtes belle, cela me suffit.

— Et s'il m'était impossible, Sire, d'écouter l'amour du roi...

Henri s'attendait peu à ces paroles : cependant il fit bonne contenance.

— Je gage, dit-il, que vous avez un mari.

— Peut-être...

— Un mari jaloux, féroce... un tyran...

Elle soupira et se tut.

— Et qui vous fait trembler à ce point que ma protection vous semble insuffisante contre lui ?

Elle eut un de ces regards à tourner la tête à un sage, et elle répondit :

— Sire, votre protection ne me couvrirait pas, mais votre discrétion me peut sauver.

— Que voulez-vous dire, madame ?

— Je vous donne à choisir, Sire : ou ne me revoir jamais... ou...

Elle parut hésiter.

— Ou bien ? insista Henri.

— Ou bien consentir à venir ici, en grand mystère, seul, autant de fois qu'il vous plaira.

— J'ai choisi, dit le roi.

— Et ne jamais chercher à savoir qui je suis.

— Foi de roi, madame.

Henri se remit à genoux devant elle, et une heure s'écoula.

Heure charmante où le roi oublia son royaume, et les malheurs publics, et la mort du duc d'Anjou, et le but de son voyage à Château-Thierry.

Et pendant cette heure, la femme blonde parut subir une sorte d'entraînement irrésistible, l'empire d'un grand amour longtemps contenu.

— Ah! Sire, disait-elle, voici bien longtemps que je vous aime!

— Vous! fit le roi charmé, vous m'aimez... et depuis longtemps?...

— Oui, Sire.

— Mais je vous ai vu hier pour la première fois.

— Ah! dit-elle, c'est que la mémoire de Votre Majesté est infidèle.

— Je vous avais donc vu déjà?

— Oui, Sire?

— Et... en quel lieu ?

— Dans un vieux château de Lorraine, il y a dix ans, lorsque Votre Majesté quitta la France pour aller prendre possession du trône de Pologne.

Ces mots firent jaillir du cerveau du roi une gerbe de souvenirs confus.

— J'avais alors quatorze ans, dit la femme blonde. Vous passâtes une nuit sous le toit de mon père. Depuis lors, l'image de mon roi est gravée dans mon cœur.

Tandis qu'elle parlait, Henri III se disait :

— Je me souviens bien avoir couché dans quatre ou cinq châteaux, mais je n'ai fait aucune attention dans tous les cas, à une petite fille blonde.

Il y avait sur la cheminée un vase qui contenait un gros bouquet d'œillets et de tulipes dont les parfums se répandaient dans l'oratoire et avaient fini par en charger l'atmosphère.

Mais le roi était trop occupé de sa conquête pour y prendre garde.

Et tout en devisant avec le roi, la belle inconnue se leva, plongea ses doigts dans le vase, saccagea le gros bouquet, arracha ses plus belles fleurs, et en composa un autre bouquet, qu'elle offrit à Henri III.

Le roi l'approcha de ses narines avec volupté.

— Oh ! quel parfum ! dit-il.

— Gardez-le jusqu'à demain, répondit-elle.

— Comment, fit le roi, faut-il donc que je vous quitte ?

— Oui, Sire... jusqu'à demain...

Le roi se leva en soupirant; mais elle posa la mains sur son bras et lui dit :

— Pas vous, Sire ; c'est moi qui vais partir la première.

— Vous ne résidez donc pas ici ?

— Non, et Votre Majesté me va faire un serment.

— Lequel ?

— Celui de demeurer ici un quart d'heure encore et de ne point me suivre.

— Je vous le jure ! dit le roi.

Elle lui serra la main, remit son masque, s'enveloppa dans un ample manteau et disparut.

Le roi s'était assis, tout rêveur, sur l'ottomane, et respirait le parfum du bouquet.

En quittant l'oratoire, la femme blonde tira la porte sur elle et s'engagea dans ce corridor obscur que le roi avait suivi en pénétrant dans la maison. Mais elle ne sortit pas tout d'abord.

Elle appuya son oreille contre la porte, afin de s'assurer qu'il n'y avait personne au dehors, dans la rue, et ce fut avec précaution qu'elle entrebâilla cette porte.

La rue, en effet, était déserte, attendu qu'en ce moment Séraphin buvait et jouait avec Mauvepin.

Cependant, à peine eut-elle fait quelques pas hors de la maison qu'une ombre se détacha du porche d'une maison voisine.

— Éric, est-ce vous ? dit la femme blonde, voyant

venir à elle un homme enveloppé dans un long manteau.

— C'est moi, madame.
— Vous arrivez de Paris ?
— Oui.
— Eh bien ?
— Tout est prêt, madame... on n'attend que votre retour. Les chefs des bourgeois sont prévenus : à un signal donné, Paris fermera ses portes et barricadera ses rues... et si le roi se présente...
— Oh ! le roi, dit ironiquement la duchesse, car c'était elle, il s'occupe bien peu, en ce moment, des affaires de son royaume.
— Ah !
— Il est tout au parfum des fleurs, ajouta-t-elle avec ironie. Donnez-moi votre bras, Éric.
— Où allons-nous donc madame ?
— Attendre dans l'ombre, auprès de ce cabaret.

Et la duchesse, appuyée sur le bras du comte Éric de Crèvecœur, s'approcha du cabaret où Séraphin avait conduit le fou du roi.

Tous deux se glissèrent sans bruit jusqu'à la porte, et la duchesse colla son œil à une fente qui laissait filtrer un rayon lumineux.

Elle vit Mauvepin et Séraphin jouant ; puis le moine apparut se frottant les yeux et grommelant.

C'était sans doute à ce moine qu'en avait la duchesse, car elle tira vivement le comte Éric en arrière et s'éloigna du cabaret avec lui.

Cinq minutes après le moine sortit.

Il sortit en fredonnant un refrain, et se doutant peu que Mauvepin venait de surprendre le regard qu'il avait échangé avec Séraphin.

La duchesse vint à lui.

— Ton moinillon est-il prêt ? lui dit-elle.

— Oui, madame.

— Eh bien ! va... et prends cette clef...

Puis, se tournant vers le comte Éric :

— M'avez-vous amené un cheval ?

— Mon valet tient le vôtre et le mien en main à cent pas d'ici.

— Partons donc, alors dit la duchesse.

Et comme le moine se dirigeait vers la maison, elle ajouta.

— Et que Dieu cherche un successeur au roi de France, car le trône va devenir vacant !

XIX

Pour comprendre les dernières paroles prononcées par madame de Montpensier au moment où le moine pénétrait dans la maison mystérieuse où elle avait laissé le roi, il est nécessaire de rétrograder de quelques heures et de nous reporter au jour précédent, et au seuil de cette auberge où le moinillon Jacquot venait de s'éveiller pour la seconde fois, sur sa botte de foin, à la porte de l'écurie.

Jacquot, on s'en souvient, se retrouvant gentilhomme, s'était écrié :

— Je suis fou ! je vous dis que je suis fou !

Ce fut comme il parlait ainsi qu'un moine passa sur la route.

Un moine de l'ordre des carmes déchaussés, à la longue barbe, au visage maigre, au regard prophétique, et qui, s'approchant de Jacquot, lui dit d'une voix grave :

— Et pourquoi donc êtes-vous fou, mon gentilhomme?

Jamais la voix du frère Antoine ou du sévère dom Grégoire n'avait produit sur Jacquot une pareille impression.

Cette voix pénétra Jacquot jusqu'au fond de l'âme et le troubla profondément. Il baissa les yeux sous le regard du moine et se sentit trembler.

— Pourquoi donc êtes-vous fou? répéta celui-ci.

— Parce que je ne sais plus si je suis page ou si je suis moine, répondit Jacquot.

— A voir vos habits, vous êtes page...

— Pourtant, j'ai été moine.

— Pauvre garçon! murmura frère Antoine, qui survint et qui était redevenu capitaine.

Le moine regarda tour à tour Jacquot, Séraphin, les muletiers de la duchesse et le capitaine frère Antoine.

Ce fut ce dernier qui prit la parole et se chargea d'expliquer la folie de Jacquot.

Il raconta que le jeune gentilhomme, qui était son neveu, ne pouvait s'endormir sans se voir aussitôt en rêve affublé d'une robe de moine, enfermé dans un couvent, fustigé ou emprisonné par ordre du supérieur.

Le moine écouta gravement.

— Figurez-vous, acheva le capitaine Antoine, que nous sommes partis ce matin de Paris.

— Mais non, dit Jacquot, c'était hier.

Le capitaine Antoine haussa les épaules et confirma sa version, à savoir que, partis le matin de Paris avec madame de Montpensier, ils s'étaient arrêtés dans cette auberge, et que Jacquot, fatigué, n'avait point tardé à s'endormir.

Jacquot lui soutint le contraire.

Il raconta son réveil du jour précédent, l'arrivée du roi et de ses gens, son duel avec Mauvepin, l'intervention de M. de Crillon, puis son enlèvement par un garde du roi qui l'avait réintégré dans son couvent.

Le moine l'écouta non moins gravement. Et comme Jacquot achevait, la fenêtre du premier étage s'ouvrit et madame de Montpensier s'y montra, faisant un signe à frère Antoine.

Le faux officier s'avança sous la croisée et la duchesse lui dit :

— Ma sieste est finie, capitaine; la chaleur du jour est tombée, nous pouvons nous remettre en route.

Jacquot s'élança vers la croisée :

— Madame!... Madame!... dit-il.

— Que veux-tu, mon mignon? demanda la duchesse en souriant.

— N'est-il pas vrai que vous êtes ici depuis hier?

— Mais non, mon pauvre Amaury, répondit la duchesse. Nous sommes partis de Paris ce matin seulement.

Jacquot prit sa tête à deux mains :

— O mon Dieu! mon Dieu! murmura-t-il.

Alors le moine lui posa la main sur l'épaule :

— Je vous guérirai, moi, dit-il.

— Je ne serais plus fou?

— Non.

— Et je resterai gentilhomme?

— Sans doute.

— Comment donc me guérirez-vous? demanda naïvement Jacquot.

— Par la prière...

L'œil du moine brillait d'une lueur étrange.

Sa voix avait un accent grave et solennel qui acheva de dominer le moinillon.

Il comprit que cet homme, inconnu tout à l'heure, était désormais le maître de sa destinée.

Madame de Montpensier descendit, tandis que les muletiers harnachaient leurs mules et préparaient la litière.

Le capitaine frère Antoine s'était fait amener son cheval.

Séraphin était déjà en selle.

Seul, Jacquot demeurait immobile et pétrifié sous le regard du moine.

— Madame, dit alors le moine en s'inclinant devant la duchesse, vous vous intéressez à ce jeune homme?

— C'est mon page bien-aimé, dit la duchesse.

Jacquot sentit son cœur battre à outrance.

— Comment le nommez-vous?

— Amaury.

— Il est fou, n'est-ce pas?

— Hélas!

— Voulez-vous le guérir?

— Oh! certes, dit madame de Montpensier, que faut-il faire pour cela?

Jacquot tressaillit.

— Où va Votre Altesse? demanda encore le moine.

— A Château-Thierry.

— Eh bien! nous y rejoindrons Votre Altesse demain soir.

— Pas avant?

— Non, car nous irons à pied, en priant, et nous ne boirons ni ne mangerons en route; et je suis certain que le ciel m'accordera la guérison de ce jeune homme.

— Comme il vous plaira, mon père, dit la duchesse, qui demanda sa bénédiction au moine.

Et la duchesse partit, lui laissant Jacquot.

Jacquot, désormais sous la domination de son compagnon, n'eut plus d'autre volonté que la sienne.

Il se mit en route avec lui, à pied; celui-ci lui fit réciter force prières.

Ils cheminèrent toute la soirée, et ne s'arrêtèrent que bien avant dans la nuit, à la lisière d'un bois.

— Nous allons coucher ici, dit le moine.

Et, lui donnant l'exemple, il s'étendit sur une couche d'herbes et de feuilles.

Jacquot, l'estomac vide, mais harassé de fatigue s'endormit bientôt.

Aussitôt endormi, son esprit troublé voyagea et retourna au couvent.

Il se revit moine, il entendit la voix aigre du corregidor et les sévères accents du supérieur.

Enfin, il rêva de nouveau du roi, et se retrouva à Saint-Cloud au moment où, sur l'ordre du monarque, un suisse le jetait à l'eau.

Jacquot poussa un cri et s'éveilla.

Mais il était bien en plein air, au bord de la forêt où il s'était couché; il avait toujours son pourpoint de page; il aperçut, aux rayons de l'aube naissante, son épée qu'il avait posée auprès de lui, et enfin, à deux pas, le moine son compagnon qui s'était agenouillé et priait.

Le moine acheva ses matines, puis il se leva et vint à Jacquot, qui se frottait les yeux :

— Vous avez peu dormi, mon enfant? dit-il.

— Oui, mais j'ai rêvé.

— Ah !

— Et je me suis revu au couvent.

Jacquot raconta son rêve.

— Mon enfant, dit-il, vous êtes le jouet des démons, et vous le serez encore...

— Mais qu'ai-je donc fait ?

— Chaque nuit, poursuivit le moine, vous serez, aussitôt endormi, la proie de l'esprit du mal, jusqu'à ce que vous ayez rempli un grand acte méritoire aux yeux du ciel.

— Le ciel a donc besoin de moi ? demanda naïvement le moinillon.

— La religion, du moins, répondit gravement le moine.

Puis il se leva et annonça à Jacquot qu'il était temps de continuer leur voyage.

Ils se remirent en route et le moine reprit la parole.

— Mon enfant, dit-il, la religion est minée sourdement chaque jour par un ennemi bien plus cruel, bien plus terrible que tous les huguenots réunis.

— Et quel est cet ennemi ? demanda Jacquot.

— Un prince cruel, égoïste, sans mœurs, sans courage, sans foi ni loi, un homme qui laisse périr la France et pactise à toute heure avec les hérétiques.

— Et... ce prince ?

— C'est le roi Henri III.

— Ah ! je le hais... dit Jacquot.

— Vous avez tort, mon enfant.

— Pourquoi ?

— Parce qu'il ne vous a fait aucun mal, que vous n'avez jamais été à Saint-Cloud.

— Cependant.

— Sinon en rêve.

— Oh ! vous croyez ?

— Mais sans doute, puisque vous avez été fou et que vous n'êtes pas moine.

— Ma pauvre tête ! murmura Jacquot, qui reprit son front à deux mains et le secoua avec tristesse.

— Eh bien ! continua son interlocuteur, ce soir nous arriverons à Château-Thierry, et je commencerai à vous traiter, afin de vous guérir.

— Mais, mon père, dit Jacquot, ne me disiez-vous pas tout à l'heure que le roi était le plus cruel ennemi de la religion ?

— Oui.

— Et que le ciel avait besoin de moi ?

— Peut-être...

— Que dois-je donc faire ?

— Plus tard vous le saurez.

Et ils cheminèrent encore.

Cependant, vers midi, le moine tira de son bissac un peu de pain et de fromage et s'assit au bord du chemin et tout à côté d'un petit ruisseau.

Jacquot partagea ce frugal repas, et ils continuèrent leur route.

Ils arrivèrent le soir à Château-Thierry, comme on sonnait le couvre-feu.

— Je vais vous conduire en une maison où nous passerons la nuit, dit le moine, et où j'espère vous guérir.

— Vrai ? fit Jacquot avec joie.

— Avec l'aide de Dieu, du moins...

Le moine frappa à une petite porte basse, dans une rue solitaire du faubourg, et cette porte s'ouvrit.

Mais Jacquot ne vit personne.

Son guide le prit par la main et le conduisit en une sorte de cellule qui se trouvait à l'extrémité d'un corridor.

Il y avait dans cette cellule une table, un grabat et deux chaises.

— Nous sommes ici, lui dit le moine, dans une succursale de mon couvent. Levez les yeux et regardez.

A la lueur d'une lampe placée sur la table, Jacquot vit une grande toile qui couvrait un des murs de la cellule, et représentait un saint.

— C'est saint Jean de la Croix, dit le moine, le fondateur de mon ordre, les carmes déchaussés.

Sur la table, il y avait quelques aliments grossiers et une cruche de mauvais vin.

Jacquot se jeta dessus avec voracité : il but et mangea en compagnie du religieux.

— A présent, dit ce dernier, écoutez-moi bien, si vous voulez vous guérir. Il arrive souvent que le démon emprunte la forme humaine pour se manifester à nous.

— Ah ! fit Jacquot.

— Les pères de l'Église et les ascètes de la Thébaïde en ont cité de nombreux exemples.

— Vraiment ?

— Et, tenez, je crois que c'est un démon, qui plusieurs fois déjà a pris le visage et le corps du roi pour se manifester à vous.

— Oh ! dit Jacquot, qui était un peu bien incrédule.

— La nuit dernière, poursuivit le moine, tandis que vous dormiez, j'ai prié, et le Saint-Esprit m'a envoyé ses lumières, et je suis assuré de vous guérir.

— Comment ?

— Vous allez passer la nuit ici. Bien certainement le démon se manifestera de nouveau à vous.

— Cette nuit ?

— Peut-être...

Jacquot frissonna.

— Est-ce que je vais reprendre le froc ! dit-il.

— Je n'en sais rien, mais je vous viendrai visiter vers minuit, et si vous dormez, je vous éveillerai.

Le moine donna sa bénédiction à Jacquot et se retira, lui conseillant de souffler sa chandelle.

Jacquot entendit fermer la porte à double tour.

— Je suis prisonnier, pensa-t-il.

Il regarda une fois encore le portait de saint Jean de la Croix, le fondateur des carmes déchaussés, lequel portrait ornait un des murs de sa cellule, puis il souffla sa chandelle et se jeta sur le grabat.

Mais, contre son attente, Jacquot ne dormit pas.

Il était las cependant, horriblement las, et d'ordinaire la fatigue ne résiste point au sommeil.

Pourtant il demeura les yeux ouverts, l'oreille au guet, attendant de pied ferme ce démon dont, prétendait le moine, il était le jouet depuis si longtemps.

Une heure s'écoula. Un silence profond régnait autour de lui.

Mais au bout d'une heure, Jacquot crut entendre un bruit confus de voix et de pas.

Ce bruit paraissait venir de derrière le tableau qui représentait le saint.

Puis, tout à coup, à l'obscurité profonde qui l'enveloppait succéda une vive clarté, et Jacquot ébloui crut voir le saint descendre de son cadre.

Et alors, à la place du saint, se trouva une glace transparente à travers laquelle le moinillon frémissant aperçut un oratoire mollement éclairé, l'oratoire de la duchesse.

Jacquot, muet de surprise, vit la duchesse assise, et un homme agenouillé devant elle.

Cet homme lui tournait le dos.

Mais soudain il se leva, et Jacquot put voir son visage.

Cet homme qui venait de baiser les mains de la duchesse, et qu'elle regardait en souriant, c'était le roi...

Le roi Henri III qui l'avait fait fustiger à Saint-Cloud, et, l'avant-veille, avait encouragé Mauvepin à le tuer...

— Oh! s'écria Jacquot ivre de rage, roi ou démon, j'aurai raison de toi... Et il sauta sur son épée... .

Mais la clarté s'éteignit, les ténèbres se firent, la glace disparut, et le saint reprit sa place dans son cadre.

— Je suis le jouet du démon, se dit-il.

Et il se heurta avec rage la tête contre les murs.

Le bruit des voix s'était éteint comme cette lumière surnaturelle, et Jacquot, se remettant à genoux, fit le signe de la croix, afin de chasser toutes ces visions d'enfer.

Il s'écoula une heure encore.

Au bout de cette heure, un nouveau bruit se fit.

C'était une clef grinçant dans une serrure.

La porte de la cellule s'ouvrit, et Jacquot, dont le front était baigné de sueur, vit reparaître le moine.

Celui-ci tenait un crucifix de la main droite et une lanterne de la main gauche.

Il posa sa lanterne sur sa table, et dit à Jacquot :

— Eh bien ! vous n'avez pas dormi ?

— Non.

— Vous avez prié ?

— J'ai vu le roi.

Le moine secoua la tête.

— Dites le démon, fit-il. Le roi est loin d'ici... Il est à Saint-Cloud.

— Hélas ! je le sais dit Jacquot, mais c'est un démon qui a pris son apparence.

— Je me vais agenouiller près de vous, dit le religieux, et nous tâcherons de le chasser. Le voyez-vous toujours?

— Non.

Le moine éteignit sa lanterne, se mit à genoux et récita des prières.

Jacquot l'imita.

Mais, ô nouveau prodige! il y avait quelques minutes à peine qu'ils priaient, que la clarté que Jacquot croyait surnaturelle reparut, et que le saint abandonna de nouveau son cadre.

De nouveau l'oratoire apparut... et cette fois il n'y avait plus de glace qui le séparât de la cellule.

Jacquot frissonnant jeta un cri.

— Qu'avez-vous? dit son compagnon, demeuré calme et toujours à genoux.

— Je le vois.

— Qui?

— Le roi.

— Je ne vois rien, moi, dit le moine, nous sommes environnés de ténèbres.

— Oh! non pas, dit Jacquot, je vois le roi.

— Tu veux dire le démon?

— Soit !

Jacquot voyait, en effet, le roi Henri III couché sur l'ottomane et endormi. La duchesse avait disparu.

Le roi s'était endormi en respirant le bouquet qu'elle lui avait donné.

— Ah! tu le vois, dit le moine.

— Oui.

— Mais... où?

— Là... dans cette salle.

— Je ne vois pas de salle, je ne vois qu'un mur et le portrait du saint...

— Eh bien! moi, je le vois, dit Jacquot, je le vois!

Et sa voix était sourde, et son cœur s'enflait au souffle d'une fureur subite, et ses yeux commençaient à s'injecter.

— Ah! tu le vois... le démon? répéta le moine.

— Oui... oui... que faut-il faire?

— Tiens! prends ton épée, fait le signe de la croix jette-toi sur lui et frappe-le au cœur.

Jacquot poussa un rugissement, tira son épée du fourreau et s'élança vers le roi toujours endormi.

XX

Revenons à Mauvepin.

Après avoir garotté et bâillonné Séraphin, le fou du roi s'était élancé hors du cabaret.

Mais la maison était fermée, et Mauvepin, agité de pressentiments sinistres, frappa vainement à la porte.

La porte demeura close.

Il frappa plus fort; nul ne répondit, et la maison demeura silencieuse.

La porte était solide, bien ferrée, et Mauvepin n'était pas de force à l'enfoncer d'un coup d'épaule.

Mais là où la vigueur fait défaut, la ruse supplée parfois.

Semblable à la lionne dont l'époux est enfermé dans une cage et qui en fait le tour lentement, cherchant à pénétrer jusqu'à lui, Mauvepin fit le tour de la maison, laquelle était isolée de toute autre construction.

Elle était attenante à un jardin. Les murs du jardin n'étaient pas très-élevés, et ces murs bâtis à pierre sèche étaient crevassés en plus d'un endroit.

Mauvepin n'hésita pas, il escalada l'un des murs et sauta dans le jardin. Une fois là, il vit une fenêtre du rez-de-chaussée qui était éclairée, et il y courut.

Mais comme aucun son ne se faisait entendre, il assourdit le bruit de ses pas et s'arrêta un moment au pied de la fenêtre, prêtant l'oreille et écoutant.

Enfin, le silence persistant, il se hissa jusqu'à l'entablement de cette fenêtre et plongea son regard au dedans. Mauvepin vit alors l'oratoire de madame de Montpensier.

Le roi était seul. Couché sur l'ottomane, il dormait, et ses doigts crispés tenaient encore le bouquet.

Mauvepin eut le frisson ; il crut un moment qu'on avait empoisonné le roi.

Mais en même temps il aperçut une ouverture pratiquée dans le mur au fond de l'oratotre, et, brillant dans l'ombre, les yeux flamboyants de Jacquot à qui, dans ce moment-là, le moine disait :

— Frappe le démon !

Mauvepin sauta à pieds joints sur l'entablement de la croisée, qu'il enfonça d'un coup de pied ; et comme Jacquot s'élançait vers le roi, le fou tomba comme la foudre au milieu de la chambre, et Jacquot s'arrêta en chemin en jetant un cri.

Mauvepin lui avait enfoncé son épée dans la poitrine en lui disant :

— Ah ! traître ! il paraît que j'arrive à temps !...

Le moinillon tomba, vomissant un flot de sang.

Ni le cri qu'il avait poussé, ni le bruit de sa chute, n'éveillèrent le roi.

Le roi dormait fort tranquillement, son bouquet à la main.

Mais si le roi ne s'éveilla point, Mauvepin ne s'en trouva pas plus maître tout d'abord du champ de bataille, car tandis que Jacquot tombait, le moine qui était demeuré dans l'ombre sortit de sa cachette, saisit l'épée échappée aux mains du moinillon et se rua sur Mauvepin.

— Ah! ah! dit le fou, il paraît qu'ils étaient deux.

Le moine avait dépouillé son froc, retroussé ses manches, et, à la garde qu'il prit tout de suite, Mauvepin reconnut un homme d'épée.

— Un faux moine! dit-il en croisant le fer.

Le faux moine attaqua vigoureusement le fou, mais le fou tirait bien. Et puis Mauvepin sentait qu'en ce moment ce n'était pas sa propre vie, mais la vie du roi de France qu'il défendait.

Il fallait tuer l'assaillant à tout prix; et Mauvepin passant de la colère à l'ironie, se mit, tout en ferraillant, à persifler son adversaire.

— Évidemment, disait-il en le harcelant sans relâche et le forçant à rompre, évidemment, cher seigneur, ce n'est point dans votre couvent que vous avez appris à jouer aussi bien de l'épée.

Le moine, ivre de fureur, ne répondait pas, mais il cherchait à se faire jour et à planter deux pouces de fer dans la poitrine de Mauvepin.

Mauvepin continuait :

— Vous êtes un homme d'épée, et, Dieu me pardonne! je crois vous avoir vu quelque part : à Blois, peut-être... en compagnie de monseigneur le duc de Guise... Ah! vous êtes touché, n'est-ce pas?

Le moine poussa un cri de rage :

— Ce n'est rien, dit-il.

Et il se fendit.

Mauvepin esquiva le coup et l'inconnu se remit prestement en garde.

— Vous vouliez donc assassiner le roi, mon cher seigneur? poursuivit Mauvepin, ou plutôt le faire assassiner? Ah! ah! ah! heureusement je suis arrivé à temps.

— Non pas, ricana le faux moine, vous êtes venu trop tard, mon jeune maître...

Et se ramassant, se pelotonnant tout à coup, ainsi qu'un chat qui va bondir, il passa sous l'épée de Mauvepin et lui porta un coup de dague au flanc.

Mais Mauvepin ne devait pas mourir ce jour-là.

La boucle de son ceinturon para le choc ; la dague glissa sur l'acier poli et déchira le pourpoint, mais ne pénétra pas dans les chairs.

En même temps, Mauvepin se servit de son épée comme d'une massue et en déchargea un si furieux coup sur la tête du moine que celui-ci tomba tout étourdi. Mauvepin lui mit le pied sur la poitrine et la pointe de son épée sur la gorge. Puis il regarda le roi.

Le roi dormait toujours.

Alors Mauvepin se prit à réfléchir, regardant tour à tour Henri III endormi et le moinillon Jacquot qui se tordait, agonisant, dans une large mare de sang.

Quant au moine, à demi étouffé, sentant la pointe de Mauvepin prête à pénétrer dans sa gorge, il ne faiaucun mouvement, et n'avait plus de mobile dans toute sa personne qu'un grand œil fauve avec lequel il essayait de fasciner son vainqueur.

Mauvepin réfléchissait donc et se disait :

— Cet homme a peut-être des complices qui vont venir à son secours... Je n'ai ni le temps de parlementer, ni celui de l'engager à racheter sa vie par une complète soumission. Je sais bien qu'il est toujours cruel de tuer un homme... mais enfin, quand on ne peut pas faire autrement...

Et Mauvepin, appuyant son pied plus fort sur la poitrine du faux moine, enfonça son épée, et le moine n'eût pas le temps de crier...

Il se débattit un moment sous le pied de Mauvepin, eut quelques convulsions terribles, foudroya le fou de son regard farouche, puis ce regard devint plus terne et finit par s'éteindre...

— Celui-là est bien mort, dit Mauvepin.

Et il se pencha vers Jacquot.

Jacquot n'était pas mort, Jacquot respirait encore Mauvepin le prit à bras le corps et l'assit contre le mur.

Le moinillon regarda Mauvepin et le reconnut.

— Si tu ne meurs pas de mon coup d'épée, toi, dit Mauvepin, tu nous raconteras quelque jour ce qui s'est passé ici avant mon arrivée.

Et laissant le moinillon, Mauvepin courut au roi.

Henri dormait paisiblement, sa respiration était même un peu bruyante. Mauvepin eu un moment d'angoise : il avait cru le roi mort.

— Tudieu! dit-il, quel sommeil !

Et il osa toucher du doigt sa royale personne.

Le roi ne bougea pas. Mauvepin le secoua alors.

Mauvepin lui prit le bouquet qu'il avait encore à la main, et, au lieu de le porter à ses narines, il l'exposa à la flamme d'une bougie qui brûlait sur un guéridon.

Soudain les fleurs petillèrent et, bien loin de jeter un doux parfum, elles répandirent une odeur nauséabonde et soufrée qui empesta la chambre.

— Je comprends se dit Mauvepin; le roi s'est endormi en respirant le parfum de ces fleurs, qui étaient saupoudrées d'un narcotique puissant.

Jacquot respirait toujours, continuant à rendre du sang par la bouche, et regardait Mauvepin d'un air suppliant.

Mauvepin en eut pitié. Il avisa près de la bougie une

carafe pleine d'eau et il l'approcha des lèvres du blessé, qui but avidement.

— Tant mieux si tu en reviens, mon garçon, murmura-t-il ; mais en attendant, je n'ai pas le loisir de t'aller chercher un chirurgien. Il faut que je m'occupe de mon maître.

Mauvepin comprenait tout l'embarras, tout le côté critique de sa situation.

Il avait beau secouer le roi, celui-ci, un moment soulevé, retombait inerte sur le lit de repos. Le narcotique n'avait point achevé son effet, et, jusqu'à ce moment, il fallait considérer Henri comme un cadavre. Or, Mauvepin avait tué le moine et mis Jacquot hors de combat ; mais il était peu probable qu'ils fussent seuls.

Le fou du roi ne pouvait s'y tromper davantage. Des moines qui songeaient à assassiner un roi de France n'étaient que des instruments, et il fallait remonter en haut lieu pour savoir... Mauvepin sentit qu'il n'avait pas un moment à perdre.

Il chargea le roi sur son épaule, et monta sur l'appui de la croisée et sauta dans le jardin. Le jardin était silencieux, et nul ne bougeait dans la maison.

Mais avoir franchi la fenêtre et prêté le roi n'était rien : il fallait maintenant sortir du jardin...

Mauvepin ne pouvait escalader le mur et porter le roi en même temps... Heureusement il aperçut une porte, porte qui sans doute mettait le jardin en communication avec les champs.

Et couchant le dormeur au pied de cette porte, qui était fermée, il prit son poignard et se mit en devoir de desceller les gonds.

Mais comme il entamait cette longue et pénible besogne, il entendit du bruit de l'autre côté du mur, et il s'arrêta prudemment.

XXI

Le bruit que Mauvepin avait entendu et qui le forçait à interrompre sa besogne était un bruit de pas.

On rôdait autour du jardin.

Un moment immobile, Mauvepin prêta attentivement l'oreille à ce bruit et reconnut qu'il y avait au moins trois personnes de l'autre côté de la muraille.

Il en conclut tout d'abord que c'étaient les complices des deux moines, et il se tint coi.

Cependant, comme le bruit s'éloignait, il se hasarda à grimper sur le mur.

Bien qu'il ne fît pas clair de lune, la nuit n'était pas obscure, et Mauvepin put voir trois hommes qui s'éloignaient lentement. Ces trois hommes paraissaient inquiets et cherchaient évidemment quelqu'un.

— Ma foi, se dit Mauvepin, je vais bien voir si ce sont des ennemis ou des amis.

Et, appuyant deux doigts sur ses lèvres, il fit entendre un coup de sifflet.

Soudain les trois hommes s'arrêtèrent.

Puis l'un d'eux revint brusquement sur ses pas, et lâcha un gros juron qui fit tressaillir d'aise Mauvepin.

— Harnibieu! disait cet homme, il y a donc quelqu'un dans cette maison?

— Hé! s'écria Mauvepin, qui d'abord couché à plat ventre sur le mur, se dressa et montra son buste, c'est M. de Crillon.

Crillon, c'était bien lui, doubla le pas et vint se placer au pied du mur, juste au-dessous du fou.

— Ah ! c'est vous, Mauvepin ? dit-il.

— C'est moi, monsieur le chevalier.

— Où est le roi? demanda vivement Crillon, visiblement inquiet.

— Ici.

— Sain et sauf?

— Oh ! à peu près... il dort...

— Ah! dit Crillon qui respira et crut le roi en bonne fortune, tandis que Mauvepin faisait sentinelle, faut-il que je m'éloigne?

— Au contraire, dit Mauvepin.

— Vous voulez que je reste?

— Je veux que vous me veniez en aide, monsieur le chevalier de Crillon.

— Sang-Dieu s'écria Crillon, le roi court donc un danger?

— Oh! plus maintenant... c'est fini. Montez donc ici près de moi, monsieur de Crillon.

Crillon avait vu sortir le roi du château, précédé par le page de l'inconnu et suivi par Mauvepin.

Tout en respectant les fantaisies royales, le brave chevalier ne se croyait point dispensé de veiller sur son maître. Or donc, comme le roi ne rentrait pas, il était sorti pour savoir ce qu'il était devenu.

Les indications vagues d'un bourgeois et de deux lansquenets qu'il avait successivement rencontrés, l'avaient conduit jusque sous les murs du jardin de la mystérieuse habitation. Il avait remercié le bourgeois et pris avec lui les deux lansquenets.

L'un de ces deux hommes était un grand gaillard de près de six pieds et robuste à proportion.

— Appuie-toi contre le mur, lui ordonna Crillon.

Le lansquenet obéit,

— Bien... Maintenant, courbe-toi et fait le gros dos. C'est cela.

Et comme le lansquenet se pliait, docile, à la volonté du bon chevalier, celui-ci avec une agilité toute juvénile, sauta sur les épaules du lansquenet, s'en fit un marchepied, et de là atteignit le couronnement du mur sur lequel Mauvepin s'était établi à califourchon.

— Voyons, dit-il, expliquez-vous, monsieur Mauvepin. Où est le roi ?

— Là, dit Mauvepin.

Le fou étendit la main, et Crillon frissonna en voyant un corps immobile couché au pied du mur.

— Le roi, dit-il, le roi blessé... mort peut-être !

— Rien de tout cela; le roi dort... mais il l'a échappé belle.

Mauvepin sauta de nouveau dans le jardin, et Crillon l'y suivit, tandis que les deux lansquenets demeuraient en sentinelle de l'autre côté du mur.

Crillon se pencha sur le roi, écouta sa respiration, et se sentit soulagé.

— Mais comment le roi peut-il dormir ici? demanda-t-il étonné.

— Il a respiré un narcotique dans un bouquet.

— Ah !

Et Crillon devina.

— Maintenant, dit Mauvepin, je n'ai guère le temp de vous faire un long récit, monsieur le chevalier ; seulement...

— Parlez ! parlez! dit vivement Crillon.

— Le roi a failli être assassiné.

— Par qui?

— Par le moinillon d'avant-hier.

— Et vous l'avez tué, le moinillon ?

— Pas précisément, mais il n'en vaut guère mieux. Pourtant...

Et Mauvepin se gratta le front.

— Voyons! expliquez-vous, dit Crillon avec angoisse.

— Le roi ne peut demeurer ici, dit Mauvepin.

— Non, certes. Il faut le transporter quelque part.

— Au château, j'imagine ?

— Oh! non pas, dit Crillon.

Mauvepin, surpris, le regarda.

— Et pourquoi? fit-il.

— Mais, dit Crillon, parce qu'il ne faut pas qu'on s'imagine que le roi est mort ou blessé.

— C'est juste, d'autant mieux, dit Mauvepin, que j'ai mon idée, moi.

— Quelle est-elle ?

— Je devine qui l'a voulu faire assassiner.

— Ce n'est pas la peine de chercher, dit Crillon avec sa brutale franchise : c'est le duc de Guise ou sa sœur, madame de Montpensier. La chose est claire...

— Si claire, dit Mauvepin, que nous devons être entourés des gens du duc.

— Bah !

— Et qu'il ne faut pas laisser le roi ici...

— Non, mais il faut le porter dans cette maison... et là, attendre qu'il s'éveille...

— Mais cette maison, dit le prudent Mauvepin, est peut-être pleine de nos ennemis?

— Eh bien, qu'importe! dit Crillon simplement, ne suis-je pas là, moi, pour leur faire face ?

Et Crillon cria aux deux lansquenets :

— Restez là, mes braves, et, si je vous appelle, escaladez le mur et venez.

Puis Crillon prit à son tour le roi sur ses épaules et dit à Mauvepin :

— Montrez-moi le chemin.

Mauvepin rentra dans l'oratoire par la croisée, et Crillon y déposa de nouveau le roi sur le lit de repos.

Puis il regarda autour de lui, vit le moine mort et le moinillon agonisant.

Jacquot s'était soulevé a demi, et il avait bu de nouveau.

— Puisque vous voilà, dit Mauvepin à Crillon, je vais m'occuper de ce garçon.

— Vous allez le panser ?
— Sans doute.
— Comment ! ce misérable assassin !

— Oui, certes, dit Mauvepin, attendu que, s'il peut guérir, il en saura de belles et les contera quelque jour au parlement de Paris assemblé en robes rouges, à la seule fin de juger et condamner les princes lorrains coupables de haute trahison.

— Peste ! dit Crillon, vous n'y allez pas de main morte, vous !

— Je fais ce que je peux, répondit Mauvepin, qui prit son mouchoir et le posa comme un premier appareil sur la blessure béante de Jacquot le moinillon.

. . . .

Cependant il n'est sommeil léthargique qui n'ait un terme.

Le roi devait finir par s'éveiller, et les vapeurs du narcotique se dissipèrent. Quand Henri III ouvrit les yeux, il était grand jour, et un premier rayon de soleil s'ébattait joyeusement sur le parquet de l'oratoire.

— Où diantre suis-je donc ? se demanda le roi en promenant un regard indécis autour de lui.

L'oratoire ne gardait plus trace de la lutte sanglante de la nuit. Le cadavre du moine avait disparu ; le sang qui couvrait le parquet avait été lavé avec soin, et le moinillon Jacquot n'était plus là.

Seulement, on avait ouvert la fenêtre pour neutraliser les propriétés somnifères du bouquet placé sur la cheminée. Le roi était seul. Il se fut bientôt souvenu.

La femme blonde lui avait dit :

— Sire, promettez-moi de ne sortir d'ici qu'un quart d'heure après moi.

— Je me serai endormi, se dit le roi, et cette brute de Mauvepin sera fort tranquillement rentré au château, à moins qu'il ne soit couché, pris de vin, sous la table de quelque cabaret.

Le roi prononça ces paroles tout haut.

— Ni l'un ni l'autre, Sire, lui répondit une voix.

Une portière fut soulevée dans le fond de l'oratoire et Mauvepin entra.

— Ah! c'est toi? fit le roi.

— Oui, Sire.

— Et tu m'as laissé dormir?

— Oui, Sire, et pour deux raisons.

— Voyons la première.

— C'est qu'on y regarde à deux fois avant de troubler le sommeil d'un roi.

— Peuh ! et la seconde?

— La seconde, c'est que Votre Majesté n'était pas facile à éveiller.

— J'ai pourtant le sommeil léger.

— Si léger, dit Mauvepin d'un air railleur, que Votre Majesté s'est promenée sur mes épaules.

— Que veux-tu dire, drôle?

— Si léger, continua Mauvepin, que pendant que Votre Majesté dormait, j'ai tué un moine et demi.

— Bouffon, dit le roi, je n'aime pas rire de si bonne heure.

— C'est que je ne ris pas, Sire.

— Hein ? plaît-il ? fit Henri III.

— Et je prouve ce que j'avance.

Sur ces mots, Mauvepin fit glisser sur sa tringle la portière qu'il avait soulevée, et le roi tressaillit et se dressa tout effaré.

Il voyait devant lui un cadavre. C'était celui du moine.

— Je dis un moine et demi, reprit Mauvepin, parce que l'autre est tout petit, et puis qu'il n'est pas tout à fait mort.

— Mais, balbutia le roi dont les cheveux se hérissaient, où donc as-tu accompli ce beau coup.

— Ici.

— Comment ! pendant que je dormais ?

— Oui, Sire, et puis après, quand j'ai eu couché mes deux moines, j'ai pris Votre Majesté sur mes épaules et lui ai fait faire un tour de jardin.

— Mais...

— Votre Majesté voit bien qu'elle n'a pas le sommeil si léger.

— Mauvepin, dit le roi fronçant le sourcil, si tu te moques de moi, je te ferai fouetter...

Le fou se mit à rire.

— Votre Majesté ferait mieux de me bailler une bonne seigneurie, quelques milliers de pistoles et le collier de ses ordres.

— Mais... fit le roi stupéfait.

— Dame ! continua Mauvepin avec calme, il y a des connétables de France qui ont tout cela...

— C'est vrai.

— Et qui ont fait moins que moi pour la monarchie.

— Ah bah ! fit le roi d'un air incrédule.

— C'est comme j'ai l'honneur de le dire à Votre Gracieuse Majesté.

— Mais qu'as-tu donc fait, toi ?

— Je suis arrivé juste à point pour loger mon épée jusqu'à la garde dans le ventre d'un homme qui allait faire à la sienne un fourreau de la royale personne de Votre Majesté.

Henri III poussa un grand cri.

— Oui, dit une voix grave dans le fond de la salle, le roi a failli, cette nuit, être assassiné.

— Crillon ! exclama le roi.

C'était, en effet, le bon chevalier, qui venait d'enjamber le cadavre du moine et pénétrait dans l'oratoire.

— Oui, reprit Crillon, il s'en est fallu de l'épaisseur d'un cheveu que la France n'eût plus de roi, et M. Mauvepin a raison de dire qu'il a sauvé la monarchie.

Henri III, les cheveux hérissés, pâle et le front baigné de sueur, regardait tour à tour Mauvepin et Crillon. Ce dernier prit la main du fou et lui dit :

— Vous m'avez manqué de respect il y a trois jours, mais je suis suis si content de vous aujourd'hui, que je vous pardonne.

— Ma foi, monsieur le chevalier, dit Mauvepin, voilà qui vaut mieux pour moi que le collier des ordres.

— Dame ! fit naïvement le chevalier, mon amitié ne court pas les rues, croyez-le bien !

— Mais, s'écria le roi, que s'est-il donc passé ?

— Ah ! une chose bien simple, Sire.

— Mais... encore ?...

— Votre Majesté a pris un bouquet des mains de la

femme blonde, et, en aspirant l'odeur de ce bouquet, elle s'est endormie.

— Bon, après ?

— Alors un moine est venu pour vous assassiner.

— Mais... ce moine ?...

— C'était la femme blonde qui l'avait aposté dans cette maison.

Henri frissonna.

— Et quand Votre Majesté, acheva Mauvepin, saura le nom de sa *belle inconnue*, elle ne s'étonnera plus de rien.

— Quelle était donc cette femme ?

— On la nomme Anne de Lorraine, duchesse de Montpensier.

— Ah ! s'écria le roi, dont les dents s'entrechoquèrent d'épouvante.

— Et, dit Crillon à son tour, c'est cette même femme que j'ai vue en rêve commandant les Parisiens révoltés.

— La *Reine des Barricades !* murmura Henri III accablé.

FIN

EN VENTE A LA LIBRAIRIE DE E. DENTU.

OUVRAGES DU MÊME AUTEUR :
Format grand-in-18 jésus. — Collection à 3 fr. le volume.

LES NUITS DU QUARTIER BREDA.
1 volume inédit.

LA JEUNESSE DU ROI HENRI.
I. La belle Argentière. 1 vol.
II. La Maîtresse du Roi de Navarre. 1 vol.
III. Les Galanteries de Nancy-la-Belle. 1 v.
IV. Les Aventures du Valet-de-Cœur. 1 v.
V. Les Amours du Valet-de-Trèfle. 1 vol.
VI. La Saint-Barthélemy. 1 vol.
VII. La Reine des Barricades. 1 vol.
VIII. Le Régicide Jacques Clément. 1 vol.

LES GANDINS.
MYSTÈRES DU DEMI-MONDE.
I. Les Hommes de cheval. 1 vol.
II. L'Agence matrimoniale. 1 vol.

LES NUITS DE LA MAISON-DORÉE.
1 volume.

LA CHAMBRION.
1 volume.

L'HÉRITAGE DU COMÉDIEN.
1 volume.

LE PARIS MYSTÉRIEUX.
I. Les Spadassins de l'Opéra. 1 vol.
II. Les Compagnons de l'amour. 1 vol.
III. La Dame aux gants noirs. 1 vol.
IV. Le Roman de Fulmen. 1 vol.

UN CRIME DE JEUNESSE.
1 volume.

MÉMOIRES D'UN GENDARME.
1 volume.

LE SECRET DU DOCTEUR ROUSSELLE.
I. Maubert le Boiteux. 1 vol.
II. La Chevrette. 1 vol.

L'AUBERGE DE LA RUE DES ENFANTS-ROUGES.
I. Le Journal du Lieutenant de Police. 1 v.
II. La Fugitive du Parc-aux-Cerfs. 1 vol.

LE FORGERON DE LA COUR-DIEU.
I. La Pupille des Moines. 1 vol.
II. L'Empoisonneuse. 1 vol.

LES DRAMES DE PARIS.
I. L'Héritage mystérieux. 1 vol.
II. Le Club des Valets-de-Cœur. 1 vol.
III. Turquoise la pécheresse. 1 vol.

LES EXPLOITS DE ROCAMBOLE.
I. Une fille d'Espagne. 1 vol.
II. La Mort du Sauvage. 1 vol.
III. La Revanche de Baccarat. 1 vol.

LA RÉSURRECTION DE ROCAMBOLE.
I. Le Bagne de Toulon. 1 vol.
II. Saint-Lazare. 1 vol.
III. L'Auberge maudite. 1 vol.
IV. La Maison de fous. 1 vol.
V. Le Souterrain. 1 vol.

LE DERNIER MOT DE ROCAMBOLE.
I. Les Ravageurs. 1 vol.
II. Les Étrangleurs. 1 vol.
III. Les Millions de la Bohémienne. 1 vol.
IV. La Belle Jardinière. 1 vol.
V. Un Drame dans l'Inde. 1 vol.

LA VÉRITÉ SUR ROCAMBOLE.
1 volume.

LES MISÈRES DE LONDRES.
I. La Nourrisseuse d'Enfants. 1 vol.
II. L'Enfant perdu. 1 vol.
III. La Cage aux oiseaux. 1 vol.
IV. Les tribulations de Shoking. 1 vol.

PAS-DE-CHANCE.
I. Mémoires de deux Saltimbanques. 1 v.
II. Le Mauvais Œil. 1 vol.

LES FILS DE JUDAS.
I. Un Conte des Mille et une Nuits. 1 vol.
II. L'Amour fatal. 1 vol.

MON VILLAGE.
I. Mademoiselle Mignonne. 1 vol.
II. La mère Miracle. 1 vol.
III. Le Brigadier La Jeunesse. 1 vol.

LES HÉROS DE LA VIE PRIVÉE.
I. La Fée d'Auteuil. 1 vol.
II. L'Orgue de Barbarie. 1 vol.

LE GRILLON DU MOULIN.
1 volume.

Paris. — Imprimerie de F. DONNAUD, rue Cassette, 9.